国家出版基金项目 "十三五"国家重点出版物出版规划项目

雅典警务

——阿提卡法律诉讼中的社会控制

[加] 维吉尼亚·亨特 著

李美奇 但彦铮 译

黄瑞成 校

知识产权出版社
全国百佳图书出版单位
—北 京—

图书在版编目（CIP）数据

雅典警务：阿提卡法律诉讼中的社会控制/（加）维吉尼亚·亨特（Virginia J. Hunter）著；李美奇，但彦铮译. —北京：知识产权出版社，2021. 10

（社会治理丛书/但彦铮，胡尔贵主编. 第二辑）

书名原文：Policing Athens：Social Control in the Attic Lawsuits

ISBN 978 – 7 – 5130 – 7665 – 4

Ⅰ.①雅… Ⅱ.①维… ②李… ③但… Ⅲ.①法制史—研究—古希腊 Ⅳ.①D954. 59

中国版本图书馆 CIP 数据核字（2021）第 167430 号

责任编辑：常玉轩		责任校对：王 岩	
封面设计：陶建胜		责任印制：刘译文	

雅典警务

——阿提卡法律诉讼中的社会控制

［加］ 维吉尼亚·亨特 著

李美奇 但彦铮 译

黄瑞成 校

出版发行：知识产权出版社 有限责任公司	网　　址：http：//www. ipph. cn
社　　址：北京市海淀区气象路 50 号院	邮　　编：100081
责编电话：010 – 82000860 转 8572	责编邮箱：changyuxuan08@ 163. com
发行电话：010 – 82000860 转 8101/8102	发行传真：010 – 82000893/82005070/82000270
印　　刷：三河市国英印务有限公司	经　　销：各大网上书店、新华书店及相关专业书店
开　　本：720mm×1000mm　1/16	印　　张：18
版　　次：2021 年 10 月第 1 版	印　　次：2021 年 10 月第 1 次印刷
字　　数：278 千字	定　　价：88. 00 元
ISBN 978 – 7 – 5130 – 7665 – 4	
版权登记号：01 – 2021 – 5251	

出版权专有　侵权必究

如有印装质量问题，本社负责调换。

前　言

　　作为作者，我在此谨对许多帮助我创作的人表达感激之情。首先浮现于我脑海的是在 1985 年至 1986 年和 1987 至 1988 年，参与我主持的古代史研讨课的学生们。在当前的研究成形以前，他们耐心地听取了我的观点。其中许多人和我一样，对阿提卡的诉讼有着同样的热忱。由研讨而形成的课题"亲属、群落和边缘性"（Kin, Community, and Marginality）有幸获得了加拿大社会科学和人文科学研究理事会（Social Sciences and Humanities Research Council of Canada）支持，并于 1988 年至 1990 年，获得了全额科研资助。在此期间，我当前的工作接近完成。对加拿大社会科学和人文科学研究理事会的慷慨资助，我表示由衷感谢！

　　初稿杀青后，远在纽约和其他地方工作的同事们开始依次审读书稿。他们是莉比·科恩（Libby Cohen）、谢丽尔·考克斯（Cheryl Cox）、乔纳森·埃德蒙森（Jonathan Edmondson）、马克·艾格罗（Marc Egnal）、布莱恩·拉韦尔（Brian Lavelle）、大卫·米尔海德（David Mirhady）、朱迪恩·罗斯纳－西格尔（Judith Rosner－Siegal）、艾德里安·舒伯特（Adrian Shubert）和巴里·斯特劳斯（Barry Strauss）。他们的观点真是助益良多，感谢他们所有人。另有两位同事承担了通篇阅读原稿的繁重工作：马克·戈尔登（Mark Golden）阅读了全部初稿，保罗·卡特利奇（Paul Cartledge）阅读了清样。对于他们慷慨奉献时间并毫不吝啬地提出大量建议，我的谢意难以言表。另外，从普林斯顿大学出版社的两名匿名审稿人的建议中，我也获益良多。最后，我要向多伦多大学的约翰·特雷尔（John Traill）表示感谢，我借助他的电脑检索了有关雅典人的信息。

　　此外，让我以一种不同以往的顺序致谢。我要感谢凤凰出版社（Phoenix）的编辑，允许我在本次修改版本中重新打印"流言与名誉的政治"一章；感谢荷兰格罗宁根市沃尔特斯-诺德霍夫出版社（Wolters-Noordhoff）、克鲁姆赫尔姆出版社（Croom Helm Publishers）、《美国语言学协会会刊》（*TAPA*）允许我复印相应的图例；当然还要感谢英国国家博物馆为本书的封套（此处指原版书）提供的插图。

　　本书中所有涉及希腊文本的翻译，除其中一章外，均由我本人独自完成。我非常满意诺玛·米勒（Norma Miller）翻译的《米南德喜剧集》（*Menander's comedies*）版本，故未尝试改进译文，事实上，我也采用了她翻译的英文剧名。（在注释中，我将它们恢复为希腊原文剧名。）

　　最后，敬请大家关注本著作中的几个特质（idiosyncracies）。我一贯坚持认为，亚里士多德（Aristotle）是《雅典政制》（*Constitution of the Athenians*）一书的作者，尽管我知道，将其看作托名亚里士多德的作品也许更为准确。因为，人们普遍认为，能够撰写具有如此重要价值的短篇著作的人，一定是这位大哲学家的门徒（Rhodes，1981：61-63）。我也知道，纳入德摩斯梯尼（Demosthenes）① 演说辞的那些著作，习惯上常常被视为某人而非这位演说家和政治家的作品。但在本书中，我并不推崇这种观点，但仍认为它们是研究公元前四世纪社会史的重要来源。近期出版的一部演说辞目录显示，它们都被采信为德摩斯梯尼本人的作品（Ober，1989b：343-45）。

加拿大，多伦多

1992 年 11 月

---

　　① 德摩斯梯尼（公元前384—322 年），古希腊的政治家、雄辩家、演说家，早年师从伊萨学习修辞，后教授修辞学。其积极从事政治活动，极力反对马其顿入侵希腊，后在雅典组织反马其顿运动失败后自杀身亡。——译者注

缩略语

古代作者及其作品

Aesch.　　　　Aeschines（埃斯基涅斯，雅典政治家）

Aeschylus　　　埃斯库罗斯（古希腊悲剧家）

　Chor.　　　　*Choephori*（《奠酒人》，英文 *The Libation Bearers* 的希腊语是 Χοηφόροι，其意思就是 *Choēphoroi*）

　Eum.　　　　*Eumenides*（《欧墨尼得斯》，该词语又译为"和善女神"，希腊的复仇三女神）

And.　　　　　Andocides（安多西德）

　Anecd. Bekk.　*Anecdota Graeca*（edited by I. Bekker，3 vols. 1814 – 21）（伊曼纽尔·贝克主编之《古希腊轶闻集》第 3 卷，1814—1821 年）

Ant.　　　　　Antiphon（安提丰，公元前 426—373 年，古希腊早期十位最伟大的演说家之一，在哲学和数学方面有突出的贡献，柏拉图的同母兄弟。主要作品有《释梦》《论和谐》《论政治家》和《论真理》，但留传至今只有《论真理》的残篇两段。）

Ar.　　　　　Aristophanes（阿里斯托芬，雅典剧作家，被认为是最伟大的古典讽刺喜剧作家）

　Achar.　　　*Acharnians*（《阿卡奈人》）

　Eccl.　　　　*Ecclesiazusae*（《伊克里西阿》，又译作《公民大会妇女》）

Lys.	*Lysistrata*（《吕西斯忒拉忒》）	
Thesm.	*Thesmophoriazusae*（《特士摩》，又译作《地母节妇女》）	
Arist.	Aristotle（亚里士多德，古希腊大哲学家，柏拉图的学生）	
AP	*Athenaion Politeia*or *Constitution of the Athenians*（《雅典政制》）	
Nic. Eth.	*Nicomachean Ethics*（《尼各马可伦理学》）	
Pol.	*Politics*（《政治学》）	
Rhet.	*Art of Rhetoric*（《修辞学》或《修辞术》）	
Rhet. ad Alex.	*Rhetoric to Alexander*（《亚历山大修辞学》）	
Athen.	Athenaeus（阿忒那奥斯）①	
Dem.	Demosthenes（德摩斯梯尼，公元前384—322年，古希腊的政治家、雄辩家、演说家）	
Din.	Dinarchus（迪纳尔库斯）	
Diod. Sic.	Diodorus Siculus（狄奥多罗斯·斯库卢斯）	
Diog. Laer.	Diogenes Laertius（第欧根尼·拉尔修，古罗马传记作家，著有《名哲言行录》）	
Et. Mag.	*Etymologicum Magnum*（《大辞源》）	
Eur.	Euripides（欧里庇得斯，公元前480—406年，古希腊三大悲剧家之一）	
And.	*Andromache*（《安德洛玛刻》）	
Hipp.	*Hippolytus*（《希波吕托斯》）	
Med.	*Medea*（《美狄亚》，美狄亚为希腊神话中科尔喀斯国王之女，以巫术著称，曾帮助过伊阿宋取得金羊毛）	
Her.	Herodotus（希罗多德，约公元前485—425年，古希	

---

① 阿忒那奥斯（公元41—68年），生于小亚细亚阿塔利亚，古罗马帝国后期在罗马行医的希腊医生。他把医学看成普通教育的一部分，追随亚里士多德的生理学，将元气（精气）加到四元素中作为第五元素，创立了精气论学派，他的学说从推论或经验出发，根据气质的好坏来解释健康和疾病。——译者注

腊历史学家，史学之父）

Hyp.   Hyperides（许佩里德斯，公元前390—322年，古希腊雅典演说家之一，曾领导雅典参加公元前323年反马其顿统治的最后决战拉米亚战争）

Is.   Isaeus（伊塞优斯，公元前420—350年，古希腊雅典演说家之一，为卡尔基斯人即优卑亚人。他也是一位古希腊历史学家，为他人撰写演讲辞）

Isoc.   Isocrates（伊索克拉底，公元前436—338年，是希腊古典时代后期著名的教育家）

Lyc.   Lycurgus（吕库古）

Lys.   Lysias（吕西阿斯，约公元前450—380年，雅典雄辩家）

Men.   Menander（米南德，公元前342？—291年，雅典剧作家）

Dys.   *Dyskolos*（《农夫》或《抱怨者》，英文为 *The Grouch* 或 *Old Cantankerous*）

Epi.   *Epitrepontes*（《公断》，英文为 *Men at Arbitration*）

Kith.   *Kitharistes*（《七弦琴演奏者》，英文为 *The Harp-Player*）

Mis.   *Misoumenos*（《恨世者》，英文为 *The Hated Man*）

Peri.   *Perikeiromene*（《割发》，英文为 *Girl who has her hair cropped*）

Sik.   *Sikyonios*（《西息温人》，英文为 *Man From Sicyon*）

Patmos   帕特莫斯

Lex.   *Lexicon*（《希腊语（希伯来语）词典》）

Plato   柏拉图，约公元前427—347年，古希腊哲学家，西方哲学史上乃至西方文明史上最伟大的哲学家和思想家，他和老师苏格拉底、学生亚里士多德并称古希腊三大哲学家

Rep.   *The Republic*（《理想国》）

Plut.	Plutarch（普鲁塔克，公元 46—120 年，古罗马传记作家和学院派哲人，著有《希腊罗马名人传》和《道德论说集》）
Ps. Aristotle	Pseudo Aristotle（托名亚里士多德）
Oec.	*Oeconomicus*（《家政学》，主要是指家庭经济或家务管理及其农业生产）
Ps. Xen.	Pseudo Xenophon（托名色诺芬）
Const.	*Constitution of the Athenians*（《雅典政制》）
Soph.	Sophocles（索福克勒斯，公元前 495—406 年，古希腊三大悲剧家之一）
Trach.	*Trachiniae*（《特拉基斯妇女》，英文 *Women of Trachis*）
Tac.	Tacitus（塔西佗，古罗马元老院议员，历史学家）
Ann.	*Annales*（《编年史》或《罗马编年史》）
Thuc.	Thucydides（修昔底德，约公元前 460—400 年，古希腊历史学家）
Xen.	Xenophon（色诺芬，约公元前 434—355 年，苏格拉底的学生，希腊将军，历史学家，著有《远征记》）
Cyr.	*Cyropaedia*（《居鲁士的教育》）
Hell.	*Hellenica*（《希腊志》）
Mem.	*Memorabilia*（《回忆苏格拉底》）
Oec.	*Oeconomicus*（*Oikonomikos*）（《家政学》）
Rev.	*Revenues*（*Poroi*）（《论税收》）
Symp.	*Symposium*（《会饮》）

期刊及作品集

| *AE* | *L'Année épigraphique*（法国《金石纪年》或译《碑铭年鉴》，英文 *The Epigraphic Year*） |
| *Agora*17 | D. W. Bradeen, *The Athenian Agora*（《雅典集市》），Vol. 17, *Inscriptions*：*The Funerary Monuments*（《铭 |

文：随葬纪念》），Princeton：Princeton University Press，1974

AHB	*Ancient History Bulletin*（《古代史学报》）
AJA	*American Journal of Archaeology*（《美国考古学杂志》）
AJAH	*American Journal of Ancient History*（《美国古代史杂志》）
AJP	*American Journal of Philology*（《美国语言学杂志》）
BCH	*Bulletin de correspondance hellénique*（《古希腊往来函件学报》）
BSA	*Annual of the British School at Athens*（《雅典英国学院年刊》）
CJ	*Classical Journal*（《古典杂志》）
C&M	*Classica et Mediaevalia*（《中世纪经典》）
CP	*Classical Philology*（《古典语文学》）
CQ	*Classical Quarterly*（《古典研究季刊》）
CR	*Classical Review*（《古典音乐评论》）
CW	*Classical World*（《古典世界》）
DS	C. V. Daremberg and E. Saglio，eds.，*Dictionnaire des antiquités greques et romaines d'après les textes et les monuments*（《基于文献和文物的古希腊及古罗马词典》），Paris：Hachette，1877—1919
EMC/CV	*Echos du monde classique/Classical Views*（《古典评论》）
G&R	*Greece and Rome*（《古希腊与古罗马》）
GRBS	*Greek，Roman and Byzantine Studies*（《古希腊、古罗马与拜占庭研究》）
IG	*Inscriptiones Graecae*（《古希腊铭文研究》）
JHS	*Journal of Hellenic Studies*（《希腊研究》）
JRS	*Journal of Roman Studies*（《罗马研究》）

LSJ   H. G. Liddell，R. Scott，H. S. Jones，and R. McKenzie，*A Greek – English Lexicon*（《希腊语英语词典》），9th ed. ，Oxford：Oxford University Press，1940

MH   *Museum Helveticum*（《瑞士凯尔特人博物馆》）

NYRB   *New York Review of Books*（《纽约图书评论》）

OG   *Orientis Graeci Inscriptiones Selectae*（《希腊铭文选编》）

PA   J. E. Kirchner，ed. ，*Prosopographia Attica*（《阿提卡族谱》），2 vols. ，Berlin：Reimer，1901 – 3

RE   A. F. Pauly and G. Wissowa，eds. ，*Realencyclopädie der classischen Altertumswissenschaft*（《古代研究百科全书》），Stuttgart：A. Druckenmüller，1893 –

REG   *Revue des études greques*（《希腊研究杂志》）

RIDA   *Revue internationale des droits de l'antiquité*（《国际古代权力研究杂志》）

SEG   *Supplementum Epigraphicum Graecum*（《希腊铭文补编》）

SIG   *Sylloge Inscriptionum Graecarum*（《希腊铭文总集》）

TAPA   *Transactions of the American Philological Association*（《美国语言学协会会刊》）

Tod   M. N. Tod，ed. ，*A Selection of Greek Historical Inscriptions*（《希腊历史铭文选集》），vol. 2，Oxford：Oxford University Press，1948

ZPE   *Zeitschrift für Papyrologie und Epigraphik*（《莎草学和碑铭学杂志》）

ZSR   *Zeitschrift der Savigny – Stiftung für Rechtsgeschichte，romanistischeAbteilung*（《萨维尼法律史基金会杂志：罗马法分部》）

目　录

导论　警务与社会控制

　　本书题名《雅典警务》，表意含糊乃有意为之，旨在传达警务一词在概念上固有的歧义，因为警务本身有多种内涵。首先，警务指社会规范，或政府"在管理福利、安全和城市秩序"上所发挥的作用。例如，政府会将程序制度化以确保食物供应或控制滋扰（Hay and Snyder，1989：5，21；cf. Critchley，1972：24）。在城邦国家中，发挥这种作用的警务必定不会缺少。实际上，古希腊雅典有大量的官员（officials），其中大部分每年都会被选为治安法官（magistrates），每人致力于社会规范的一个方面。亚里士多德在《雅典政制》（*Constitution of the Athenians*）一书中记录了这些治安法官的名字和任务。特别包括 10 名城市守卫（*astynomoi*），负责雅典和佩莱坞港（Pireaus）的城市维护与清洁（50.2）；10 名市场监视员（*agoranomoi*），负责监督代售商品的质量和维护市场秩序（51.1）；10 名测量监察员（*metronomoi*），负责确保诚实的标准得到尊重（51.2）。① 尽管这些人和其他治安法官共同分担了古希腊雅典警务的部分职责，但在这部著作中他们的角色和作用只受到间接关注。

　　其次，从狭义上解释，警务也可用来描述有组织的警察机关和有纪律的专业部队的工作。他们的职责包括调查和控诉，以加强法律的作用以及确保公共秩序。但在古希腊雅典没有如此专业的部队（MacDowell，

---

① 其他致力于社会规范的治安法官包括 35 名零售督察（最初只有 10 人），主要负责监督面包和粮食市场的零售情况（51.3）。另有 10 名交易监工（*epimeletai tou emporiou*），负责监督粮食批发市场的运行以确保有足够的粮食供应给城市（51.4）。若想对所有治安法官有系统的了解，见罗德斯（Rhodes，1981：573-82）。

1978：62；Rhodes，1984：125）。相反，和其他城邦国家一样，古希腊雅典依赖"由治安法官支配的公共奴隶"（Finley，1983：18）。希波战争（Persian Wars）后，古希腊雅典城第一次购买了一群 300 人的斯基泰奴隶（Scythian slaves），在公共会议中充当守卫以控制人群和维持秩序。同时他们也辅助"十一人"（the Eleven）和其他治安法官对付罪犯和歹徒，逮捕和虐打囚犯。然而，斯基泰人作为一支警力还尚未成熟。他们没有任何地位和权力去调查或控诉，因为通常情况下他们都是按照治安法官的要求行动。那么，在那时由谁来管制雅典？警务的主要任务落到了公民自己身上，如调查、拘捕、控诉，甚至在一些执行法庭决定的案件中施行以上行为。因为，私人自发和自助即是规则。此层面上的警务是本书关注的重点，不管这项工作是古希腊雅典公民的，或是斯基泰人的，抑或是大约 390 年后取代斯基泰人的其他公共奴隶的。②

但警务也有另外一种说法。从广义上解释，它也指社会控制。我已接受艾瑞克·卡尔顿（Eric Carlton）对这个词所下的定义（1977：12）。社会控制指"用来确保个人遵守群体准则的一个过程。不同群体间以及群体内部的利益有差异。控制机制运用于解决利益冲突和促进社会和谐"。

卡尔顿提到，"控制意味着规范；社会的调整可通过说服或强迫实现"③。后一句是一个重要条件。虽然社会控制的确定往往与警察、军队或中央权力的其他一些专制制度相关，但事实上并非这样。各种社会制度推动着规范和社会和谐伴随下的社会控制，其中包括家庭和教会。此外，为了确保规范和控制，那些隐含在亲属义务中，甚至在谣言中的行为准则常常起作用。换言之，国家不是社会秩序的唯一保证。就此而

---

② 这是第五章的主题。

③ 科恩（D. Cohen，1991a：7，n. 20）将社会控制定义为"规范的期待，旨向期待的有目的行为和行为产生的反应"。在此，他采纳了吉登斯·安东尼的行为理论："从互动的角度看，社会控制并不是由公共机构或其他机制所决定的行为。"（see Giddens，1979；cf. Bourdieu，1977.）在探索古雅典道德实施情况的研究后，科恩采用了一种基于该理论的模式。该模式让他将更多的注意力集中在社会实践上，如参与者的策略上，而不是中央权威的强制力上。他总结说，社会控制产生于法律和规范的相互作用下。吉登斯对该文的总结已做了必要的修正，和科恩的观点并不是完全相同。社会控制在社会学文献中为主要关注的部分，见道（Dawe，1970）。

言，国家并不总是在采取惩罚性措施和暴力上占有垄断地位。许多社会控制机制可能分散在整个社会当中。④ 最佳的例子是群体责罚（charivari），16—17 世纪在英格兰乡村普遍存在的一种"简单公正"仪式。这种流行的仪式是一种自助方式，旨在鼓励村民和邻居供出并当众羞辱殴打妻子或责骂妇女的人。⑤ 在这里，惩罚性执法并不是中央权力机构强制的结果，就社会团体而言，这是自治自律的结果。⑥

　　最后，警务可被看作是一种连续体，从亲属和邻居，或笼统的社区群体自律延伸到国家的惩罚性制裁。⑦ 在这种连续体中，说服和强制都占有一定的位置。我发现，这种连续体作为一种组织原则很有用。在此指导下，我第一次探究了家庭（oikos），并从那开始涉足社区，最终以考虑城邦结束。本书的前半部内容中，我们可以看到基于自律、共识和

---

④　叶礼庭（Ignatieff, 1981：186）反对福柯（Foucault, 1979）所拥护的"以国家为中心"的社会秩序的构想。他坚信"我们当前对国家几乎独有的专注已成为秩序构成的因素，如果我们要超越它，就必须开始重建公民社会中复杂的非正式仪式和过程，以宣泄不满，解决争端和赔偿损害"（185）。本书所关注内容较多的是与国家垄断相结合的非正式控制机制。博比奥（Bobbio, 1989：22 - 43）论述公民社会的概念。他将其否定地定义为"国家不予以规范复杂的关系"，所以"一旦国家的权力在王国内行使，其他概念就很好被定义了"（23）。通常，这样的关系是私人的，且自律的，并不要求国家权力的强制实行（22）。博比奥对国家的论述是复杂的，讲述了政治思想的整个历史。简单地说，国家就是"一个社区的政治系统"（66）。另外，博比奥跟随韦伯的观点，将现代国家定义为包含两个必要因素，即"一个具有提供公共服务功能和合法武力垄断的行政机构"（61）。可查阅由汉森（1991：57 - 58）提出的基于国际法的现代法律观："领土、人民和行使领土主权的政府机关……因此，国家是享有专有权力的政体，能够在一个给定的区域内，对给定的人口行使给定的法律秩序。"在再三斟酌雅典城邦（city-state）这个定义的适用性后，汉森摒弃了城邦仅是一个政治共同体的观点。他认为"当现代历史学家试图将城邦和国家的融合，以及社会和现代国家的分离做出对比时，他们就大错特错了。城邦是公民的政治共同体，而社会作为所有群体都参与的整体，与城邦有着明显的区别"（64）。关于古希腊国家的出现，见朗西曼（Runciman, 1982）。

⑤　从叶礼庭（1981：185 - 86）的著作中，我得到了这个例子。关于古雅典的群体责罚的缺失，至少与寡妇有关的情况，可见亨特（Hunter, 1989a：298），他还提供了欧洲早期可供对比的例子及相关文献。

⑥　关于自律，见第二章，查阅叶礼庭（1981：183 - 87）。

⑦　我并不善于分析"社区"这个棘手的术语的用法，但我仍意识到了基于此主题上的文学著作（see Hunter, 1988：28 - 30）。通常，社区与郡同义，不管是村庄还是市区（见第四章）。在这个单元里，诺伯特·埃利亚斯（Norbert Elias, 1974：xix）提出了最接近于一个社区普遍含义的定义："位于同一位置且通过功能的相依性相互联系的家庭群体。"另外，埃利亚斯进一步列出了一些超越郡的社区的特征。其中包括相互的义务、较强的人际网络、谣言圈和诉诸自救，所有这些在发达国家的框架内，将郡中的个人和家庭连接起来。有时我用"社区"这个词来表示更大的集体或城邦，这里的社区实际上就成为公民社会的代名词。

说服上的非正式制裁普遍占上风。但在后半部分，非正式制裁逐渐让位给中央权力强制实施的惩罚性制裁和高压政治。

将警务作为社会控制的理念，对本书的推进有着重要影响。因为，警务开始成为四世纪雅典社会历史的一方面，很快呈现于政治领域。在创作初期，法律的要点已经开始突出，并深入涉及法律程序中的某些问题。为了避免把注意力都集中在法律上，我决定把社会和社会问题放在突出位置。尽管如此，还是出现了焦点转移。因为，我发现法律不能脱离政治存在。在撰写一部名为《礼法：论古希腊雅典的法律、政治和社会》（*Nomos*：*Essays in Athenian Law，Politics and Society*，1990）的作品集时，就此问题，我与托德和米利特（Todd and Millett）意见一致。这本书的副标题很重要。因为，托德和米利特认为法律、社会和政治贯穿于礼法（*nomos*）的观念中（12）。我主张法律、社会和政治也存在于履行社会控制职能的社会机构中。而后者更接近权力结构的核心。因此，社会控制的概念引出了一系列问题：谁来控制？谁被控制？谁获利？尝试回答任何此类问题，都需要对雅典国家有所了解。与此同时也产生了进一步的问题：中央拥有多少权力？官员和治安法官在值班或特殊紧急情况下，可以号召哪些镇压或强制机构？简单点说，政府如何通过确保公共、私人生活的秩序和提供解决冲突及争端的机制来促进社会和谐？

在试图回答这些问题之际，我所发现的并非寻常，但也不令人意外。正如法律本身及其过程在社会中早已根深蒂固（Todd and Millett，1990：15），社会控制的机制及其中隐含的权利也都嵌入其中。当前的现代国家都在委托官僚机构、警察或司法部门行使职能，许多职务都植根于各种社会制度中，从而模糊了公民社会和国家的界线。探究这条界线，或最好能够尝试描述社会和国家间的这条界线，成为本文的首要主题。

来源与方法

《雅典警务》一开始是作为一本研究阿提卡诉讼的著作，研究一批数量不足百篇、已得到充分探究的法庭演说（Cf. Todd and Millett，

1990：1）。这些演说给社会历史学家提供了一幅描绘雅典人生活的五彩画卷。但不幸的是，它们也偏向于精英，或至少是有演说撰写人为其效命的有钱人。对于这种偏见，我也乐于承认。⑧ 虽然如此，我仍相信这些文件的确间接地提供了通往家庭最深处和社会最底层的宝贵途径，将我们引向了长期不和的兄弟（Is. 9）、孩子（Is. 8）、工作的妇人（Dem. 57）和家庭奴隶。贯穿全书，诸如此类的人物引起了我的注意。他们向我提供了雅典社会中弱势群体难得一见的一面，同时也向那些呼声响亮且持久的领导者提出抗衡的声音。终于，领导者和他们的妻儿、奴隶在阿里斯托芬（Aristophanes）和米南德（Menander）的喜剧作品中找到了虚拟的对手。

因为这两位剧作家虽相差将近一个世纪，但实际上他们在作品中都不约而同地描写了一个人在古雅典可能经历的遭遇。尽管作品中充满了讽刺、夸张和老套的角色，阿里斯托芬的作品里还包含纯粹的幻想，这些喜剧作品都以反映现实为目的，发挥了影响（cf. Golden，1990：xvi）。特别是米南德的作品，吸引了许多研究古希腊雅典社会的学者的注意（e. g.，Fantham，1975；Henry，1985；Konstan，1987；Mosse，1989）。⑨ 在当前作品的上下文中，喜剧作品为我们进入普通雅典人的生活拓宽了入口，让我们能更多了解到劳作的妇女、家庭奴隶甚至妓女和侍妾的生活。

除了以上两种主要的资料来源以外，我还翻阅了柏拉图的《法律篇》（Laws）、亚里士多德的《雅典政制》（Constitution of the Athenians），以及色诺芬（Xenophon）的一些关于道德和哲学的论著。研究中所涉及

---

⑧　我也意识到演说的易误性。一方面，演说中渗透着虚华辞藻，在缺乏相应演说的条件下不可能被证明或反驳。另一方面，在古代法庭中也的确存在着证据规则：在诉讼中，证词需要有文件证据，证人被频频传召。但更为重要的是，社会制度研究中的有用材料往往是无意的，只作为某个案例的背景。从制度层面看奴役，一个典型的例子即是发言人和同等地位的陪审团成员均认为拷问程序是理所应当的。在这种情况下，家庭和社区的制度方面都包含其中，任何对事实的扭曲都会立即呈现给听众。换句话说，构成本研究来源的一些主要数据比大量的个人细节产生的问题更少。即使这些细节不被忽略，它们也必须在陪审团看来具有一定的合理性。如果任何合理性都没有，发言人描述的经验和个性将在现实生活中与之相同。因为这个原因，我不会无视个人细节，但会接受他们对雅典个人所代表的意义的观点。关于更多以演说作为证据的案例，查阅汉弗莱斯（Humphreys，1985：316 - 21）和托德（Todd，1990b）。

⑨　关于米南德（Menander），见第三章和第六章。

的其他论证包括铭文材料和一系列词典编纂者的作品。

《雅典警务》是一部共时性研究著作，内容紧跟其他最新的社会历史研究作品（e. g. , Just, 1989; Golden, 1990; Cohen, 1991a）。然而，我选择从这样一个角度入手，不应该被视为是对历时性分析的摒弃，或是缺乏对时间变化的关注。公元前420年至320年间的雅典，古雅典诉讼的时间限制是很混乱的问题⑩。在那段时间里，许多逆转的事情发生，包括404年雅典在伯罗奔半岛战争（Peloponnesians）中战败，以及338年马其顿帝国（Macedon）征服雅典。政治变化是多种多样的，其中包括404年的三十僭主（the Thirty）政变，以及392年引入的支付三块银币（obols）才可以出席集会的政策。资料中反映的一些变化很受重视。研究中特别重要的是公共仲裁机构（the institution of public arbitration），于399/398年首次被提及（MacDowell, 1971a），390年斯基泰警察解体和336/335年雅典刚刚成年的男性青年公民（ephebes）重组。⑪ 在此时期，许多社会制度，如奴隶制度，家庭，甚至是专门致力于反对罪犯和违法者的法律制裁都发生了改变，留下许多有待解决的问题。戈尔登（1992：13）近来提出，或许我们夸大了这些变化的程度，或者，至少我们对某些坚信不疑的引起变化的原因存在误解。正如他所提出的，"与基础文化决定因素（如人口统计学、科学技术、经济基础）相关的长期性变化，在几百年内相对有限"。为了支持他的论点，戈尔登引用了温克勒（Winkler, 1990：43）的观点，"现代推动力用于定位变化来源，将各种历史书写成一部关于发展和变迁的故事，但至少在地中海文化模式（Mediterranean cultural patterns）的研究中很可能导致严重的歪曲"。我赞同这两种论述，然而也保留个人的一丝怀疑。虽然如此，我采取的共时性方法使我坚信，即使是一张14世纪雅典关于社会控制的静态图片，也会加深我们对于家庭、社会团体和许多法律、政治制度的认识。同时我也相信，通过提供探索变化和发展的基础，此方法定会优于历时性分析。

---

⑩ 此段及以下所说年代均为公元前，原文如此。——译者注
⑪ 关于这些变化，见第二章和第五章。

我采取的方法及其原因跟乔赛亚·奥伯（Josiah Ober）在他最近一份关于雅典政治思想的研究中表达的观点并无太大差别。实际上，《民主政治时代雅典的大众与精英》（*Mass and Elite in Democratic Athens*, 1989b）一书和本书都将注意力集中在了古雅典演说家上。在使用这个资料时，奥伯指出在 403 年到 322 年间"无论是形式上还是内容中，都没有戏剧性的变化"，需共时地看待（37）。此外，关于通俗道德，他得出了和多佛（Dover）完全相同的结论（1974：30－32），"演说中表达出，人们在这段时期里对大众和精英之间关系的态度，随着时间的流逝，似乎表现得相当一致"（37）。在备受关注的社会制度方面，我已经得到了差不多相同的结论。虽然如此，我希望为历时性分析提供一个框架，如果这在未来是可行的话。

本研究通常采用的是比较法。在第一个实例中，我向人类学寻求援助，因为，我相信跨文化的材料具有启发性，被证明是有用的。这些材料可以指导人们提出恰当的问题，探索制度存在的意义和古代资料中没有明确显示的活动。温克勒（1990：10）的观点值得再一次被引用，他认为他对人种学的解读打开了"思想的大道"，挖掘了古希腊社会和宗教生活重建中"更丰富、更复杂的意义"。事实上，人类学在许多方面被证明是有用的。当代地中海社区的研究帮助我明确和理解谣言。另外，法律人类学为亲属冲突和争端的分析提供有用的定义。为了找到一个恰当的方法来分析女性的角色和权力，我深入研究并求助于社会学家彼埃尔·布迪厄（Pierre Bourdieu）和安东尼·吉登斯（Anthony Giddens）。[12] 我还发现，奴隶们在新世界社群中的相同经历有益于重建雅典奴隶制度。在采用这种方法的同时，我一直牢记着卡特利奇（Cartledge）的告诫"比较并不能提供我们缺乏的主要证据"。但是，它能够服务于"挑起假说来解释我们已掌握的证据"。最后，我希望我确实尊重到雅典人的独特性。因为，对跨文化相似性的探求毕竟并不是意在减损，而是增强独特性。

---

　　[12] 见第一章。D. 科恩（1991a）发表了明确的声明用以表明比较法的功能和价值，同时也提供了一系列研究，可作为其应用的最佳实例。他对人类学知识的掌握令人羡慕。其他采用比较法的近期著作包括加兰特（Gallant，1991）和曼维尔（Manville，1990）。

第一章 "家长"：雅典家庭
中的权威及其模糊含义

在雅典家庭中，谁掌有权力？① 乍一看，答案不言而喻："家长"（kyrios）或首领。的确，所有法律观点似乎都立足于这个答案，因为只有成年男子被公开承认在家庭中的权威，只有成年男子是自权人（sui iuris）。因此，他们有资格参与公共决策机构，如政治集会和法院，以及从事正式的经济交易活动，如起草合同或遗嘱。家庭中的其他成员，如未成年人、女性或奴隶，被归类为受首领监护（kyrieia）的家眷。② 因此，他们需要有人能代表他们参与公共交易活动，由"家长"代表未成

---

① 对于权威的实用定义，我首先想到的是迈克尔·曼（Michael Mann, 1986：7）将其定义为"被所有受其影响的事物认为合法的权力"。相反，曼将社会权力定义为"以统治的形式追求并达到目标的能力……运用于其他人身上"（6）。埃勒和科瓦雷斯基（1988）对中世纪女性和权力的研究使我一直深受影响。后者认为传统的权力观为公共权威，其"假定女性在很大程度上是无权的，因此处于弱势地位"。因此，他们"阻碍社会中女性行为的有关调查研究，认为其似乎无关紧要"（1）。为了反对这种观点，埃勒和科瓦雷斯基拓宽了权力的概念，包含新形式与新领域，以确保权力的运行。因此，尽管他们将权威看作"社会认可的，且能约束他人的'权利'"，而这种观点和曼的观点相比并没有改变太多，但他们赋了了权力更广泛的定义，即"高效行动，影响他人或决定，并实现目标的能力"（2）。我接受这个定义，同时也接受他们反对采用过分简单化的公私二分法的警告。因为，正如他们所指出的，"家庭圈子必然从属或次于公共圈子的绝对性假设"会引出很多问题（4；cf. Hirschon, 1984：19）。他们的作品集中，某些文章记录了为了施加影响，破坏男性权威和达到目标而雇用雅典女性的一些策略。参见福克斯豪尔（1989）及布迪厄（1977）。

② 尽管在不同阶段，雅典家庭一般不会大于核心家庭，即拉斯莱特（Laslett, 1972：29）所谓的"简单家庭"，它可以向不同方向延伸，其中包括一位年迈的父亲，一位寡居的母亲，前一段婚姻的小孩，或者一个在一家之主监护下的孤儿。人们普遍认为，所有人都在一家之主的权力控制下。因为在本章中，我主要关注的是男女之间的权力关系，没有考虑奴隶在家庭中的影响和权力一类问题。

年人和女性，由主人代表奴隶。③ 然而，如果我们避开律法主义来审视实际的实践活动，新的问题就出现了。我们可能会问，在家庭中，丈夫和妻子如何分配权力？妻子有任何权力的独立来源或对权威的要求吗？如果有的话，既然并没有成文的规定来支持它，这一说法的基础是什么？不管怎样，男人和女人各自的权威又是如何发挥功能的？它们是否引起了家庭中的紧张关系？重点是，当雅典人谈及权威时，即在日常语言中他们将某人作为"家长"或支配人（kyria）的时候，他们所指的是什么意思？

在下文中，通过证明女性在家庭权力结构中的作用和权威，我将试图回答这些问题。

权　力

在没有考虑大部分雅典诉讼中使用的"家长"一词的来源之前，关于权威的讨论不能进行。但事先声明，在此我并非要寻找一个新颖或更精确的定义赋予"家长"一词，也并不打算研究该词的所有法律引申意义。我将此类问题留给研究该词以及具体制度的人。④ 我认为很重要的，且打算谈论的是与城邦和家园有关的制度在实践中的运作方式。

利德尔（Liddell）和斯科特（Scott）将形容词"kyrios"解释为"有权力或权威的"或"有权威去做的"。因此，"kyrios"作为实词指的是"家长"或"主人"、"一家之主"、"监护人"或"托管人"（LSJ）。⑤ 该词包含的复杂含义可以从德摩斯梯尼演说辞（36）的某些用法中找到。那时，根据帕斯奥（Pasio）的遗嘱，福尔米翁（Phormio）作为其财产的"家长"（36.3），直至将财产分给他的两个儿子，其中一

---

③ 见第三章，注释33，四世纪中，作为商业诉讼的一方，奴隶权利的出现。

④ 博切（Beauchet，1897）著有一篇名为《女性的监护》（*Tutelle des femmes*）的长篇大论（325−80），而夏普斯（Schaps，1979）专用一章来讲述监护人的经济权威。参见：沃尔夫（Wolff，1944：63），尤其是注释105，麦克道尔（MacDowell，1978：84−92）；贾思特（Just，1989：26−41，45−47）；西利（Sealey，1990：36−40）。哈里森（Harrison，1968）遗留的思想散见于他致力的雅典法律的工作中。这些章节中，讨论的问题集中于女性订婚（19−21）、权力（30−32）、婚姻期间的嫁妆（52−54）、所有权（201−5），以及文献目录。

⑤ 同源词包括：副词 kyrios，"合法地，合理地"；动词 kyroo，"使有效，确认，批准"；否定形容词 akyros，"没有权威"或"没有权利或权力"。

个还未成年。对于后者，福尔米翁将作为他的监护人以及财产的托管人（36.22），直到他成年。在这两种情况下，由福尔米翁管理财产。演说中也谈到一个奴隶被他的主人释放的故事（36.28；cf. 44 – 45）。⑥ 这些例子清楚地表明，在"家长"一词中隐含的权威与财产权和人身权相关。成为"家长"的人对财产的控制权被法律认可。因此，一个男性可以同时是自己祖传财物、妻子的嫁妆和地产的监管者。同时，他也是家庭中任何家眷的监护人或公共代表，不管他们是自由身还是奴隶。他所获得的凌驾于这些个人之上的权力，因其地位的不同而有所区别：凌驾于奴隶之上的权力是绝对的；而凌驾于妻子之上的权力并不是那么绝对，这一点下面将会分析。

鉴于名词"kyrios"内在的歧义，⑦ 没有一个单独的英文单词可以用来表达它所有的含义。以单一名词翻译该词的尝试通常都失败了，包括"一家之主"（Lacey，1968：21），"家长"或"控制者"（MacDowell，1978：84），"主人"或"持有人"（Just，1989：26），以及"所有者"（Schaps，1979：34）。

监护人的权威是由雅典法律认可的。事实上，这种认可在本质上具

---

⑥ 两个同源词也同样出现在这篇演说中。演说人指出，帕斯奥扮演着监护人的角色（36.32），当他将妻子阿契普托付给福尔米翁的时候，他"拥有充分的权威"。演说人后来提及，帕斯奥遗嘱的条款将作为 kyria（有效）或 akyra（无效）（36.34）。不只是遗嘱（Is. 1.26；5.16；6.4），就连协议（Is. 5.25），收养（Is. 2.47；7.19）和法律（Dem. 24.5，16，43，78；47.18；Is. 2.26）都被描述为"有效"或者"无效"。在同一情境下，陪审团可以被称为 kyrioi（Is. 2.47）。另外，集会中的某次会议中，每个 prytany 被指定为 kyria（《雅典政制》43.4，62.2）：这种集会，尤其是主要的集会，有一个固定的议程，包括一些常规却很重要的事情，如食品的供应和土地的防御。沃尔夫（Wolff，1944：63，n. 105）也注意到 kyrios hautou 可以用来形容从监禁中获释的奸夫（59.66）。这种表达似乎带有"他自己的主人"的意思，同样也适用于女性。例如，当仲裁委员会一致认定涅埃拉被福利尼错误地当作奴隶抓住了，她就变成了 kyria hautes（Dem. 59.46）。更多的例子见沃尔夫（1944：63，注释105）。参见克伦茨莱茵（Kranzlein，1963：24）。

⑦ 从福克斯豪尔（Foxhall，1989：23 – 24；cf. 30，43）的观点中，我采用了歧义的概念，她谈到文化歧义与性别关系有关。实际上，福克斯豪尔和我各自己经找到了一个解决女性权力和权威，以及女性财产权利问题的类似方法。我们俩都将注意力集中在了实践上。现在可见 D. 科恩（1991a），有关古雅典社会规范歧义的研究。在检验道德实施情况中，科恩（14 – 34）也采用了一个由布迪厄（Bourdieu）和吉登斯（Giddens）提出的实践方法。见布迪厄（1977；1990）的作品和吉登斯的理论《社会理论的核心问题》（1979），其中提出了行为的理论。在我多年前已经发表的三篇有关女性的文章中早已预示了这种方法的某些方面（Hunter，1989a；1989b；1993）。在当前的章节中，我利用了他们的研究结果。

有双重意义，既承认他在家庭中的首领地位，同时也赋予他在公共场合代表家庭及成员的权利。彼埃尔·布迪厄（Pierre Bourdieu，1976：128）发表了关于法国贝阿恩（Bearn）婚姻策略的讨论，他将"一家之主"的地位类比于机构的负责人，即事实上"对群体的名称、声誉和利益有承载和保护的责任，不仅有管理财产的权利，也有在团体中行使权威的准政治权利，尤其是在与其他团体的交往活动中，有代表和参与本团体事宜的权利"。根据布迪厄的说法，正是这些权利阻碍了女性成为"家庭的主人"。就我们的目的而言，这种描述是有用的，因为它精确地描述了在家庭和更广泛的社会关系中监护人被赋予的权威。林·福克斯豪尔（Lin Foxhall，1989：31）在其关于古雅典家庭的最新作品中指出，"户主是有权力跨越家庭和社区边界的个人"。从而，他斡旋于"公共和私人生活间不断变化的环境中"。

福克斯豪尔还强调，"家长"的权力有一个明显的局限性：他不是一个绝对的统治者。例如，他不是家庭财产的"所有人"（32），尽管他能管理它，使用它，并决定它。福克斯豪尔的观点恰好符合那些已经研究过雅典通用财产概念的人的观点。例如，沃尔夫（Wolff，1944：63）认为所有权的抽象概念源于古罗马。"希腊的法律思想更满足于有限的处分权的具体概念"。在关于物权法（the law of property）的讨论中，哈里森（Harrison，1968：201）也在思考这一问题。他指出，雅典人没有通用的术语来描述这样一条法律，因为"他们没有抽象名词用于所有权"。"在声称对某物的权利中，雅典人似乎仅仅只会断言 A、B、C 中哪个更好。"[8]

---

⑧　和财产有关的希腊术语包括动词 echein，译为"拥有或持有"；kratein，译为"占有"；kektesthai，译为"作为获得物而拥有"（Kranzlein，1963：13－21；cf. Finley，1952：54 and 204，n. 11；Harrison，1968：201，n. 1）。总的来说，哈里森区分了所有权和拥有的不同，并相信雅典人已经掌握了这种区别，尽管他们没有在一个法律主体中加以详细说明（200－205）。对克伦茨莱茵来说，所有权意味着"完整的使用权"（33）。或者，他是从亚里士多德的《修辞学》1361a 21－27 中得出这样的结论。亚里士多德将所有权定义为通过赠送或出售获得的处理财产的权利。总的来说，财富存在于使用中，而不是单纯的拥有。最近，福克斯豪尔（1989）继续讨论着这个问题，并综合了亚里士多德的《修辞学》中"使用"及"拥有"的概念。她的主要结论是财产被视为属于家庭，从而隐瞒和否定了个人对它的所有权。"同时，在一个公共环境中，个人的'所有权'可能会隐瞒其和存疑财产的关系。而在家庭环境中，其他个人也有这种存疑财产（31）。"在此，关键在于家庭，监护人和家庭成员，以及在私人环境中被承认是"他们的"东西之间的模糊关系。

法律和抽象的术语是一回事，生活是另一回事。在日常交易中，财产的"家长"意味着什么？当然，很多例子中使用的"kyrios"一词与财产有关，但并不代表所有权。例如，某人管理其监护下的孤儿的财产，却不拥有这些财产。实际上，当受监护的未成年人成年以后，之前的监护人会将更多的财产交还给他，这时的财产因利息而有所增加（Dem. 27. 58－61）。同样，作为妻子嫁妆管理者的丈夫，在离婚时也会将嫁妆还给妻子（Is. 3. 35－36）。否则，他必须支付每年18%的利息，理论上作为妻子的生活费。拒绝支付的丈夫会被起诉（Dem. 59. 52）。因此，法律认可嫁妆是属于妻子的财产，而不是丈夫的。⑨ 最后，"kyrios"也用来指在某人离开雅典时委托邻居照看其财产的责任（Dem. 53. 4）。

对家庭财产而言，缺乏一个抽象名词用于描述所有权，这一点可能在物质现实中存在某些依据。属于家庭的财产，绝不是"家长"的私人财产。他只是替孩子们进行托管（Foxhall, 1989：28）。因此，儿子们在财产继承制度下会自动继承他们的遗产（Is., 6. 25；8. 34）。只要父亲有一个或多个亲生儿子，他就不能任意处理祖先的财富或领养一个儿子作为继承人（Dem., 46. 14；Is., 6. 28）。⑩ 遗产是家庭财产：它附属于家庭，理想化地说，它使家庭自给自足，并能够超越一代人而持久存在。另外，鉴于财产继承制度，兄弟们必定不会认为他们拥有新分财产的绝对所有权。毕竟他们知道，只有土地或许才能作为父亲一生的唯一持有物。在某些事例中，兄弟们不愿意分割财产，或者他们会等到晚年再这样做（Aesch. 1. 102；Dem. 44. 10；Is. 2. 28－29；Lys. 18. 21；32. 4；cf. Dem. 47. 34）。

从而，祖传财产渐渐变为代指父系亲属集体财产的一个更为广泛的概念。基本上，父系亲属（agnate，从男方追溯亲属关系的人）对于近

---

⑨ 就绝大部分而言，在丈夫去世以后，一个适婚年龄的寡妇也要回到娘家，收回嫁妆（Hunter, 1989a：296－98）。第二个为了收回嫁妆而起的诉讼是 dike proikos（Harrison, 1968：57）。为了确保嫁妆的取回，人们会对嫁妆进行评估，见我接下来的讨论。

⑩ 另外，如果他有一个女儿，他必须为了让她能够嫁给养子而预先做好准备（Is. 10. 13）。否则，养子就需要将他的养姐妹嫁给另一个拥有合适嫁妆的男人。如果某人忽略了这些规定，他可能会因为伤害女继承人而面临一场诉讼（Is. 3. 41－42，46，50－51，62，68；AP 56. 6；Harrison, 1968：117）。伊塞优斯演说辞（3）关注这个问题在法律或者其他方面的一切结果。

亲的财产、遗嘱和他们选择的继承人都有浓厚的兴趣，因为在法律上，如果一个人未立遗嘱死亡，他的父系亲属就将获益。在这种情况下，他们和远亲会毫不犹豫地挑战遗嘱或收养关系，恳求亲属关系优先于纯粹的遗赠，或陌生人的权利，或更远的亲属，从而获得遗产（Hunter，1993）。同样，法律对于保全家庭也有足够的兴趣。为了对抗挥霍者的堕落行为，法律会提起诉讼以保护财产（AP 56.6；Harrison，1968：79 –81）。⑪ 近亲会知道原本可能属于他们的财产被挥霍掉。他们不能帮忙，但会知道，因为在古雅典，挥霍者是流言蜚语和嘲笑调侃的对象。在法庭上，此类谈论屡见不鲜，它被用于诉讼中打击对手。⑫ 这样的指控是很危险的，因为任何人都有权以挥霍财产为理由告发他人。所有的这一切都表明，一个社会中，祖传财产的绝对权利，尤其是土地所有权（property in land），不仅能被法律剥夺，也能被亲属和社区剥夺（也就是说，通过社会实践剥夺）。

为了总结这次讨论，让我提出一个很少用到的英文单词来表达"家长"和财产间模棱两可的关系，即管理工作（stewardship）。一方面，"家长"是自己和他人财产的管理者，实际上扮演着信托人（trustee）的角色。然而，当涉及遗产（patroia）时，这样的角色就呈现出一个特别且相当含糊的特性。鉴于法律中固有的禁令让儿子们自动成为继承人，这样的财产几乎是不可剥夺的。此外，虽然没有禁止出售祖先份地的法律，但习俗和意识形态确保了这样的情况很少发生。⑬ 另一方面，拥有和使用地产仍然是"家长"的特权，直到他去世或将地产转移给儿

---

⑪ 这里的诉讼是一起公诉，指控偏执狂和精神失常的人。换句话说，挥霍者必须被证明不适合管理自己的财产。

⑫ 见第四章关于谣言的附录。

⑬ 或者正如芬利（Finley，1975：154）指出的一样："即使是在四世纪的时候，雅典公民也不会轻易放弃他们持有的土地，而一个完整的房产市场在当时并没有发展起来。"他竭力为古雅典土地的可转让性做出争辩，从而反对法恩（Fine，1951）认为土地在伯罗奔半岛战争（Peloponnesian War）前都是不可转让的观点。参见阿舍里（1963：1 – 4）的评论，以及吉罗（Guiraud，1893：170 –80）早期的观点。他们二人都接受古雅典时期土地可转让的观点。用于地产方面的术语，可见阿舍里（Asheri，1963：1 – 4），克伦茨莱茵（1963：21 – 27），和哈里森（1968：124 –25，233）的研究。后者引用了伊塞优斯的片段8，在这一段中将遗产（patroia）区分为一类特殊土地（233，n.4）。参见，德摩斯梯尼（39.6，35）；吕西阿斯（19.37）。

子（们）。因此，不管是公开还是私下，这样的权力都被认作是"他的"，在这种情况下等同于所有权，即使在习俗上以出售或赠送的方式处理财产的权利是微弱的。

除了祖先的份地（kleros），家庭中也有新近获得的财产（epikteta），例如，"家长"购买的土地，通过投资获取的金钱，或者他在自己的遗产中所增加的奴隶或动产。没有什么可以阻止他将财产以礼物或遗产的形式赐予他人。[14] 因此，在许多现存的遗嘱中，有子嗣的男性都会对其财产的分配给予指导，或为其他事项做好准备，如妻子和女儿的嫁妆或遗赠（Dem. 27. 4 – 5，42；28. 15 – 16；36. 34；41. 6；45. 28；Lys. 19. 39 – 40；32. 5 – 6；Asheri，1963：6 – 12；Harrison，1968：125，151 – 152；W. Thompson，1981）。在此，他可以拥有和使用私有财产的全部所有权，因为个人有不受限制处理财产的权力。那么，成为"家长"不仅意味着信托关系（trusteeship）拥有和使用，而且能够在某些情况下获得实际上的虚拟所有权，摒弃了充满歧义的制度。

女性和亲属结构

接下来我将提出的问题是女性在亲属结构中的地位。因为亲属的权利和义务与家庭权力的问题密切相关。

雅典亲属关系在本质上是双边的，亲属关系包含了父母双方的亲戚（Broadbent，1968：233；Humphreys，1986：58 – 59；Just，1989：83 – 85）。双边集体以父系亲属为核心。双边亲属（bilateral kindred）或家族（*anchisteia*）的结构从父母双方亲戚扩展到第一代堂兄弟姐妹的孩子们（Broadbent，1968：231 – 35；Harrison，1968：143；MacDowell，1978：98 – 108；1989：17 – 19；Just，1989：85 – 89）。[15] 在法律上，家族在两

---

[14] 哈里森（1968：125）指出，不管是通过习俗，还是法规，人们有自由权去处理自己获得而非通过遗嘱继承的财产。对于后者的区别，同样可见吉罗（1893：95 – 98）；财产的一般形式，见芬利（1952：53 – 73）。

[15] 对于涉及的法律，见德摩斯梯尼（43.51）和伊塞优斯（11.1 – 2）。参见，德摩斯梯尼（43.78；44.62）和伊塞优斯（7.20）。在"父系亲属"这部分，我反对表亲的孩子们包括第二代表亲这一观点。参见麦克道尔（1989：19）。

种情况下发挥作用：发生杀人事件时和无遗嘱继承时。因为法律指定哪些亲戚有权利和义务告发凶手；同时，当有人无遗嘱死亡时，法律也会指定哪些人有权要求获得继承权和遗产。其中，包括与一个拥有继承权的女儿或女继承人（*epikleros*）结婚。

家族概念中有两点值得注意。第一，父系亲属（agnates）优先。在继承中，父系亲属优先，首先是死者的兄弟，然后是其姐妹，从他的兄弟姐妹及其孩子再到他的第一代堂兄弟姐妹。只有在父系亲属全部考虑在内后，异父兄弟（a uterine half brother）才允许有遗产继承权。在异父兄弟或异父姐妹（half sister）后，母亲一方的亲属可以要求继承权。这一原则的保留是为了宣告女继承人的权利。第二点，亲属结构中的女性继承。在没有兄弟的情况下，死者的姐妹优先于他的叔辈和侄子，甚至异父兄弟获得继承权。更确切地说，姐妹可以获得继承，基于她们在亲属结构中的地位，即使实际上她们已婚或在其丈夫的监护下。根据雅典法律的规定，换句话说，女性确实有权继承，但她们只能作为姐妹或堂姊妹才有这样的权利，因为她们拥有或保留了娘家的父系关系。

实际上，古雅典诉讼提供了一些女性从其兄弟甚至表兄弟处继承财产的重要例子（Is. 5. 6，27；7. 31；11. 9，49）。同时也发现，这样的女性在法庭上会索取或争夺遗产（Is. 3. 3；7. 2；11. 17）。不仅法庭会承认这种索取，被请来的演说人和辩论者也会支持这些女性，尽管在每个实例中，"家长"（kyrios）往往会作为女性在法庭上的代表。

根据刚刚概述的原则，如果一个姐妹去世了，她的孩子会继承财产，男性优先于女性获得继承权。换句话说，如果一个去世的男性没有兄弟，只有姐妹，且姐妹也已经去世，姐妹的儿子——或是她的女儿——将继承他的财产。这种女性继承的制度表明，在雅典家庭生活中，不管权力的本质是什么，它并不接近罗马的父权（*patria potestas*）。该父权体现在夫权婚姻（marriage with *manus*）上，将女性从父系关系中分离，让她成为其丈夫控制下拥有继承权的血统集团的正式成员，就好像她是他的女儿（Watson，1971：22；Hallett，1984：124 – 25；Crook，1986：59 – 61）。雅典的女性在其丈夫的家庭里并没有这种权利。相反，她们在娘家的继承权得到保留，虽然是有限的。这种权利足够强大以致她们可以将财产留给孩子们，尽管后者是另一个完全不同的家庭的成员，并处在他们父亲的权力控制下。

继承权受到亲属关系下相应义务的制衡，这一原则对女继承人来说成为范例。她的儿子（或儿子们）在成年时继承其外祖父的房产，这一权利是由母亲转移给他的。然而，在那之前，他父亲也有可能将他寄养到他祖父的房子。例如，欧布里德三世（Euboulides III）被他的父亲索希提乌斯（Sositheus）寄养到外祖父的房子里。索希提乌斯本身是德摩斯梯尼第 43 篇的演说人，他声称其有意保留岳父的房子，因此可以实现岳父希望将女儿的儿子寄养到自己家中的愿望（11 – 12）。换句话说，女继承人有独一无二的继承权和为她父亲家提供继承人的附随义务（concomitant obligation）。⑯ 在姐妹继承的案例中有相似的原则，因为她们有强烈的义务在从一个兄弟处接受遗产的时候，提供一个儿子作为她们兄弟死后房产的继承人。伊塞优斯演说辞（7. 31 – 32）中记录了一件事，抨击两姐妹继承了兄弟的财富却未能提供一名养子。人们认为她们对兄弟无子女的现象态度冷漠，并谴责她们让兄弟的家族灭亡了。另一方面，在伊塞优斯演说辞（11.49）中出现了相反的情况，演说人的舅子死后，由其姐妹继承财产。他说，在这一点上，他妻子劝说他允许将两个儿子中的一人寄养到舅子玛卡塔图斯（Macartatus）的家里。换句话说，根据女继承人的例子类推，一个继承其兄弟遗产的姐妹不得不为她的这位兄弟提供一名继承人。在两个案例中，女性的继承权都与她们对娘家的义务联系在一起。

根据雅典的法律，汉斯·尤利乌斯·沃尔夫（Hans Julius Wolff, 1944：47）认为，"女性从原来家庭中的分离并不完全"。事实上，在财产关系中，她仍然是"原来家庭中的一个成员"（53）。此外，女性原来的监护人通常是她的父亲，有时是兄长，这种权利仍然有残留，即使在婚后被取代。例如，该监护人可以鼓励或帮助女儿或姐妹离婚和再婚

---

⑯ 对于女继承人的相关信息，我查阅了以下著作：格尔里特，1921；哈里森，1968：132 – 38；卡内齐斯（Karnezis, 1972）；夏普斯（Schaps, 1979：25 – 47）；贾思特，1989：95 – 98。另外，阿舍里（1963）和雷恩·福克斯（Lane Fox, 1985）讨论了在一般继承规则背景下的女继承人制度。

（Dem. 41. 4；Is. 2. 8；8. 36；Men. Epi. 655 – 60 and 714 – 21；Harrison，1968：109；Karnezis，1976：92 – 99）。另外，当女儿成为寡妇后，父亲（或兄长）不仅可以要求归还嫁妆，还经常会影响女儿的返家和再婚（Dem. 40. 6 – 7；Is. 8. 8；9. 27；Lys. 19. 15；Hunter，1989a：296 – 98）。或许最重要的是，娘家期待有一名有继承权的女儿或姐妹，可以为家族提供一名继承人，特别是要确保女性对娘家的亲属关系和责任的永存。反之，娘家女儿的生育能力所隐含的权利，形成其继承权的一个重要战略基础（Cf. Wolff，1944：50. ）。

女性和权力

如果法律承认一家之主的权威，那么备受关注的女性权威的本质是什么？作为此问题的部分答案，诉讼中引用的一些法律详尽解释了此角色的两个方面。第一个是德摩斯梯尼演说辞（46. 18）引用的法律表明，在婚姻中亲戚有法定权利帮助女性（指合法订婚［engye］，一个有效的婚约，允许她生育婚生子；cf. Dem. 44. 49；Hyp. 3. 16；Wolff，1944：51 – 53；Harrison，1968：5 – 9；C. Patterson，1991）。名单中包括了她的父亲，然后是她同父母的兄弟，其次是她的祖父——她最近的父系亲属。这些人被称为她的"自然监护人（natural kyrioi）"（Karnezis，1976：91）。[17] 对父亲而言，并不需要特别的解释，因为他们为女儿订婚的实例是不胜枚举的（e. g.，Dem. 27. 5；Is. 8. 8；10. 5；Lys. 19. 15；32. 4）。另外，我们的消息来源提供了大量的例子，说明兄弟让他们的姐妹订婚，或者，如果姐妹是寡妇或已离婚，他们会收回嫁妆，并安排她们再婚（e. g.，Dem. 30. 7 –

---

[17] 本法余下部分关注的是那些自然监护人去世的女性。在女继承人的案例中，文字部分是明确的：她的监护人将"拥有"她（例如，自己娶她）。而关注其他女性的文本就不是那么清楚，因为 epitrepsei 这个词可能会被同等译为"托付"或者"将她托付"。因此，法律认为，一个男人作为某人未指定托付或已指定托付的监护人，可能是她的自然监护人或"她的最后监护人"（Wyse，1904：286）。学术意见鼎力支持前者，笔者也表示赞同。既然这件事情已立法成为订婚，一个与合法性相连的正式行为，当然会向公众开放并接受检验。其中涉及的女性也通常非常年轻，15 岁左右。想要查阅德摩斯梯尼演说辞（46. 18）中更进一步的讨论，见博切（1897：335 – 47）；格尔里特（1918）；哈里森（1968：19 – 21）；夏普斯（1979：34 – 35）；莫德尔泽耶夫斯基（Modrzejewski，1983：50 – 51）。

11；40.6 – 7；57.40；Is. 2.3 – 5，9；3.45；Cox，1988a：381；Hunter，1989a：297）。如果有多于一位兄弟，他们将共同分担这种职责（Dem. 40；Is. 2）。女性的监护人也可以将其权威授予他人，正如年轻的阿斯提菲纽斯（Astyphilus）所做一样，他允许其可靠的继父安排他姐妹的订婚（Is. 9.29）。相似地，米南德笔下的克里欧斯特图斯（Cleostratus），《盾牌》（*The Shield*）中的英雄，在他打仗期间，让他的叔父负责照料其妹妹。叔父认为克里欧斯特图斯的缺席将是漫长的，于是作了安排，让女孩同他的继子订婚（130 – 36；cf. Men. Dys. 731 – 33）。正如我们之前提到的，女性原来的监护人仍拥有一些权威，即使在她结婚后，他仍能够影响女儿或姐妹的离婚和再婚。这样做的动机是多样的，从无子女的担忧（Is. 2.7 –8；8.36），到父亲与女婿间公开的矛盾（Dem. 41.4），以及对女儿嫁妆被挥霍的愤怒（Men. *Epi.* 134 – 37，655 – 755，1062 – 1104）。最后一个例子是一名叫斯米克里纳斯（Smicrines）的父亲，他指责女婿挥霍女儿的嫁妆，遂试图说服女儿和她丈夫离婚，但没有成功。

还有一个较长的片段出自米南德，由女儿在父亲要求她与丈夫离婚时的回应所构成（*Pap. Didot* 1）。这名女性发现她父亲希望她嫁给一个有钱人，以免受痛苦和贫穷。她的回应中有部分值得摘出：

> 假设我即将拥有这第二任丈夫——神所禁止的事情，我定不会同意它发生，当然如果我能阻止它——假设他失去了金钱，那时您会将我嫁给第三个人吧？如果同样的事情发生在第三个人身上，那时我会嫁给第四个人？父亲，您将在我的生命中扮演多久的神？当我还是个小女孩的时候，为我寻找一个丈夫是您的权力，那时选择权在您手上。但现在我已经结婚了，父亲，该由我来做决定了……所以，我以家园之神的名义乞求您，请不要抢走您给我的丈夫。父亲，在这件事情上我求您，因为是善良的行为，所以这也是一个合理的请求。如果这仍不可能，您有权做您想做的事，而我会带着应有的尊严忍受我的命运，不让自己蒙羞。(27 –44)

这个段落表明，除了劝说，父亲还有很多权力可以倚赖：他能够否决女儿的愿望，以及让她和丈夫离婚。同样明显的是，连同嫁妆在内，女儿的幸福在长久的婚姻中持续受到关注。这种残留的权威必然是沃尔夫在发现女性与娘家的分离从来不是完全的时所提到的（cf. Modrzejewski，1983：62－65；Garland，1990：236－37；C. Patterson，1991：53）。

第二与"家长"角色相关的规则涉及女继承人。一些演说人似乎引用相同的法律证实，如果女儿具有继承权，则她丈夫在他们儿子成年后的两年，即当儿子 20 岁的时候就不再是妻子财产的"家长"。在这一点上，他们的儿子作为外祖父的继承人控制了财富。同时，也要负担母亲的赡养费（Dem. 46. 20；Hyp. frag. B 39；Is. 8. 31；10. 12；frag. 26；Harrison，1968：59 and 113）。这样，通过女儿，外祖父将遗产传给外孙。理论上，后者也应当继承他的财产，就像他的养子一样，由此延续他的家族。这种财产的转移也代表了某些女继承人继承权的结束，即那些没有父亲、兄弟或者祖父等自然监护人的女继承人。这一角色，曾一度被与她结婚的男性完成（Dem. 46. 18），现在又回归到她儿子身上。[18]

在实践中，丈夫对于作为家眷的妻子负有哪些责任？有一些职责是他要担任的。首先，他是妻子嫁妆的托管人（e. g., Aphobus：Dem. 27－29；Aphobus：Dem. 30. 10；Phormio：Dem. 45. 30；Protarchides：Is. 5. 27）。因为嫁妆多半是钱财或动产，它必须让一对夫妻有能力建立自己的房子。作为这样的用处，嫁妆就成了新婚家庭的婚姻基金（conjugal fund）（Dem. 40. 14－15 and 60；cf. Dem. 47. 57）。[19] 因此，在以后的索赔案件中，嫁妆会被谨慎地评估（Is. 3. 35；Wolff，1944：54；Harrison，1968：298；Schaps，1979：11）。也有的时候，未婚夫抵押一部分他的财产、土地或房子。这些财产此时都在界碑上（horoi）标记，以表明那是属于妻子的嫁妆（Finley，1952：44－53）。因此，即使婚姻最终结束，女性（和她的家庭）也会受到保护。实际上，这种从父亲到女儿丈夫的嫁妆

---

[18] 哈里森（1968：113）怀疑儿子暂时变成了母亲的监护人。正如他指出的（n. 2），伊塞优斯演说辞（8. 31）区分了"儿子控制下的母亲财产和母亲自己管理的财产"。最后，我们最重要的来源是阿波罗多洛斯（Dem. 46. 20），他也是哈里森最不愿相信的人。或许，我们在这点上的讨论太过正式。正如我们下面可以看到的，一些人会共同作为同一名女性的监护人。最适合的例子是儿子和丈夫都会承担监护人的部分责任。实际上，在法律或理论上，女继承人的儿子是她收养的兄弟，因此拥有一些自然监护人的残留权利（Cf. Gernet，1921：365）。

[19] 见我随后关于嫁妆的讨论。

转移更像是两个男性之间的资产交易。从今以后，丈夫对嫁妆有了支配权。另外，斯米克里纳斯的烦恼在于女婿对女儿嫁妆的挥霍，这表明女婿绝不是这些嫁妆的所有人。它仍然"属于"女儿及她的娘家。如果婚姻能够持续下去，且妻子仍然在丈夫家里，这些嫁妆最后会以遗产的形式传给她的孩子们（Cox，1988a：382-84）。丈夫作为"家长"的责任在那时就转变为嫁妆的管理者，替后代精明地管理嫁妆。

丈夫也会在公共场合及官方交易活动中作为女性的代表人。在实践中，这意味着丈夫管理着妻子在其权利中继承的任何财产。例如，姐妹的丈夫聚集在一起分割兄弟传给妻子的遗产（Is. 5.6），还有另外两个丈夫卖掉了自己妻子以相同方式继承的土地（Is. 7.31）。除了土地，如果妻子还有其他形式的财产，例如金钱，丈夫也是法定的"家长"（Dem. 27.55-56；45.27 and 74）。作为妻子的公共代表人，丈夫经常出现在法庭中，在我们有直接证据的案例中，丈夫都是她们的演说人，不管她们是出于索赔还是保护自己的目的（Xenocles：Is. 3.2-3；Pronapes：Is. 7.43；cf. Is. 8.41；10.19-20）。

在重新考虑"家长"的证据之后，我得出结论，以个人条款看待这些证据是不正确的，而需将其看作标记着一些作用和责任的制度，都很具体，但并不都固定在一个人身上。在我看来，女性的权力中包含三种不同的内在责任。在女性的一生中，这种责任从一位"家长"转移到另一位"家长"身上，甚至可能由多人共同分担。第一，娘家的一家之主，通常是父亲，有权利和责任决定女儿的许配及婚姻。城邦对这种正式行为也颇有兴趣，因为它们与合法性一体连接（cf. Modrzejewski，1983：52；C. Patterson，1991：52）。因此，在与一名女性订婚的时候，男性会宣布她本就是婚生子，所以也有能力产下婚生子女。关于这种交易的只字片语可在米南德的喜剧中找到："年轻人，为了生育婚生子女，我现将我女儿许配给你。和她在一起后，我将给你三塔兰特（talents）的嫁妆"（Dys. 842-44；cf. Samia 726-28；Peri. 1013-15）。事实上，让证人见证订婚和结婚仪式的做法是可取的，以免婚姻在将来受到质疑（Dem. 30.19-21；57.43；Is. 3.29；8.9-11，14，19）。典礼包括将新娘介绍给丈夫胞族成员（phrateres）的宴会，这些成员以后也能证明此次结合的合法性（Dem. 57. 43；Is. 8. 18）。结婚以后，娘家仍然对女儿有残留的权力，可以出面保护或迎她回家。在一定程度上，娘家并没有完全让出他们的控制权。

"家长"肩负的第二个重要的责任是管理女性的嫁妆。这个职责就落在了丈夫的身上。同样，城邦对嫁妆也很有兴趣，不仅将其作为女性自身赡养费的来源，也作为将遗产移交给孩子们（Goody，1976：6）。因此，许多私人诉讼保护嫁妆，并且在必要情况下确保嫁妆的充分回报（the dike proikos and dike sitou；Harrison，1968：57 - 60）。

第三，"家长"的功能包括其在各个方面作为女性公共代表人的行为，尤其是在官方或法律事务中，她没有能力独自行动。只要她结婚并成为丈夫的家眷，显而易见，丈夫就成了代她行事的人。然而，法律对此事并不感兴趣，也不应该有兴趣。因为除了丈夫之外，其他人，如兄弟或叔叔，没有理由不代她行事。毕竟，正如我们看到的一样，即使是监护人最重要的许配权利，也可以授权他们。或许这就解释了为什么从伊塞优斯的两篇演说辞中，我们发现了用复数形式来形容那些代表女性诉讼当事人行事的人（Is. 7. 2，21，23；11. 9，16 - 17）。在文中有一段谈到，这些代表被人们称为女性的 kyrioi，这表明至少要两个人才能一起担任这个角色（Is. 11. 16）。因为监护人的实际作用是零星且暂时的，所以在选择女性在公共场合的代表人时，允许适当的灵活性是有意义的。尽管通常情况下，丈夫或家属都可以代表她，但似乎没有什么可以阻止一个亲友协助他，或亲自扮演这个角色。[20]

女性和财产

通常，学者们对雅典女性的财产权持消极态度，常被引证的章句（*locus classicus*）是德·圣·克鲁瓦（de Ste. Croix）于 1970 年发表的文章《对雅典女性财产权的观察报告》（*Some Observations on the Property*

---

[20]　戈尔登（Golden，1985b：13）认为，女性和她们同胞兄弟的关系是"在危急关头可以向他们求助"。在此，兄弟承担了监护人的角色。基于多纳图（Donatus）对特伦斯（Terence）《兄弟》351 的评论，戈尔登建立了他的论点。

Rights of Athenian Women）。德·圣·克鲁瓦对此现象一一列出证据，首先引用伊塞优斯演说辞（10.10）中明确阐述的法律，禁止女性以高于500 麦斗（*medimnos*）大麦的价钱（在四世纪至少是三德拉克马 [drachmas]）参与合法契约（legal contracts）。㉑ 对该条法律惯有的解释是无"家长"参与的交易。在赢得"家长"的许可后，女性可以以任意数额从事交易活动（Harrison，1968：236；Schaps，1979：52 – 56）。我们还能怎样说明在女性从事的合法有效的交易中涉及的金额远远超出500 麦斗大麦的价钱（e. g.，Dem. 36. 14 – 15；41. 8 – 9；Hyp. 3. 2；Lys. 31. 21）？我们又怎么说明许多女性在雅典从事各种有收益的工作，包括放债（Ar. *Thesm.* 839 – 45），当女主人（Ar. *Plutus* 1120），开旅店（Ar. *Frogs* 549 – 51），从事花环（Ar. *Thesm.* 446 – 48）、蔬菜（*Thesm.* 387）、丝带（Dem. 57. 31 – 34）的零售，以及许多其他的项目。这些只是阿里斯托芬书中提到的女性众多追求中的一小部分（cf. Ehrenberg，1962：114 – 15，126 – 27）。铭文，如四世纪授予的关于解放的正式记录（*IG* II² 1553 – 78；SEG 18. 36 – 50），证实了他的观点（See McClees，1920；Herfst，1922；Pomeroy，1975：71 – 73.）。尽管这些女性通常都不是公民，而是被解放的奴隶或外邦人（metics），但对她们的看法仍是一致的：女性是雅典劳动力的一部分，她们从事日常的财务交易。㉒ 德·圣·克鲁瓦将这些女性当作"小额贸易"（petty trade）的偶然范例，并接着继续列举了对女性的其他限制条件。她们不能立遗

㉑ 参见阿里斯托芬的《公民大会妇女》（1023 – 25）。大麦的价格由 Kuenen – Janssens，1941 提供。参见马克尔（Markle，1985：279 – 81）。事实上，四世纪的价格波动很大，由于粮食危机，价格最高上升到18 德拉克马（Schaps，1979：61；Garnsey，1988：159 – 61）。

㉒ 让我来描述这段陈述。在身份地位颇受重视的雅典，当然，不同地位的女性也有不同的世界。被解放的奴隶和外邦人不能从事非公民被禁止的活动，如拥有自己的不动产或与雅典公民通婚。总的来说，制定雅典法律的男人可能很少考虑到女性。她们只会每年交付 6 德拉克马的人头税（Gauthier，1972：122），并没有试图让自己或孩子们进入公民的行列，正如奥尔斯和涅埃拉所做的一样（Is. 5；Dem. 59）。遗憾的是，我们永远不会知道雅典工人总数中有多少女性，或者她们中有多少比例是公民。德摩斯梯尼演说辞（57. 33 – 35，45）的演说人表明，贫穷迫使一些公民承担与外国人，甚至奴隶相关的琐碎工作。他还明确地指出，像妮卡莱特一样，在集市工作的女性，可能会招致谣言，并且与非公民太亲密的接触也会危及她自身的地位。换句话说，尽管女性是雅典劳动力的一部分，法律也具有足够的灵活性，可以允许她们参加和从事合法有效的交易，但女性仍被地位和随之而来的意识形态深深地分离了。

嘱，也不能被记录进重大财务交易的铭文中。例如，"如果我们将 320
年代早期时对厄琉息斯（Eleusinian）的记述作为合适的实例，那时有大
量与男性相关的交易活动，与之呈强烈对比的是只有三名女性，其中只
有一人（1672.64）涉足不只几个德拉克马的合约"㉓。而且，在印有众
多奴隶主名字的解放铭文中，没有一个女性的名字可辨认出。界碑上也
一样，女性只能出现在与她们嫁妆有关的地方，而不能作为土地拥有者
出现。九年后，夏普斯承袭了德·圣·克鲁瓦的观点，并增加了铭文学
证据，如雅典娜司库铭文（the *hekatoste* and the *poletai* inscriptions）。

　　德·圣·克鲁瓦和夏普斯的方法中，引人好奇的是他们拒绝认真对
待驳斥其观点的证据。例如，两人在面对一份被法庭采纳为证据的遗书
时，该遗书来自波利尤刻图斯（Polyeuctus）的遗孀（Dem. 41），克鲁瓦
（1970：274）断言："在德摩斯梯尼中看到遗嘱式遗赠是没有理由的。"
夏普斯虽不武断，但也如所预料的，摒弃了这些问题。他如此谈论雅典
娜司库（poletai）名单："的确，这里有四名女性被提及，但也只是间
接的。其中两人是因为丈夫的名字才被辨认出。"他举出有关查米卢斯
（Charmylus）和阿里培图斯（Alypetus）妻子的土地通告为引证，只为
做出结论："我怀疑在此提及的这两名妻子是不是土地的直接拥有者。"
接着，夏普斯继续争论两名女性自身有权利拥有土地的可能性。㉔

　　接下来，我将采取的方法和德·圣·克鲁瓦及夏普斯的方法恰好相
反，他们压制矛盾并嘲讽、沉默。尤其是，我拒绝孤立地看待女性财产
或财务交易的实例，而是将注意力集中于她们参与其中的情况。我也会
关注此类活动对涉及其中的个人产生的意义。女性对社会规则，及强加
在她们身上的诸多限制的认识暗含着什么意思？而且，其他人如何看待
她们的行为？为了回答这些问题，我将谈及四个具体的实例。

_____

㉓　所涉及的数量微不足道。为了换取建筑所需的芦苇，70 德拉克马付给了阿耳忒弥斯
（Artemis），一个来自佩莱坞港的外邦人（*IG* II² 1672.64）。参见，特塔尔（Thettale），一个为
神庙奴隶提供毡帽的女人（1672.71）。

㉔　例如，他是如此猜测阿里培图斯的例子："他为了妻子的嫁妆，将这块实际上属于他
的土地抵押了，这是非常有可能的。用妻子的名字是为了和他在纳普克斯（Napx）的其他土地
加以区分。"碑文是《希腊铭文补编》（*SEG* 12.100），关于这两个女性的引文在第 67 行至第
69 行。参见克罗斯比（Crosby, 1941：19, 26）。

第一个例子是在德摩斯梯尼演说辞（36，45，46，50）中受到关注的阿契普（Archippe），她曾是帕斯奥的遗孀，后来成为福尔米翁的妻子。福尔米翁既是一位富有的银行家，也是被释放的奴隶，后来成为归化的雅典公民（naturalized Athenian citizens）。阿契普本身是一个财政独立的女性。第一任丈夫去世时，遵其遗嘱，阿契普得到了一笔超过三塔兰特的嫁妆，包括两塔兰特的偿还贷款和一套公寓（Dem.45.28）。另外，她继承了一大笔遗产，包括女奴隶、珠宝以及她在家里拥有的一切。㉕ 这样，阿契普被称为"女主人"（kyria），尽管她的演说人，即她的儿子阿波罗多洛斯（Apollodorus）说福尔米翁在与她结婚时已获得了财产的控制权（45.30，74）。对第二任丈夫仍是这样，阿契普依然保持自己的独立性，分别给予她的孩子们每人2000德拉克马。这份遗产来源于"母亲的地产"。阿契普去世后，她的长子阿波罗多洛斯质疑遗产，并要求将她的地产以四份的形式分给所有的孩子们。在一群仲裁人的帮助下，阿波罗多洛斯赢得了诉讼（36.14 – 15，32）。虽然事件后来演变为争斗，但仍可以清楚地看出在阿契普的一生中，她不仅把金钱分给了两个年轻的儿子，也同样给了阿波罗多洛斯。在阿契普去世之前，阿波罗多洛斯因缺钱找过她，但由于当时她已不再有能力成为财产的女主人，阿波罗多洛斯只能失望地离开（Dem.50.60）。换句话说，尽管阿契普有丈夫福尔米翁作为"家长"，但她仍自己管理着财产。其他人也承认她的财政权力。不管包含在监护人制度中的法律细节是什么样的，从这个家庭的实践中也可看出，只要女性有能力，她可以拥有"自己

㉕ 关于遗产，以及德摩斯梯尼演说辞（45.28）中"给予"和"赐予"的区别，见亨特（1989b：43，注释22），沃尔夫（1944：57）；格尔里特（1957：163）；哈里森（1968：47 和112，注释3）；夏普斯（1979：10 – 11）。相反的观点可见佐默施泰因（Sommerstein，1987a）。我同意怀特海（1986b：114）的观点，女性的地位可能对雅典人来说关注甚少，如阿契普，一个归化公民（demopoietos）的妻子或天生的公民。她继承不动产表明，在帕斯奥去世的时候，她不是外邦人，而是公民。另外，她同仍是外邦人的福尔米翁结婚的原因并不清楚（这样的婚姻在大约368年间并不是不合法的）。银行家的妻子都是他们生意的一部分吗？或许是这样。因为阿契普并不是随同银行营业机构一起"遗留"给继承者的唯一的妻子（See，e.g.，Dem.36.28 – 29）。考克斯（Cox，1989：45）相信这种婚姻的目的在于巩固大量的地产。在我看来，卡雷（Carey，1991）是糊涂的，他并没有通过假设阿契普父母和帕斯奥自身的一系列动机而弄清事实。要接受这个观点其实很简单，要不阿契普从出生开始就是雅典人，要不就是法令解放了帕斯奥，但显然这是不存在的，因此在某种方式上帕斯奥得益于他的妻子。

的"的财产供自己支配。

德摩斯梯尼演说辞（41）提供了第二个例子。波利尤刻图斯的遗孀是两个女儿的母亲。两个女儿都是女继承人，且已达到结婚的年龄。母亲本身没有再婚，但似乎还想一直待在丈夫的房子里。在那里，她"实际上负责所有家庭事务"（Schaps，1979：15），直到去世。在诉讼中，演说人是其中一个女儿的丈夫，他声称从来没有完全接管妻子的嫁妆。因此，为了一笔钱，他起诉了另一姐妹的丈夫斯普迪阿斯（Spudias），主张其归还所欠的债务至家庭。欠款的主要部分为1800德拉克马，是岳母借给斯普迪阿斯的。该借款的证据是寡妇去世时以文件的形式留下的。文件表明这笔交易确实发生，并且有寡妇的兄弟作为见证人。在这些文件上，寡妇盖有自己的印章（41.8 – 11）。这又是一例女性独立管理财产的例子。年长的女性从事财务交易量已超过了伊塞优斯演说辞（10.10）中规定的数额。有趣的是演说人对"家长"制度的态度。他对此事表现得非常随意，让陪审员认为寡妇的兄弟站在他这边，与此同时表明他们只是见证了这场交易。同样有趣的是对寡妇留下的文件的描述。德·圣·克鲁瓦的观点是对的，文件并不是一个"遗嘱式遗赠"（testamentary bequest），但却接近一份正式的遗嘱，附有印章（seals）。唯一缺少的是"承约"（diathekai）一词。[26] 此外，人们对这些文件也抱有崇高的敬意：一旦打开，就需再次密封，并由安提贞尼斯（Antigenes）放置保管（41.21）。似乎这些印章并不是只在这里出现一次，因为两个女儿都认出了印章是她们母亲的。在其他交易中，她使用过这些印章吗？或许是的，除了这笔交易，她还借出过其他钱财和小型家庭物品（41.9，11）。布里奇特·扎克（Brigitte Rezak）研究了中世纪时期法国女性的印章和权力。他总结到，"在家庭中，印章是地位和能力

---

[26] 米南德的《西库昂人》（The Sicyonian）中，斯卓托芬尼斯（Stratophanes）的母亲在临终时草拟的揭示家庭秘密的文件被认作是遗嘱（diathekai；248；cf. 125 – 43）。无论是波利尤刻图斯的遗孀，还是斯卓托芬尼斯的母亲，都没有转移财产，更别说地产。两人都是通过传输信息和使用说明来保留女性家族的成员。这种形式的遗嘱将和正式的遗嘱有所区别，而后者是指定养子（或养女）作为遗产的死后继承人。这种遗嘱严格限用于男性，不用说是将女性排除在外的，尤其是没有遗产传承的女性。（有关遗嘱的法律，见 Dem. 46.14；Is. 6. 28；and my n. 10）

的一种结果"，"印章可以作为女性在家族中地位的一个标记"。遗憾的是，我们实际上对古雅典时期女性使用印章的情况一无所知，虽然我愿意相信扎克对此做出的结论可能是有效的。寡妇的文件中也以家庭债务的形式记录了其他信息，即斯普迪阿斯因从他岳父处购买奴隶而欠寡妇死去的丈夫200德拉克马。正如丈夫之前所做的那样，寡妇也要求索取这笔钱（41.22）。在此，我们再次面对家庭中的实践问题，女性遗愿的直接表达可近似于通过正式遗嘱的表达。她的文件也说明了，在家庭中，她握有相当大的权力和权威，她是"负责人"或女主人，并已习惯得到身边人的认可。

第三个例子是记录在伊塞优斯演说辞（10）中的一个关于家庭合谋的传说。演说人宣称他的母亲是一个女继承人，却被骗光了家产。虽然在她父亲和未成年的弟弟相继去世后，她应该继承一切，但她却嫁给了作为其监护人和"家长"的叔父。丈夫死后收养的一个儿子接管了地产。这些阴谋的细节是复杂的，法律的观点是不确定的：姐姐能否成为弟弟的女继承人，或者她是否可以直接从弟弟那里继承财产？⑳ 幸运的是，我们在此不用考虑这个问题。重要的是，演说人相信或假装相信他母亲是一名女继承人，并希望陪审员在听完她的故事后承认她的地位。因此，他所使用的与母亲有关的语言值得研究。他把地产描述成她的父系遗产，她的份地（10.3，8，14–15，17，23）。他一遍又一遍地反复强调地产是他母亲的，坚持向陪审员陈述她才是地产的托管人，但可悲的是，她被强制驱逐了（23–24）。伊塞优斯演说辞（3）的演说人在文章中精确地使用关于女继承人的相同术语，他不希望让陪审员混淆（5，43，46，60，62）。换句话说，女继承人被认作是父亲地产的继承人：她是女主人。这在现实中可能正如米南德在《项链》（Plokion）（frag.334）片段中揭示的。一个男性抱怨其妻子，一个富有的女继承人，用其权威主宰家庭：

拉凯斯（LACHES）：我的妻子是一个继承人，一个真正的吸血

---

⑳ 关于姐妹作为兄弟女继承人的观点，见麦克道尔（1982），以及亨特（1993）。这种观点来源于米南德的《盾牌》（Aspis，138–43，182–87，269–73）。

鬼。我从来没跟你说过这些。

老朋友：是的，你没说过。

拉凯斯：她是房子、土地和所有一切的女主人……

老朋友：神，多困难呐。

拉凯斯：真是不能忍受！她完全是个瘟疫，不只是对我，对她的儿子和女儿更糟。

老朋友：你描述的真是个无望的情况。

拉凯斯（忧郁地）：我知道。

我不明白为什么我们不能超出大众思维，将女继承人作为其父亲的完全继承人，直到她的儿子成年。他的地产是她的份地或父系遗产，就如很多文章证实的一样，财产也是"她的"（Hyp. frag. B 39；Is. 6. 30；8. 31；frag. 26）。这并不意味着她拥有了地产，就如很多其他祖传财物的继承人一样，她只是替她的孩子们代管（cf. Kranzlein，1963：99 – 100；Schaps，1979：27；Foxhall，1989：32，n. 54）。

第四个例子是德摩斯梯尼演说辞（59）中提及的涅埃拉（Neaera），科林斯（Corinthian）的一名妓女，据说她经营的生意遍及整个希腊。有一段时间，她和福利尼（Phrynion）一起住在雅典，这个男人曾在科林斯帮她从主人手里买回了自由。由于福利尼喜欢带她参加聚会以示炫耀，于是他要向她提供衣服和珠宝（59.35）。在与福利尼住在一起的同时，涅埃拉也有自己的两个女奴隶。但当福利尼不再对她表现出她认为应得的喜爱和尊敬时，她就把自己的东西打包——有些也是他的——然后带着她的奴隶出发去了墨伽拉（Megara）。在那里，涅埃拉遇到了雅典人斯蒂芬（Stephanus）。斯蒂芬又将涅埃拉买回了雅典，她可以作为他的妻子和他住在一起，并经营她自己的生意。此时，福利尼密探到涅埃拉回到了雅典，在治安员（vigilante）虚张声势的帮助下，他将她带到了负责诉讼的行政官员（polemarch）面前。福利尼声称涅埃拉是他的奴隶。[28] 然而，在朋友们的催促下，这个案子最终被呈送至三人仲裁组（a trio of arbitrators）。他们判决的一些条款至关重要。一方面，他们宣

---

[28] 关于这件事的讨论将作为自救的一个实例，见第五章。

布涅埃拉是一个自由的女性，并且是"自己的女主人（*auten hautes kyrian*）"。㉙ 但她必须将福利尼的所有物品都归还给他。另一方面，她被允许保留衣服、珠宝和福利尼为她购买的奴隶，这些东西都被判决为她所有（59.46）。这一判决可被认为是一种大众思维，因为仲裁员的决定不是基于成文法的规定，而是基于公平。他们的目的在于和解与和谐，而非追索诉讼。不管是否有具体的法律加以证实，赠予女性的礼物就被认作归该女性所有。

福利尼的礼物并不是一个孤立的案例。众所周知，其他情妇（*hetairai*）或妾也接受过仰慕者送来的衣服、珠宝或奴隶（e.g.，Dem. 48.55；cf. Men. *Samia* 377 – 82；Xen. Mem. 3.11.4）。米南德笔下反映现实情况的作品段落值得被再次引用，来自《她讨厌的男性》（*The Man She Hated*）中男主角的一段演讲。在购买了战俘克里特亚（Crateia）后，他释放了她，并让她作为妻子和他住在一起。他说道："我买了她，像一名自由女孩一样对待她，将她当作家里的女主人；我给她女仆，黄金饰品和裙子；我将她当作我的妻子。"（A 37 – 40）㉚ 和涅埃拉所处的地位相似，克里特亚可以声称这些财物都是她的，并且可以用大众思维来支持自己的做法。在这件事情上，法律的作用并不明显。我怀疑这将与仲裁员的决定一致。

现在，通过分析手头的资源，我将总结这次讨论。女性的财产分为四类：房地产，主要是土地；奴隶；动产，如家具和珠宝；金钱（Cf. Schaps，1979：4 – 16.）。

房地产

正如我们已经了解到的，女儿不能直接从父亲处继承财产。这是儿子的特权，他们可以分享父系地产，并留下一部分给姐妹作为嫁妆，通

㉙ 还要注意的是，被视为奸夫的男性从监禁中释放后，同样也是"获得许可的"监护人（Dem，59.66）。监护人的其他相似用法，见沃尔夫（1944：63，注释105）。这个判断在第二章中将详细讨论。

㉚ 此文本是特纳的（Turner，1981：11）。参见格里西拉（Glycera）的 kosmos（*Peri.* 516）。范瑟姆（Fantham，1975：65，n. 48）认为其中包括衣服和珠宝。戈姆（Gomme）和桑德巴奇（Sandbach，1973：508）同样这么认为："在此，波利蒙指的是他给予格里西拉的所有珠宝和衣服，这些也是他奉献的证据。"

常是现金或动产。然而，如果没有儿子，女儿可以作为女继承人继承财产，继而成为父亲全部地产的直接继承人。因此，称呼她为"女继承人"是绝对正确的。此外，法律对她继承的财产是没有异议的，除非她的继承权存在争议，但也必须结合她的婚姻进行考虑。在父亲无遗嘱死亡的情况下，法律可以指派亲属向她索回权利（And. 1. 117 - 19；Dem. 43. 54；46. 22；Is. 3. 64，72，74；8. 31；10. 5）。法律还规定了，在她的儿子们满 20 岁时，她应当将地产移交给他们。③ 对女继承人而言，归她所有的遗产和任何祖先的地产一样，可以说都属于她个人：她保管一切，直到孩子们达到法定年龄。在此期间，她享受着伴随地产而来的权力和权威，尤其是当地产巨大时。被收养的女性也可以通过这种途径继承财产，正如斯卓托克斯（Stratocles）的女儿，她是被母亲的兄弟收养的（Is. 11. 41）。她拥有一笔巨大的财富，包括价值两塔兰特的土地、绵羊、山羊、家具、纯种马和一切属于她叔叔的东西。这笔财富带来了利益，作为回报，她将在叔叔去世后领养一个儿子，以延续叔叔的家族。（Cf. Is. 7. 9；11. 8.）在她结婚前，由父亲充当监护人的角色管理她的财产，结婚后这个角色就由丈夫取代了。女性也可作为族人（anchisteis），直接继承那些即使在婚后也仍与她们保留父系关系的亲属的财产。所有现存的例子表明，女性就是通过这种方式继承了兄弟或父系表亲的财产。由此，她们拥有了自己的地产（e. g.，Is. 5. 6；7. 31；11. 9，49）。

虽然没有明确的以土地作为嫁妆的例子，但在两个案例中，女性都收到公寓作为全部或部分的嫁妆（Dem. 45. 28；Is. 5. 27）。尽管如此，以土地作为女性嫁妆的可能性不应该被低估，因为富裕的丈夫通常会把抵押的土地放置一边，将其打上份地（horoi）的标志以表明它具有和嫁妆同等的价值。当有死亡或离婚的现象出现时，尤其是当原来的嫁妆已经合并在家庭财富中时，这样的土地有时会被作为嫁妆（e. g.，

---

③ 见之前的讨论。亚里士多德（AP 43. 4）指出，在每个部团期，女继承人的宣言都会在主要会议上宣读。他也提到虐待女继承人的诉讼属于执政官的管辖范围。一般情况下，齐名的执政官负责的是女继承人的福利问题（56. 6 - 7）。同时，普鲁塔克（梭伦 20）基于梭伦的观点制定的法律，要求女继承人的丈夫每周至少与她性交三次，以确保有继承地产的后嗣。所有的规定都表明公众对女继承人的深入关注，她们不仅是财产持有人，也是成功链条上的重要一环。

Dem. 40.14 – 15）。假设有这样的可能性，我们就不需要接受夏普斯对查米卢斯和阿里培图斯妻子的质疑，她们的财产虽被记录在雅典娜司库的清单上，但仍是土地的"直接"拥有者。实际上，通过之前描述的任何一种方式，她们都可以获得土地。[32] 布恩（Boon）的姐妹，提莫斯卓特（Timostrate）家土地和房子的真正拥有者被记录在《古希腊铭文研究》II² 2765 上，就如同记录着吕西普斯的土地的《古希腊铭文研究》II² 2766 一样，是一个标记有女性财产的界碑（McClees，1920：33；Finley，1952：266，n. 23，and nos. 174，176；cf. Harrison，1968：236，n. 3）。可以想象，这份财产可能是提莫斯卓特嫁妆的一部分。[33] 因为，毕竟没有任何规定将嫁妆限制为现金或者动产。因此，土地很有可能成为嫁妆的一部分，其中的现金价值单独记录在资料中。

奴 隶

关于女奴隶在为家庭中的女性工作或和她们一起工作的诉讼无处不在。[34] 这并不意味着她们就是这些女性的个人财产，大部分都还可能是家庭的财产。另外，亚里士多德的遗嘱揭示了一名男子将家庭奴隶留给

---

[32] 一方面，既然查米卢斯孩子们的土地也有所提及（SEG 12.100.45，79 – 80），那么他的妻子就极有可能是个寡妇。另一方面，人们认为存疑土地已被抵押着她作为嫁妆，并且落入了孩子们的监护人手中，这纯粹是一种猜测（Schaps，1979：5）。但这肯定也是问题的重点。至于阿里培图斯的妻子，她的丈夫一定还活着，因为他的土地被单独提及。因此，她的土地不会是丈夫移交给她作为嫁妆的。这是她继承的，或是作为嫁妆带入婚姻的土地。参见，福克斯豪尔（1989：29）。我接下来也有关于嫁妆的讨论。

[33] 夏普斯（1979：113，n. 20）认为《古希腊铭文研究》II² 2765 和 2766 是"确定无疑的界碑"，即使"proix"一词没有出现在任何一块石碑上。事实上，他们的措辞也不同于在 dotal apotimemata 上找到的那么刻板。后者将女性的名字归入了赠予之列，以表明此人与财产相关的利息已经抵押（see Finley，1952：nos. 132 – 53）。在此，石头上写着"房子的边界和提莫斯卓特的土地"（IG II² 2765.1 – 3；cf. 2766）。同样值得注意的是提莫斯卓特被描绘为一位母亲：她儿子的名字已经消失，但他住在凯菲西斯区（Cephisia），她和她的兄弟来自阿纳卡尔（Anacaea）。同样，这些信息再也不能在 dotal apotimema 上面找到。事实是，界碑上没有提及她的丈夫，表明了她是一个寡妇。参见，德·圣·克鲁瓦（1970：276），他认为与土地相关的石头也被纳入嫁妆内。另外两块可能标记着不动产中嫁妆的石头是芬利的 175A 号和米利特在芬利 1952：xxvii – xxviii 中的 160A 号。同样，那些接受土地可能被作为嫁妆赠予他人的观点的人还有哈里森（1968：46）、艾蒂安（Etienne，1975：384）、麦克道尔（1978：87）和考克斯（1988b：187，n. 15）。艾蒂安和考克斯两人的观点都基于古兰德里斯（Goulandris）石碑。关于嫁妆的进一步探讨，见注释40。

[34] 关于家庭奴隶，见第三章。

妻子的事例。为了感激妻子对他的感情，他给海皮丽斯（Herpyllis）留下了五名奴隶，三名女仆（*therapainai*），以及她的私人侍者（personal attendant）和一名"男孩"（Diog. Laer. 5. 13）。帕斯奥在遗嘱中也将女仆留给了妻子（Dem. 45. 28）。正如我们知道的，情妇涅埃拉有若干个奴隶，都是情夫赠予的。狄奥多特（Theodote）也是如此（Xen. *Mem.* 3. 11. 4；cf. Men. *Samia* 381 – 82；*Mis.* A 38）。㉟ 通过继承和赠送两种方式，女性可拥有奴隶作为自己的财产。尽管没有实例来支持我的观点，但我也怀疑，在女性的一生中，奴隶通常也作为嫁妆的一部分，或是额外给予的部分，跟随她从一个家庭到另一个家庭（cf. Wolff, 1944：57）。女性有能力维护她们对奴隶、家庭及其他的权利，这在吕西阿斯演说辞（23）中是显而易见的。当潘克里昂（Pancleon）在街上被他推定的主人尼科美德（Nicomedes）抓到时，一名女性路人拒绝让尼科美德把潘克里昂逮捕，并坚持潘克里昂是她的奴隶。在继而产生的争吵中，她显然很坚持自己的主张（23. 10 – 11）。解放碑文中也表明雅典女性确实有自己的奴隶。

动　产

房子里的东西都留给了两个女人，阿契普和奥多托斯的遗孀（Dem. 45. 28；Lys. 32. 6）。事实上，克里欧布勒（Cleoboule）对丈夫的房子也有使用权。因为当她和阿弗布斯结婚时，房子及里面的东西已被她已故的丈夫在遗嘱里指定作为婚姻住所（27. 5）。既然婚姻从来都不是完美的，那么房子的确切状态也是不确定的。我们知道阿弗布斯最终娶了另外一个女人，并在德摩斯梯尼家小住（27. 56）。㊱ 据推测，当德

　　㉟ 格里西拉是一名弃儿，和波利蒙住在一起，作为其伴侣。她有一个名叫多丽丝的奴隶（Men. Peri. 154）。参见，菲洛梅尼（Philoumene），米南德《西库昂人》中的女主角，被海盗俘虏后卖给了斯卓图芬尼斯。在整个审判过程中，她都由她的奴隶德罗蒙陪伴着。当斯卓图芬尼斯意识到她实际上是一个自由女性的时候，让德罗蒙成为她自己的奴隶（230）。

　　㊱ 阿弗布斯在老德摩斯梯尼去世以后立即定居下来（27. 13, 16）。尽管他与克里欧布勒的关系紧张，但在委托特瑞皮德斯（Therippides）管理之前的两年里，他还是与两位监护人一起协力从事家族生意（27. 19, 21；28. 12）。在此前提下，有两个奴隶工人的"工厂"和各种原材料毫无疑问地从生活区中分离出来（27. 9 – 10, 24 – 25；Davies, 1971：127）。产品便从那里售出（27. 32；cf. 29. 38）。

摩斯梯尼成年，并且监护人不再是其财产的托管人时，房子的所有权将完全归还给他。动产，如家具，也是嫁妆的一部分。因此，德摩斯梯尼演说辞（47）中演说人的妻子试图阻止丈夫的债权人攫取家具。她声称这些家具都是她的，作为嫁妆的一部分（47.57；Finley，1952：245，n. 63）。

然而，对女性而言，动产中最经常被冠以"她们的"称号的是衣服和珠宝。女性将衣服和珠宝作为嫁妆带入婚姻（e. g.，Dem. 27. 10；41. 27；Is. 2. 9；8. 8；Lys. 12. 19）。这些物品很可能是和嫁妆一起才可估价。克里欧布勒也将大量珠宝作为她原来的 50 锭（minas）嫁妆中的部分。实际上，这些珠宝正是引发她和阿弗布斯争吵的源头。她反对他占有这些珠宝，可能是考虑到其中有一些是她的个人财产。最后，阿弗布斯提出他会供养她，直到他们之间关于珠宝的争端得到解决（27. 13 – 15）。㊲ 显然，事实并非如此。（参见，阿契普的珠宝遗产来自帕斯奥：Dem. 45. 28.）即使是像涅埃拉这样被释放的奴隶，也有情人赠予衣服和珠宝。其他情妇也一定可积累此类财产（Xen. *Mem.* 3. 11. 4；Men. *Samia* 381 – 82）。似乎衣服和珠宝是一种独特的女性财产，在大众的心里，它们被看作是女性独有的（Dem. 59. 46）。珠宝尤其可以提供一些特定的保障，因为它们可以转化为现金。它们对情妇和妓女特别有吸引力。这些人大多是被释放的奴隶、外邦人（metics）和外国人，不曾享有拥有土地和房子的权利。在一种寿命短暂的职业中，珠宝就意味着保险。

金　钱

女性有自己的金钱，并以各种方式使用它们，从帮忙支付父亲葬礼仪式的花费（Dem. 41. 11），到大量贷款（Dem. 41. 9）。遗憾的是我们

㊲　克里欧布勒的嫁妆包括由珠宝和杯盘组成的 50 锭，以及变卖奴隶换来的 30 锭（Dem，27. 5，10，13，16）。目前还不清楚她带来了哪些物件作为原有 50 锭嫁妆的一部分。阿弗布斯供养她意味着什么？他会为家庭和花费承担责任，支持妻子，并极有可能保持妻子的嫁妆原样未动。同时，德摩斯梯尼和他的姐妹的这两个孩子，仍然有权维护父亲的地产（cf. Lys. 32. 20，28）。

的资料来源中从来没有显示女性的资金从何而来。例如，菲隆（Philon）的母亲给一个可信的熟人三锭钱来支付她的丧葬费（Lys. 31. 21）。这些钱是她嫁妆的一部分，还是她以其他方式积累下来的现金？我们不知道。女性的这些交易引起了对监护人角色的质疑。女性需要获得他们的允许才能使用金钱吗？如果是这样，奇怪的是从来没有任何参考资料记载他的存在或默许。在一些案例中，有这样一种解释。家庭范围内或亲属间，并不一定需要"家长"。"家长"是一个公共角色。因此，当兄弟们在场的情况下，波利尤刻图斯的遗孀把钱借给女婿，这并不意味着他们扮演着她的监护人角色，而是说明他们只是作为见证人存在（Dem. 41. 9）。在雅典，严肃的交易或合约都不会在没有见证人的情况下订立，其中大部分在本质上都是口述的。有一点需特别提到，例如，在波利尤刻图斯立遗嘱的时候，有很多人在场（41. 16 – 17）。但这只是答案的一部分。因为女性也经常公开地从事财务交易。安提戈涅（Antigone），一个别人的情妇和老鸨，从许佩里德斯三篇演说辞的演说人那里哄骗了300 德拉克马作为对小姑娘的报酬（2），其中没有提到"家长"。当女路人声称潘克里昂是她的奴隶时，也没有"家长"在场（Lys. 23. 10 – 11）。人们可以列举很多例子表明，在相似的情况下，女性在没有"家长"的情况下仍可自己行事。[38] 对于"家长"的角色，我们的资料来源中没有记录太多，除非他作为女性的演说人出现在法庭上，或者帮她管理嫁妆或地产。也许，评论家们错误地认为雅典女性被

---

[38] 麦克莱利（McClees，1920：16 – 28）讨论了碑文中记录的女性对希腊神灵的奉献，除了阿斯克勒庇俄斯，大部分都是女神。《古希腊铭文研究》II² 1533 记载，例如，奉献给阿斯克勒平（Asclepium）的礼物中有341/40 是少量的钱、杯子、珠宝和衣服（1 – 8）。在《古希腊铭文研究》II² 4334 中，奉献给雅典娜的一个贡品上写着："梅琳娜（Melinna），一位靠纯熟的手工艺技能抚养孩子的母亲，拥有勇气和正义。现将我辛苦工作换来的一份财产奉献予您，神圣的雅典娜，希望得到您的青睐。"参见，芬利的《边界》第114A（1952：188）。在书中，一位名叫德摩（Demo）的女性收集了五德拉克马的贷款（7 – 8）。同样可见，范·不莱梅（van Bremen），1983，在希腊和罗马时期富裕女性的重要"euergetism"历史，当"女性能够，并且确实拥有自己的土地和受自己支配的其他形式的财产"（230），她们也继承和遗嘱财产。尽管仍然要求有监护人的存在，他的出现"在大部分时间里仅仅作为一个标记图"（234）。在对比了古典时期的相关迹象以后，范·不莱梅总结道，女性在增强公共影响方面的作用并不是她们地位提高的结果，而是她们拥有财富的结局（233）。在我看来，他描述的很多作为希腊和罗马时代特征的东西已经是古典时期，甚至是雅典时期的缩影。

"家长"强加给她们的限制包围了。或许，女性毕竟有权用自己的钱或"家长"默许给她们的钱从事交易。至少，这是博切（Beauchet）在其关于雅典家庭法律的研究中得出的结论（1897：370 - 71；cf. Schaps，1979：55）。

越来越多的证据作为案例编入法律，这表明，在家庭实践中，女性模仿男性从事一系列的交易活动。她们不仅拥有包括土地在内的财产，而且赠予孩子们礼物，并且草拟被周围人认可且有效的遗嘱。㊴女性这样做的权利既不是法律赋予且保护的，也不受法律禁止。这种权利是自发且不成文的，它在私人领域，即家庭实践中行使。实际上，这样的一些活动已超越了家庭实践，被外界广泛而公开地接受为女性能力范围内

㊴ 女性能够处理她们的财产吗？证据不足，但却指向肯定的方向。正如我们之前所知，阿契普分别拿出了 2000 德拉克马给她和福尔米翁的两个孩子。这些是她去世前，从自己遗产里拿出的财产。当阿波罗多洛斯质疑她的愿望时，一群仲裁员同意并将母亲财产的 1/4 授予他（Dem，36. 14 - 15，32，38）。这种判决或许可，也或许不能代表法律的思维。我们只是不知道谁才是女性嫁妆和财产的继承人（cf. Schaps，1979：69）。我们所能说的只是仲裁委员会认为她的财产应该分给所有的孩子们。在此，伊塞优斯演说辞（5）中也提供了相关的细节，四姐妹中一人的女儿，在她们兄弟去世的时候，也分到了一部分土地（6）。演说人揭示了死者的养子剥夺了死者姐妹女儿的那部分财产（meros：9）。这种情况发生在她的父母均已去世时，他便成为她的监护人或财产托管人（10）。事实上，她拥有部分或全部母亲分得的财产，这一点并没有被忽略：毕竟她并不是一个女继承人，她还有一个作为纠纷当事人的兄弟梅克塞纳斯（Menexenus）。怀斯（1904：417）被这怪异的现象闹得很不安，因为别人都来找他，甚至有人还为了删除令人不悦的段落试图修改文本。他指出，"她很有可能被她的兄弟完全排除在外：因为没有现成的证据可以表明孩子们在继承母亲财产的时候没有性别的差异"（cf. Harrison，1968：144，n. 2）。相反，也没有证据可以表明不是这样。狄开奥根尼二世（Dicae-ogenes II）的姐妹似乎也与阿契普有着相同的行为，她留下了至少一部分的财富给女儿作为遗产。她同样也留有一部分给自己的儿子吗？或者，她在知道了儿子将会继承父亲财产后，说服家庭接受女儿作为她的继承人吗？我们并不知道。然而，我们知道的是女性能够转让她从亲属那里继承的财产。阿波罗多洛斯的姐妹就因为这样做而受到了抨击。通过她们的丈夫，她们将兄弟留下的土地和其他财产变卖（Is. 7. 31）。这个案例表明，没有任何现存的法律属于 metroia 的一部分，包括女性在自己权利下继承的那部分财产。如果她愿意的话，她可以像这两姐妹一样，偏离早已被众人接受的家庭实践或忽视大众心理，变卖家庭土地。至于其他形式的财产，米南德描述了一个女性为了帮助朋友而赠予价值 1000 德拉克马的衣服和珠宝的故事（Pap. Hamb. 656）。似乎在那个时候，女性可以随意处理被判定为她们的东西（Dem，59. 46）。参见，吕西阿斯（31. 21）。在我看来，西利（Sealey，1990：36 - 40）在探讨雅典女性的财产交易时太过于尊重法律。

的活动。⑩

女性作为一家之主：寡妇和母亲

"我的丈夫在塞浦路斯（Cyprus）去世，留下了我及五个孩子。我一边抚养他们，一边在桃金娘市场（myrtle market）从事制作花环的工作，这真是一段艰难的时光"，阿里斯托芬（Aristophanes）的作品，《特士摩》（*Thesmophoriazusae*）（446 – 48）中的寡妇是这样说的。这段话提供了一个洞察雅典平民生活的机会。这个寡妇不同于在诉讼中遇到的大部分女性，她是"穷忙族"中的一员。为了养活自己和孩子们，她成为家喻户晓的一家之主。奇怪的是，在现实生活中也有这样一个人，她是妮卡莱特（Nicarete），德摩斯梯尼演说辞（57）中演说人的母亲。因为在集市（Agora）上卖丝带，她被谣传为外国人，或者更糟（30 – 34）。当她成为寡妇，并和她五个孩子中唯一成年的儿子一起在市场工作时，这样的指责便出现在她之后的生活中。这并不是她第一次不得不为了生活而工作，早在她年轻的时候，还是两个孩子母亲的时候，丈夫和色拉西布洛斯（Thrasybulus）出征不在家，她也需要自己处理财产。那时也一样，低劣的生活必需品驱使她去从事奶妈的低贱工作（42）。妮卡莱特是一个特例，一个出身良好的女人沦为"奴隶"（45）。谁充当她的"家长"？是受丈夫委托而这样做的某个亲戚，还是她自己的某个亲戚？我们不知道，但是亲戚的援助似乎是微小的。从她儿子的记述

---

⑩ 在此，我并没有直接提出嫁妆的问题，因为别人已经在大量研究和细节中做足了工作。例如，见哈里森（1968：45 – 60）和夏普斯（1979：74 – 88），以及参考书目。我同意福克斯豪尔（1989：32）的观点，嫁妆是"雅典家庭中，属于女性的最重要的一类财产"，不论它是什么形式的。我也同意她之前探讨的另一观点（34 – 36），大众对于嫁妆的态度近似于对女继承人继承财产的态度。嫁妆被认为属于女性，并称作是"她的"（Dem. 30.12；40.25；42.27；47.57；cf. Harrison, 1968：113；Schaps, 1979：75）。另外，如果我们拒绝墨守成规的思考，却考虑家庭实践，女性的"个人财产"由丈夫管理，与在离婚或丧偶的情况下娘家对财产继续保留权利之间并不矛盾。

中，我们可以清楚地知道，当丈夫出征的时候，她就是一家之主。[41]

玻俄托斯（Boeotus）的母亲普兰贡（Plangon）提供了一个非常不一样的例子（Dem. 39 – 40）。与妮卡莱特不同，尽管她也生活拮据，却从来没有沦为与外国人、外邦人或者奴隶打交道。她原本来自一个富裕的家庭，但经历了父亲帕菲利厄斯（Pamphilus）的不法行为。正是这种行为致使父亲的财产被没收，父亲也以非私人买家的身份死亡（40.22；Davies，1971：365）。也许正是这些事情让她和马提阿斯（Mantias），两个儿子的父亲，走向了婚姻尽头，因为马提阿斯始终有些怀疑，他从来没有完全接收她的嫁妆（40.20 – 24；Rudhardt，1962：46）。或者，可能是两人间的冲突导致了分开（39.23；40.29）。看起来，普兰贡招致了流言蜚语和通奸的怀疑（Wolff，1944：81；Rudhardt，1962：47 – 48）。离开马提阿斯后，普兰贡带着两个儿子一起回到了兄弟家，并在之后强迫马提阿斯承认两个儿子为他亲生（39.3 – 5；40.10 – 11）。但普兰贡没能和兄弟住在一起，因为尽管马提阿斯与一个拥有无可挑剔背景和大笔嫁妆的寡妇再婚，但他依旧依附于他的前妻。在演说人形象的描述中，普兰贡变成了马提阿斯的情妇，占据着他购买的房子，像赞助人（choregos）一样投入资金。换句话说，普兰贡是个娼妇，独自和儿子们及一群女奴隶生活在一起（40.51；cf. Sealey，1984：124）。[42] 她是一个单身的一家之主，在她身上集聚了雅典这样一个国家在社会中暗藏的诸多缺点，但即便如此，她依然是独立的。

我的第三个例子是克里欧布勒，德摩斯梯尼的母亲，她是一个典型的寡妇。虽然她还年轻，可以再婚，但出于孩子们的利益考虑，她还是选择守寡——这是她的儿子告诉我们的（Dem. 29.26）。[43] 这个事情并不是那么简单。兑里欧布勒本来要依照死者的遗嘱嫁给阿弗布斯，即其丈夫的侄子（27.5）。但婚姻从来就不是完美的。是克里欧布勒自己挑起

---

[41] 这种案例，见汉弗莱斯（Humphreys，1986：60 – 62）。奥多托斯的遗孀是女性暂时作为一家之主的另一个例子（Lys，32.8），在丈夫去世后的一年里，她和三个孩子继续住在位于佩莱坞港的丈夫的房子里，因为房子里有充足的储备。但当所有的物品耗尽时，住在城里的父亲和监护人就开始亲自掌管家庭事务。

[42] 除了我已经引用的著作，我还参阅了汉弗莱斯，1989。

[43] 关于克里欧布勒情况的详尽探讨，请见亨特，1989b。

了这场永久的分离，还是阿弗布斯，即便他已经接收了 8000 德拉克马作为嫁妆？我们没有明确的答案。然而，对于克里欧布勒来说，守寡已经成为一种永久的状态，在已故丈夫的房子里，她带着两个儿子度日。这本身就是一栋很富有的房子，里面有老德摩斯梯尼留下的家具和奴隶。同样，收入也足够多，都是由孩子们的监护人靠继续打理家族生意提供的。[44] 我毫不怀疑，作为一名女继承人，克里欧布勒有自己的财产、衣服、珠宝、奴隶或金钱。这些都是她从流亡在博斯普鲁斯海峡（Bosporus）的父亲那里带来的（Gernet，1918；Davies，1971：121 - 22）。[45] 她被誉为踏入了满是财富的婚姻中（Aesch. 3. 172）。我怀疑其中一些财富仍在她手上，即使阿弗布斯试图霸占她的珠宝（27. 13 - 15）。作为一名独立而聪慧的女性，克里欧布勒实际上是这个家庭的一家之主。在诉讼中，当德摩斯梯尼达到法定年龄时，她与儿子联合起来企图重拾他的遗产和她的嫁妆。她甚至还提供了一系列的宣誓来证实家庭内部事务的相关信息（29. 26，33，56）。演说人强调她所面临的困难，以及她对女儿未来的关心，但也骗取了她的嫁妆（27. 66；28. 20 - 21）。尽管克里欧布勒的个人情况是独特的，但她在家庭及社会中占据的位置并不是孤立的。在雅典，还有其他寡妇作为一家之主管理着儿子的财富。埃斯基涅斯提到过一位女性，将她称为家庭中的"领导人"（霸主，hegemon）。由于相对不受保护，这类女性的儿子吸引了众多的财富追求者（Aesch. 1. 170 - 72）。[46]

刚才描述的那三名女性都将她们部分的生命花在了独自养育孩子

---

　　[44] 没有迹象表明，在 376 年至 366 年间，监护人吝于给受监护人提供赡养。为什么他们会这样？尽管在他们的掠夺下，房产永远不会破产，反而当德摩斯梯尼成年时，价值已"超过两塔兰特"（Davies，1971：132）。看来，这样的事实只会在监护人叙述他们的管理工作的时候发生。

　　[45] 关于居龙（Gylon），进一步见德摩斯梯尼（28. 1 - 3）；埃斯基涅斯（3. 171 - 72）；普鲁塔克《道德论集》844a；普鲁塔克《德摩斯梯尼》4. 2。

　　[46] 我已经在其他诉讼中记录了寡妇母亲和她们的成年儿子一起居住的比例（Hunter，1989a：300 - 301）。在 30 位年长的寡妇中，有 13 位是这样做的。因为大多数的情况都是稍微提及，所以还不清楚这些女性在儿子家中扮演了什么样的角色。然而，妻子却很少提及。如果这样的忽略反映出男人仍未婚的状态，那么对于某些家庭来说，母亲可能就充当了家庭女主人的角色。米南德对同一现象提供了两个实例。尼蒙的妻子是一个寡妇，再婚后离开了粗暴的丈夫，和儿子住在了一起（Dys. 13 - 29），而后者认为自己需要负责她的福利（617 - 19）。参见，米尔林涅，米南德笔下《农夫》中高尔吉亚的母亲。

上。对于法律意义上的未成年人，在巨大的公共劣势下，她们需要这么做。尽管每一个家庭都有一个女主人，但对该角色的假设并没有得到官方的承认。这些女性有"家长"吗？如果是这样，他扮演的是什么角色？为了回答这些问题，我需要考虑在偏离正常的情况下，这种制度是如何工作的。首先，让我们回到自然监护人的定义上，他是父亲或者同父母的兄弟，在女性婚姻中能给予帮助的人。在守寡或离婚的案例中，监护人也会接纳她进入他的家庭中。的确，只要他还活着，就从未放弃过对女儿或姐妹的责任。[47] 但在一个像克里欧布勒那样，没有任何亲戚为指定的在世的自然监护人的案例中，会发生什么（Dem. 46. 18；Gernet, 1918: 186）？丈夫在临死时，试图将克里欧布勒以婚姻的形式托付给一个继承人，即阿弗布斯，那时他便可成为她的"家长"。然而，由于事件的泄露，她拒绝了，或是被拒绝了。因此她和阿弗布斯尴尬地保持着介于订婚和结婚之间的关系。她丧失了嫁妆，却没有一个永久的监护人。在成年之后，她的儿子可以担任这个角色。在我看来，克里欧布勒有权成为女主人，即使阿弗布斯仍是她嫁妆的托管人。在诉讼中，德摩斯梯尼很清楚这一点，他十分留意阿弗布斯提出的一项对其母亲不利的控诉。阿弗布斯声称老德摩斯梯尼被埋葬在他留给妻子的房子的围地内。他让妻子成为房子的主人（27. 53；cf. 29. 46 – 47）。演说人否认这项指控，争辩道父亲秘密地将一大笔钱给予母亲，之后将她许配给阿弗布斯是毫无意义的。这有违父亲的目的，因为让阿弗布斯成为克里欧布勒的丈夫之后，他也将成为她及其金钱的"家长"。德摩斯梯尼的语气坚决，如果克里欧布勒确实有一笔财富可以花销，阿弗布斯一定会赶紧娶她以获得控制权，成为她及其金钱的"家长"（27. 55 – 56；cf. 29. 46 – 48）。换句话说，阿弗布斯并不能通过与克里欧布勒订婚就成为她

---

[47] 例如，吕西阿斯演说辞（19）的演说人是一位 30 岁的男人，他被迫照顾他的姐妹及其三个孩子，在其丈夫和父亲都已去世后。在这样做的时候，他承担了巨大的责任，因为她的嫁妆作为丈夫的部分财产，已被国家没收（9, 32 – 33, 55）。

的"家长"，也不能成为她儿子的"家长"。⑱看起来她还是独立的。

作为一个没有再婚的寡妇，克里欧布勒永久地保持着和帕斯奥死后的阿契普一样的状态。后者暂时是帕斯奥遗留财产的女主人。一旦她再婚，她的第二任丈夫就变成了她的"家长"，同时也是她财产的托管人（Dem. 45.30，74）。说起来有点矛盾，一名女性可以在雅典自主地生活，以通俗的语言讲，就是所谓的女主人，前提是她的父亲和其他自然监护人去世了，却没有将她托付给丈夫。寡妇是女性中最有可能以这种方式获取独立的人。

普兰贡的情况不同。她有自然监护人，所以无论如何她最终都必须回到他身边。但她并没有重新获得嫁妆，如果我们相信德摩斯梯尼40篇演说人的说辞（20 – 24）。当然，她的兄弟并不急于将她嫁出去，不管是因为家庭的耻辱还是破产。另外，他们显然很同情她的遭遇，迟早也会收养她的两个儿子（40.10）。同时，他们似乎已经接受她与马提阿斯持续的关系。对于后者来说，普兰贡是独立的。即使一旦他为了娶波利阿拉图斯（Polyaratus）的女儿而与她离婚，他也没有正式的权力可以逾越她。因此，无论他们的个人关系如何，也无论他对她家的财务贡献有多少，她本身都是女主人。她的地位近似格里西拉（Glycera），米南德笔下《夺发记》中的女主人公。格里西拉是一个弃儿，被抚养她的女人送给了波利蒙（Polemon）作为"伴侣"。她作为妻子和他住在一起。在这一点上，波利蒙讲述了他们的关系以回应谈话者：

> 帕塔库斯(PATAIKOS)：现在，波利蒙，如果你告诉我的这件
> 事发生在你的合法妻子身上……
> 波利蒙：这是无法忍受的，帕塔库斯！
> 帕塔库斯（婉转地）：这会有所不同。
> 波利蒙：我把她作为我的合法妻子。
> 帕塔库斯：没必要大喊大叫。谁"把新娘交给了新郎"？

⑱　通常的观点是，孩子们的监护人就变成了仍待在丈夫家中的寡妇的监护人（Wyse，1904：296；Harrison，1968：110 – 11；Just，1989：26 – 27）。然而，没有来源明确地表明确实如此。另外，监护人可能是其嫁妆的托管者。因为嫁妆是家庭财产的一部分，最终注定会被留给她的孩子们。

波利蒙（生气地）：她。

帕塔库斯（冷冷地）：如此。或许那个时候她是喜欢你的，之后就不再了。现在你没有好好对待她的财产，她离开了。

波利蒙：没有好好对待她的财产？我吗？你这话比你说的任何话都要伤我。

帕塔库斯：噢，你在恋爱中。我当然知道。这就是为什么你的行为如此愚蠢。但你想干什么呢？你试图以武力夺走谁？你没有合法的立场，她是她自己的主人（heautes…ekeine kyria）。唯一能够开解一个孤独情人的方法就是说服。（486 – 98）

最后，帕塔尔库斯（Pataecus）变成了格里西拉的父亲及其"家长"。一个正式的婚约随之而来。在我看来，普兰贡和马提阿斯的关系正如格里西拉和波利蒙一样。她是自己的女主人，尽管她的兄弟是她的自然监护人，会承担其责任并及时将她许配给别人。[49]

妮卡莱特暂时失去丈夫的事并不复杂，也不需要兄弟介入将其嫁给图克瑞图斯（Thucritus）（57.41）。她仍旧是他的妻子，可能继续住在他的房子里。只有当需要公共代表的时候，她将被要求寻找某个亲戚作为"家长"。在这个事件中，她与克里欧布勒和普兰贡没有不同，因为后两人也需要有人帮助她们参与公共或官方事务。我相信，一个永久的监护人没有必要具备这种作用。任何亲戚——或者甚至是一个朋友——

---

[49] 关于这一段落，参见康斯坦（Konstan，1987：128 – 29）。格里西拉（Glycera）认为，"她是独立的，根本没有监护人"。因此，波利蒙并不是她的监护人，尽管他的奴隶索西阿斯（Sosias）的申明刚好相反（375 – 77）。正如戈姆和桑德巴奇（1973：496）提出："小妾（pallake）的'丈夫'在事实上是不是她的监护人？"我没有找到证据。参见亨利，1985：75 – 76。同样可见米南德的《恨世者》A 45 中，一个获释的奴隶克里特亚和特拉松尼德斯（Thrasonides）住在一起，被称为女监护人（Turner，1981：16 – 17）。莫斯（Mosse，1989）后来探讨了米南德的作品，作为14世纪末雅典社会的见证。她认为他作品中各个角色的地位——用卡森的话来说，大部分是"上层阶级"——使作品不可能详尽阐述新喜剧的"社会学"，就像爱伦伯格为阿里斯托芬所做的一样。然而，她的探讨集中在奴隶和外国人这类并不属于"上层阶级"的人群上，揭示了无论在社会制度方面，还是四世纪雅典人方面，米南德都是一个很好的信息来源。因此，她肯定了米南德的喜剧作为历史文献的价值。

都能扮演这个角色。因此，妮卡莱特可能会求助于自己或丈夫的亲戚，普兰贡会求助于她的兄弟，克里欧布勒则求助于她的姐夫德摩卡瑞斯（Demochares）（27.14 – 15）。

最后，我们并没有文件证明在雅典担任一家之主的女性有多少。最多的可能就是穷寡妇或者是由于丈夫参军而被留下来的女性。另外，还有一些来自富裕阶层的女性，发现她们自己置身于嫁妆和婚约制度以外。后者分享了一些像格里西拉一样的女性经历过的弊端，也分享了她获取个人自主权的方法上的优势（Cf. Modrze – jewski, 1983：52 – 53.）。

女性在家庭中的活动

戴维·科恩（David Cohen）（1989：11）最近批评了古典学者，因为他们在评估妇女的隔离或分离的程度时未能区分"文化理想和社会实践"（cf. D. Cohen, 1991a：148 – 50）。采用比较的视角，科恩记录了一系列雅典女性在家庭以外的范围内经常从事的活动。他列出的项目令人印象深刻，包括有报酬的工作，参加各种典礼和仪式，以及经常探望朋友及邻居。科恩（1989：10）认为，这是传统地中海社会的典型，在那里，尽管男性垄断了公共权威和公共空间，女性仍建立了"一个属于她们自己的制度结构和团结感，与男性们拥有的相似"[50]。在这一点上，他引用了彼埃尔·布迪厄在卡比利亚（Kabylia）的一段话：

> 人们普遍认为，在北非社会里女性总是被关在屋里。实际上，这完全不是真实的，因为农民女性总是外出工作。此外，我们应该记住，家里是女性的领域，男性在一定程度上被排除在外。男性的地盘在外面，在田间或是集会中，与其他男性在一起。这些正是很早以前就已经教给了小男孩的道理。白天男性待在家里太长时间是会受到质疑的。[51]

---

[50] 被引用的话语来源于 A. 劳埃德（A. Lloyd）和 M. C. 法勒（M. C. Fallers, 1976：260）。

[51] 这段引用于布迪厄（1966：222）。参见 D. 科恩，1991a，特别是第四章和第六章。

那些将男性排除在外的女性活动是什么？有多重要？女性在婚姻中要求具备什么样的知识和技术才能成为家庭的女主人（*despoina*：Men. Mis. A 39；frag. 333. 7）？为了回答这些问题，我应该求助于色诺芬的《家政学》（*Oeconomicus*）。我这样做，是因为我已经完全意识到伊斯克玛古斯（Ischomachus）的乡村房产并不是一个典型的家庭，而是靠几十个家庭和农业劳动力建立的豪华企业（Garlan，1988：63；1989）。这个家庭足够大且富裕，必须有一个法警和管家。(52) 此外，伊斯克玛古斯的年轻妻子异常幼稚和温顺，或者至少为了产生一个拥有妻子般美德的典范，她的形象被修饰过，为那些想要咨询主妇工作的人提供了一个模型。是的，非典型的。但《家政学》还是洞察了女性承担的这种责任，即使是在不太富裕的家庭和没有大量奴隶帮忙的家庭中。这些责任分为四类：儿童照料，食品生产，服装制造（7. 21），以及奴隶的照料和监管（7. 35）。如果我们将这四方面紧密地加以考虑，会发现它们包含了一些复杂的具体任务。其中主要的任务是存储和及时分发食品，如谷物、油和酒（7. 25，33，36）。在家庭中，这些产品都长在地里。此外，地里也必须容纳绵羊和山羊以提供奶制品，如奶酪。(53) 从绵羊身上，我们也可获得用于制衣的羊毛。通过利用纺锤和织布机，羊毛得到处理、存储和转化（7. 21，36）。这些并不是无关紧要的任务。同样，监督奴隶也不是小问题。如果我们接受爱伦伯格的（1962：168）推测，3—12人的奴隶“在大多数家庭中是正常的”，监督奴隶的责任对女主人来说定是令人却步的。女主人训练他们，在他们生病的时候照顾他们，并且确保他们得到适当的奖励和惩罚（7. 37 - 41）。在此，她是“家庭中法律的守卫者”（*nomophylax*：9. 15）。在伊斯克玛古斯的家里，没有需要监督的管家（9. 10）。有或者没有管家，女主人都会和奴隶们一起参与日常事务，保证家庭的正常运转，以确保家里的一切都井然有序

---

(52) 关于人数、功能和奴隶在家庭中定位的详细探讨，见第三章。

(53) 第十六章至第二十章转入了农学，描述了在国有地产中，提高作物产量的正确方法。在这种背景下，没有提到绵羊和山羊，虽然极力提倡使用食草动物，如牛、骡子和马（18. 3 - 5）。

(10. 10 – 11)。㉞

换句话说，雅典的家庭不只是一个消费的场所，而是一个理想目标为自给自足的生产单位。因此，女性的工作场所类似一个小作坊，在只有部分商品化的社会中，为雅典公民生产每日生活必需品。

如果为了实现这些作用，女性必须待在家里，那么反之，男性这样做就会成为一种耻辱。根据伊斯克玛古斯的观点，男性应该专心于自己在外面的工作，不管是在田间或是集市上。他认为，神的惩罚一定是那些忽略自己工作或是涉足妻子工作的男性应得的命运（7. 30 – 31）。他自己从来不把时间花费在家里，而且把一切都交由妻子打理（*dioikein*：7. 3）。不管是不是初级合伙人，她都是家里的主要力量，有丈夫和监护人赋予的权力。㉟

这就是女性在家庭中的作用的全貌。此外，借助于诉讼和米南德的喜剧作品，我们可以利用一些具体的细节使这个作用生活化。例如，女性，被期望能照料病患（Dem. 59. 56 – 58）和死者（Lys. 6. 40 – 41；8. 22）。她们也关心像婚姻和收养之类的仪式或活动，看起来，她们要么提供咨询，要么自行表达自己的观点（Dem. 28. 21；Is. 7. 14；11. 49；Men. *Aspis* 293；*Samia* 51 – 53 and 200 – 201）。演说人还描述了女性在多个领域发挥着积极的作用：第一，充分参与家庭会议（Is. 32. 12 – 18）；第二，试图调解丈夫和继子之间的冲突（Dem. 45. 4）；第三，在监狱中照顾丈夫，并发誓要继承丈夫报仇的愿望直到他们的儿子寻求报复（Is. 13. 42）；第四，借贷一大笔钱及大家庭里的其他物品（Dem. 41；cf. Dem. 50. 60）；同样，女性还草拟了一份包含家庭财务消息在内的非正式遗嘱（Dem. 41；cf. Men. *Sik.* 130 – 41，248）。起草遗嘱时，女性也可在场（Dem. 28. 15 – 16；41. 17；Lys. 32. 5）。这些活动表明了女性处于家庭决策的中心位置，受人咨询并反过来影响他人。

女性是有关家庭事务信息的特别丰富的来源。在法庭上，演说人和见

㉞ 关于奴隶在家庭中的更多信息，见第三章。在注释 13 中，我质疑爱伦伯格提出的奴隶的"标准"数量，因为它只适用于雅典人中的独断阶层。

㉟ 参见福柯（Foucault, 1986：152 – 65）；默纳汉（Murnaghan, 1988）；以及 D. 科恩（1991a：158 – 62）。

证人引用女性——通常是他们的母亲——在家族历史上的事情（Dem. 43. 37，46；Is. 9. 19）⑤⑥和家庭问题（Dem. 39. 3－4；40. 10－11；55. 23－25；Is. 12. 9），包括奴隶的地位（Dem. 29. 26，56）。另外，女性会敏锐地意识到家庭财务的状况。这些都可能是与她们直接相关的问题（Dem. 29. 33；41；47. 57），但不总是这样。例如，阿契普是在帕斯奥去世后，才对其银行中的租赁安排开始逐渐入门的（Dem. 36. 14），而克里欧布勒知道她已故丈夫遗嘱的内容，其中只有一部分与她个人有关（Dem. 27. 40）。当奥多托斯的遗孀在家庭会议中展示父亲的贪污记录时，她用许多图表和数据来证实自己的陈述，包括一些文字记录（Lys. 32. 14－15）。同样地，斯卓托克斯的遗孀也在储备其孤儿的财产这一事情上发挥了积极的作用（Is. 11. 43；cf. Dem. 38. 6；Dem. 47. 57）。这样的一些女性试图，或确实已经，在仲裁听证会上宣誓（Dem. 29. 26，33，56；39. 3－4；40. 10－11；55. 27；Is. 12. 9）。

正如从诉讼中得到的材料一样，以上的段落简短而分散，没有提供更多的家庭生活描述。有一个例外是吕西阿斯演说辞（1）（Lysias 1）。和伊斯克玛古斯一样，吕西阿斯演说辞（1）的演说人欧斐勒都（Euphiletus）把时间都花费在远离家乡的国家里，在这个案例中，就是指雅典（11，13，39）。因此，他描述的家庭以他妻子和他们的新生子为中心。欧斐勒都煞费苦心地强调，在孩子出世后他给予妻子的权力和责任（6）。米南德提供了一个家庭生活较为全面的蓝图。例如，在《夺发记》中，男主人公穆仙（Moschion）的养母，米尔林涅（Myrrhine），允许邻居格里西拉躲在她的房子里以逃避与其同居的男性。穆仙自以为爱上了格里西拉，便和奴隶达乌斯（Davus）一起密谋占她便宜。但在警惕的米尔林涅当值时，他们没有达成希望。米尔林涅立刻阻止了达乌斯，指责他是个搬弄是非的人，并且指出是他教穆仙如何应对自己的母亲（310－25）。由于米尔林涅的丈夫在国内，她也处于控制中，常常因成年的儿子及其聪明的奴隶而感到沮丧。

---

⑤⑥ 虽然阿斯提菲纽斯阿姨的丈夫在法庭上是告密者（Is. 9. 19），但我怀疑是阿姨自己听到了她的兄弟优塞克拉特斯（Euthycrates）在临死前说出的遗愿。

《萨默斯女子》（*The Girl from Samos*）中也描绘了受控制的女性。尼塞拉都（Niceratus）的妻子和她的邻居是朋友，其是一个来自萨米安（Samian）的名妓，名叫克里希斯（Chrysis）。她们相互走动，甚至一起在克里希斯的情夫德米阿斯（Demeas）家庆祝阿多尼斯节（the festival of Adonis）。[57] 在那种场合下，尼塞拉都的女儿普兰贡被德米阿斯的儿子莫斯基翁诱奸并怀孕了（35 – 56）。这部剧关注的是这些女性为掩盖事实而做出的努力，并让每个人都相信孩子是属于克里希斯的，且在孩子出世后由她照顾。在毫不知情的尼塞拉都的鼓励下，为了安全起见，克里希斯和孩子搬进了他家，以防止家里变得混乱起来（418 – 28）。德米阿斯和尼塞拉都两人都被逼得心烦意乱，试图查出孩子的身份，以及在各自家庭中树立起权威。但克里希斯在普兰贡的支持下，始终对秘密闭口不言。最终，真相被揭开，随之迎来了愉快的结局。在此期间，两个男性不仅忽略了自己家中发生的重要事件，还都没有很有效地应对女性设下的名副其实的阴谋（556 – 62）。

通过翻阅戴维·科恩提出的跨文化实例，我应该结束这场关于女性在家庭中的活动的讨论。她提到了其在当代希腊遇到的，也属于这类女性的一位人类学家带来的惊喜。

> 当我们了解到那些毫无权力且顺从的女性认为她们自己确实不如男性的时候，我们发现那些在生理上和社交方面都很强大的女性，对于村里发生的事情有很大的发言权。一些家庭中的社会和经济事务实际上都是由年长的女性做主的，包括在村中担任公职人员的家庭。[58]

这只是在家庭中由女性行使大量权力的一个例子。此外，在一个社区里，男性和家庭的关系是这样的，他被认为是"家里的一个客人"（du Boulay，1974：129；cf. D. Cohen，1991a：159 – 60）。在讨论家庭权

---

　　[57] 关于这个节日，见温克勒（Winkler，1990：189 – 93）。关于米南德喜剧作品中被控制的女性，现可见莫斯（1989：266）的评论，他将她们描述为"家中的女主人"，占据着"特权的地位以管理私人财产"。

　　[58] M. 克拉克（M. Clark，1983：122）。参见 D. 科恩，1991a：136。

力这种模式时，迈克尔·赫茨菲尔德（Michael Herzfeld）提出它是公共权力模式的一种倒置。他相信，男性和女性的行为都依赖环境和观众，以及什么适合公开和什么适合隐蔽。因此，女性的谦卑"是一种家庭权力关系的公共性逆转（public reversal）"（221）。我们收集的古雅典零星证据为权威的模式提出了建议。我强调"建议"一词，是因为我们不能采用参与者的系统性观察。然而，一切都指向公共和家庭权力的倒置。女性在公共场合被剥夺了权力，在家庭获得了控制权。

结 论

我们遇到的雅典女性从事很多工作，从调解家庭矛盾（Dem. 45. 5）到在家庭会议中直面父亲并取得胜利（Lys. 32. 12 – 18）。这样的活动都发生在家庭中，表明女性在那里有一定的权力。毫无疑问，在家里，女性无论如何都有"采取有效行动，影响他人或决定，以及达到目标的能力"，或者有可以被定义为权力的一些东西（Erler and Kowaleski, 1988：2）。这种权力由权威伴随着，妻子和作为"家长"或一家之主的丈夫一同分享。因此，亚里士多德把男女关系描述为"政治"并不偏离现实（*Pol.* 1259b 1 –2）。这种关系并不等同于男性对孩子们的统治，这种统治就像国王对待大臣，或者是主人统治奴隶，是绝对的。理想情况下，这样的安排暗含着平等和选择，除了婚姻中的一方不享有全权：妻子是非监护人，缺乏权力（1260a 13）。[59] 因此，她从来都不能在取得权力上代替丈夫，因为丈夫会连续不断地获得那样的特权。在实践中，两人以合伙的关系，在劳动分工和阶层分离的基础上共享权力和权威（*Xen. Oec.* 7 – 10；cf. S. Clark, 1982：184）。

正如我在此尝试的一样，对女性阶层的慷慨评价说明，除开其他职责，监督家庭生产和奴隶劳动力的责任并非微不足道。女性被控制在这个范围内，带着做决定和达到目标的权力。然而，原则上，这样的权力

---

[59] 宪法中，政治性的规则是一座城邦的特征，在那里公民有投票权，能够依次掌握政府要职。与男性不同，女性并不能完全平等地符合条件，因为她们灵魂中的谨慎部分是 akyron，或者没有充分的权力。换句话说，亚里士多德为女性在家庭中缺乏权威提供了生物学解释。

会受到挑战，决定也会被作为社会公认的家庭监护人的丈夫驳回。遗憾的是，我们的来源没有说明，在何种环境下丈夫行使正式权力；或者在妻子履行家庭职责的过程中，她们是否会请教丈夫。另外，女主人确实有熟悉家里事件和人物的实际优势，也具备了管理家庭所需的知识。大多数时间，她的丈夫都不在家，有时会远离家乡参与国家事务。由于不熟悉家庭日常事务，他会很满意地将世俗的担忧完全交给他的妻子，就像伊斯克玛古斯一样（Xen. *Oec.* 7.3）。妻子的知识和熟悉在那时就成为权力的来源（Cf. D. Cohen，1991a：158–62.）。

我们赋予女性在家庭权力结构中的角色仅代表一个理想的类型，基于她们在家庭中的结构位置。在实践中，性格、资源和许多其他因素将决定每个家庭中权力的精确平衡。

资源的观念引出了一个关于女性家庭权力更为具体的来源。我指的是女性的嫁妆和其他任何形式的财富，如地产，她可能已经投进了婚姻中。富裕的女继承人是个例子：在大众思想中，她主导着这个家（Arist. *Nic. Eth.* 1161a 1–3；Men. *Plokion*，frags. 333，334）。一个有着与自身不相称的巨额嫁妆的女性也是强大的。米南德描述了面对如此景象时一名男性的反应。高尔吉亚（Gorgias），《恨世者》（*Old Cantankerous*）中的一位男主人公，他是一个并不富裕的年轻人，一直在一块小土地上努力工作以养育母亲。因此，当索斯特拉特（Sostratus）的姐妹和他订婚时，他首先提出了异议。因为未婚妻是一个非常富有的年轻女性，拥有价值三塔兰特的嫁妆。即使是作为尼蒙（Cnemon）的继承人，高尔吉亚也没有她一半的财产。他这样回答道："从别人的辛苦劳动中获得舒适的生活，我得不到任何乐趣。我更喜欢自己挣来的生活。"当质疑他是否认为自己值得这样的婚配时，他回答道："我个人认为我配得上她。但当某人只有这么少的财富时，接受另一笔财富是不对的。"（829–34）高尔吉亚的态度不是唯一的，而在当代法国贝恩农民社会中被不断复制。一名女性直接行使的权力与嫁妆的大小成比例。正如布迪厄（1976：134）评论道：

　　　嫁妆的大小在权力的平衡中确实代表了一个因素，尤其是在婆婆和媳妇的结构冲突中。一个母亲……会首先反对他（她儿子）与一个相对高地位的女性结婚。她非常清楚地意识到，与一个出自高等家庭的女孩相比，与出自中等背景的女孩结婚更容易行使权力。正如一句俗语说的这样，"从她们进入新家的那一刻开始，她们便接管了这个家"。一种"上升"的婚姻威胁着男性卓越的原则。

同样的逻辑似乎在雅典流行，一份不相称的嫁妆同样也是男性权威的威胁。实际上，柏拉图主张废除嫁妆，他相信嫁妆会增加女方的傲慢（*hybris*）（*Laws*, 774c 9 – 11）。在某种程度上，这取决于嫁妆的大小，女性的嫁妆给她提供了权力的来源（cf. Foxhall, 1989：34, 39；Golden, 1990：175）。

与娘家连续不断的联系同样对女性很有利。尽管她处于丈夫的权力控制下，她的父亲或兄弟（毫无疑问，还有她的母亲）对她的福利问题仍有深深的关心。她的嫁妆有没有被合理地管理，或者已经被浪费掉了？这场婚姻是不是不要小孩？她的丈夫是不是友善？我们知道这些问题都是娘家关心的。也一定会有其他的问题存在。这些问题表明女儿并没有完全被放弃，任由命运摆布。[60] 同时，对丈夫来说，妻子亲戚的干预可能会导致离婚和嫁妆的损失。如果嫁妆已经被合并到家庭财产中，或者如果土地已经被抵押在妻子的名下，这将是一个复杂的过程。由此，女性和娘家连续不断的关系，在家庭权力结构中，给予她很大的力量。至少，她得到了精神上的支持；至多，会帮助她带着嫁妆离开。在同一层面上，雅典女性在婚姻中的关系可与罗马女性在婚姻中享受的没有夫权的关系相比拟（Dixon, 1985：354, 361；cf. Pomeroy, 1976；Hallett, 1984）。[61]

---

[60] 例如，在罗马的夫权婚姻中存在着"女性从一个父系转移到另一个父系的法律传递"（Dixon, 1985：358；cf. Hallett, 1984：124 – 25；Crook, 1986：61）。她因此脱离娘家，变成了丈夫家族的正式成员。关于罗马婚姻的全部方面，现可见特雷贾里（［Treggiari］, 1991）。在这个方面，罗马和中国的实践与希腊有着显著的不同（Hunter, 1993）。有关现代的类似案例，见坎贝尔（Campbell, 1964：60）。在希腊的萨拉卡萨尼（Sarakatsani）民族中，新娘从娘家和亲属中的"物理分离"是完整且戏剧性的。多名兄弟及其妻子的存在，一起居住在她丈夫的房子里，会让她的行为极端困难。同时，无论如何，在大家庭中，她都从属于所有成年人（64）。

[61] 我怀疑仍然存在财产的分离，尽管没有得到法律的认可。当然，女性从嫁妆和亲属中获得的任何好处都可能有助于其成为精英，我们的来源中有关于类似情形的记录。一个在家庭中没有财富和影响的女性几乎不可能获得这样的优势。

再者，这种评价是慷慨的，因为事情还有另一面。将雅典女性在婚姻中的地位和罗马女性在没有夫权的婚姻中的地位等同，我们就面临着一个悖论。这个地位并没有给前者带来相同的自主，如同后者一样。与她们的祖先相比，罗马女性享有一个令人羡慕的地位。㉒其中一个原因就是经济因素：罗马女性在娘家有完全的继承权。因此，她们在步入婚姻时，不仅没有夫权，而且还带有自己继承的财产（Dixon，1985：363 – 64；cf. Dixon，1984）。相反，雅典女性的继承权被严厉限制着。她们不能直接从父亲那里继承，而是以嫁妆的形式得到她们的那部分财产，通常是金钱或动产。因此，就整体而言，她们仍然与拥有大量土地的社会财富隔绝。对于法律上的少数派，经济无能必然伴随着法律和政治的无能。

这种无能迫使我们重新开始考虑权力的定义。最初，我们用类似"能力"、"决定"和"目标"这样的词，大部分都描述的是意志控制下的行为。然而，在这么做的时候，我们将重心集中于个人能力和策略上是有一定风险的。因为我们曾间接提到的事实表明，这不仅仅是一个包含着意志、韧性和策略就足够，且和这三者一样重要的词。权力的行使也是制度化统治的结果。因为，偏见可能会植入社会体系中，被编纂成法律，由官方强制执行，并且获得社会群体和意识形态的支持。在雅典社会中，制度化统治的一种形式是男性公民有特权地位，他们独有完全的自主，在理论上和其他公民平等，就如同家庭中的"家长"一样。男性公开地分享会议和法庭的决策。这种决策不仅会影响事件的进程，也会影响更大的社会和经济结构以及个人的日常行为。对于作为雅典社会经济基础的土地，男性也享有特权。相反，女性不仅在公共场合是法律上的少数派（jural minor），在家庭中也是非监护人（akyros），是家眷。这就意味着，在法律上，她无论如何都不是完全自主的，因为丈夫能够逾越她的权力。此外，作为妻子的监护人，丈夫能够选择任何方式使用她的嫁妆，并限制她在外的活动、财务或其他。他们的关系是不对等的。因此，不管女性有什么样的意志力和智谋，不管她在家庭里拥有什

㉒　关于精英女性的地位，见哈利特（Hallett，1984）。哈利特的作品旨在在一个深度的宗法社会中"引起女性矛盾的公众影响力和尊敬"（31）。

么样的权力,她都要面对建立在社会体系中的偏见。对于有些事情,她未获得决定或策略。

说起来有点矛盾,安东尼·吉登斯(1979:93)用以下评论结束了他对权力的讨论:"权力关系是自主和依赖的关系,但即使是最自主的委托人在某种程度上也会依赖他人,而那些依附他人的行为人或当事人在一定关系中也保持一些自主。"[63] 然而,遵循着这种逻辑,在权力的正式结构及其制度化统治的裂缝中,女性为自己凿开了一道缺口。在那里,她们拥有有限的权力和权威,也获得了一些自主。这正是我们企图记录的部分。

家庭权力结构是否会产生紧张气氛?显然,是这样的。如果我们想要作此判断,可以以克里欧布勒和阿弗布斯的争吵,或者奥多托斯(Diodotus)的遗孀和她的"家长"——父亲间的对抗为例。这些最终都告到法庭上,都用以表明分别落在男性和女性身上的权力和权威。[64] 再次思考克里欧布勒的事情,为了嫁妆,她有勇气对抗阿弗布斯,从而危及丈夫为她安排的婚姻。在这场冲突中,她向她的姐夫德摩卡瑞斯寻求建议和帮助。尽管她很机智,但也没有权力在法庭上挑战阿弗布斯。实际上,直到德摩斯梯尼到了可以自己对抗监护人的年纪,她的嫁妆也失去了。在此期间,她自己抚养孩子,成为事实上的一家之主。奥多托斯遗孀的例子进一步说明了女性的依附及独立。在父亲和监护人的要求下,这位年轻的寡妇再婚了,并向父亲让出了照顾三个孩子的权利,因为他才是他们的监护人。此外,当他欺骗被监护孩子的事情被揭露出来时,她找来亲戚,并在他们的帮助下在家庭会议中反抗她的父亲。就像克里欧布勒一样,她没有权力向公共机构要求解决她的不满,而是只能在家庭和亲属中,利用自己的知识和影响力寻求补偿。案子被移交到法庭的这个事实证明了她的成功。

第三个特别的例子是普兰贡和马提阿斯间的长期冲突,这是一段混乱关系造成的结果。从结婚到最终离婚,他们都在争吵,只有在传统家

---

[63] 在我的结论中,我做了一些区别,并感谢吉登斯对权力的分析。

[64] 对于接下来这个案例的详细分析,见我之前的讨论。

庭外非正式的安排中，他们才会重新联合。尽管父亲的耻辱传染了整个家庭，普兰贡似乎也能依赖自己迷人的外表，但她仍然缺少由嫁妆和有影响力的亲属带来的权力和稳定。她是怎样让她的两个儿子被公认为马提阿斯的孩子，而不是让她的兄弟收养他们？足智多谋的她越过了亲属和家庭，直接向为女性开放的公共机构寻求帮助，当然也花了一些谋略和欺骗，最终马提阿斯经劝说后提出让她在阿波罗的圣所德斐尔尼姆发誓，以确认孩子父亲的身份。通过这种行为，她确保了两个孩子成为马提阿斯的合法儿子。当然，这是一个靠韧性和策略胜出的例子。

这几个反映家庭紧张关系和冲突的例子，说明了男性和女性之权力和权威的不对称性，女性的地位不明确。作为家眷，她们的利益和愿望会被否决。作为法律上的少数派，她们没有向公共机构申冤的追索权（recourse）。因此，她们只能求助于家庭和亲属，为其开放一套解决问题的程序。这套程序不会被更改，任何基于公平的决议都能够获得实现。并且这套程序确实有效，能纠正错误，即使是在对抗近亲的时候。在制度化的男性统治中，这是女性保持其并不稳固的地位的一种方式。

第二章 家庭内部的矛盾：亲属间争端及法庭外的解决

　　本章的主题是古雅典的争端解决过程，尤其关注在法院外或者到达法院之前解决争端的尝试。信息来源于古雅典诉讼。在此保存的演说，虽是片面的，但也表明了案例的一些本质。从这些案例中可以发现其是怎样进入法院的，也可以发现演说人如何尝试说服雅典陪审团。争端解决过程的早期阶段隐藏在案例中，常常被间接提到，或在一些案例中被详细描述。这样的阶段包括私人和公共两种仲裁，后者涉及一位正式的仲裁员，而前者则是通过熟人进行仲裁，通常是亲属或朋友。一般来说，有关希腊法律的著作都较关注争端解决过程的早期阶段，其兴趣点通常是早期阶段的程序化。①

　　本章的目的在于研究争端解决过程中的各个阶段，因为这些阶段对他们的权利非常重要，去法院本身也是必不可少的，却只是最后阶段（cf. Lavency，1964：77；Finley，1986：102 – 3）。本章将研究调解（mediation）和仲裁（arbitration）在解决争端时发生的地点，以及在以

---

　　① 见，例如，邦纳（Bonner）和史密斯（Smith，1938：97 – 116）；哈里森（1971：64 – 68）；麦克道尔（1978：203 – 11）。哈雷尔（Harrell，1936）的作品也关注程序化。格尔里特（1955：103 – 19）的作品在广度和洞察力上尤为出色。芬利（1986：103）在近期的一本著作中探讨仲裁，并表明了他平常的理解力："城邦是公共的，是严格意义上的社区。这正是在正式的法庭系统被引入以前，旧仲裁制度植根于此的背景。"参见，托德（Todd）和米勒（Millett，1990：16 – 17）。其他参阅仲裁的作品包括《基于文献和文物的古希腊及古罗马词典》（DS），s. v. diaitetai；《古典学专业百科全书》（RE），s. v. diaitetai；利普修斯（Lipsius，1905：220 – 33）；邦纳（1907；1916）；卡尔霍恩（Calhoun，1915；1919a）；斯特因温特（Steinwenter，1925）。前者中的大多数都已被哈雷尔（1936）所取代。罗德斯（Rhodes，1981：588 – 96）的也很有用。

上两个阶段中提出的所有决议，以期揭示雅典正义的本质和这种社会控制的机制。反过来，对于争端处理过程、紧张局势、冲突和公开敌对的理解有助于更好地了解争端者的社会关系。[②]

为了获取实用的诉讼样本，我将自己的研究限定在亲属间争端的演说中（仅占总数的1/3，28份演说），可以用很多方式来证明这样做有其合理性。[③] 首先，这类争端将集中于一个机构，古老家族，紧张和冲突会将其破坏。其次，在揭示这类非正式解决未果的争端中，这样的案例应该特别富有成果。不同于陌生人争端，或者法庭上不那么个人的对抗，争端中的亲属处于一个彼此更为亲密且长久的关系中，因此，他们更愿意私下解决分歧，而不公开（cf. Castan，1983：225）。或者正如格尔里特（1955：113）指出的一样："当人们跟父母或邻居发生争执时，可以依法要求进行协调，而对协调的判断不属于个人权力的范畴。"由于这些原因，就调查争端过程的早期阶段来说，亲属间的争端似乎是一个有益的起点，因为在这些案例中，双方通常在法院对质之前即可结束争端。

亲属会为了什么争斗？让我先举两个例子，从中可间接发现他们成为示例的原因。两个例子都来自伊塞优斯的演说辞，都是以诉讼挑战遗嘱为背景，是一种继承案件。在伊塞优斯演说辞（1）中，演说人辩驳他母亲的兄弟克利奥尼穆斯（Cleonymus）。作为叙述的一部分，他描述了存在于克利奥尼穆斯和他妻子的兄弟丹尼亚斯（Deinias）之间的长期不和。这种不和及其产生的愤怒使克利奥尼穆斯口述遗嘱时忽略了演说人和他兄弟。在他立下遗嘱的那段时间，他姐妹的儿子是丹尼亚斯监护下的孤儿，丹尼亚斯是其伯父。对于克利奥尼穆斯来说，他绝不可能让

---

② 正如托德和米勒（1990：16 – 17），我致力于通过参阅法律人类学著作来阐明研究。例如，我接受了格列佛（Gulliver，1969：15）以及纳德和托德（1978：14 – 15）对不满、冲突和纠纷的区分。后者（8 – 11）有助于在纠纷程序中划定阶段。另外，本研究得益于从其他文章中收集的观点，这些文章都涉及早期西方社会的纠纷及解决方案，于1983年在波赛（Bossy）发表。其中包括西蒙·罗伯茨的著作《纠纷的研究：以人类学为视角》。

③ 记录了亲属间纠纷的演说研究，请见本章附录。除了28个演说以外，还包括伊塞优斯的若干片段。总共有35个诉讼被考虑在内。同样可参见注释13，不以诉讼终结的家庭纠纷。在注释16中，我列出了一系列额外的演说，都是记录着私人仲裁制度，却没有亲属涉及其中的案例。

不共戴天的敌人丹尼亚斯成为外甥的监护人，获得并控制他的财产，更糟的是在他去世以后执行传统习俗。两人间的仇恨导致了下一代人对克利奥尼穆斯遗嘱的诉讼争斗。伊塞优斯演说辞（9）揭示了一个类似的案例，它涉及两兄弟，尤舍蒯特（Euthycrates）和休迪帕斯（Thudippus），他们为了家庭地产的划分而争吵。两人动手互殴，最终尤舍蒯特丢掉了性命。然而，去世之前他有足够长的存活时间来表达遗愿。他命令亲属绝不能允许休迪帕斯的任何家庭成员靠近他的坟墓。这场暴力争斗的结果是两人的儿子们，本应很亲的堂兄弟，却拒绝与对方说话。正是上一代人的世仇让他们走进了法院。

我简要总结的这两个案例，提供了一些观点来探索备受雅典人关注的财产问题，同时也表明了亲属之间长期冲突的影响（cf. Humphreys，1989）。然而，在我的示例中并没有包括这两个案例，及其他与其相似的案例，因为它们没有表现出"争端"一词的"技术上的"意义。在仲裁员或法律法庭解决之前，并没有试图在公共场所解决这些冲突。只是他们各自家庭中产生的紧张气氛，导致诉讼形式的争端。出于分析的目的，我把争端定义为在公众面前产生冲突以及冲突阶段有第三方卷入。它是"涉及积极解决问题过程的一个事件"（Gulliver，1969：15）。争端过程也包含了两个早期阶段：委屈阶段（grievance），存在于不满的对抗之前，如一人冒犯了他或导致他委屈或抱怨；冲突阶段（conflict stage），当不满表明了他的怨恨，他自己便试图以这种或那种方式解决冲突（Nader and Todd，1978：14－15）。

德摩斯梯尼的案例

在我们直接转向争端过程前，以一个单独的案例跟进争端过程中的各个阶段是很有用的。我所选的是德摩斯梯尼反对监护人的案例。这个案例的独特之处在于存在三个不同的演说反对监护人之一的阿弗布斯（Dem，27－29）。因此，起因的细节和争端的过程是很丰富的。这个案例的不寻常之处还在于，因为结果已众所周知：德摩斯梯尼胜诉了。这样的研究除扩大我们对争端过程本身的了解之外，还有许多目的。这种研究也应当为这类在亲属间发生的冲突提供一个深刻见解，包括目标、选择和个体卷入其中的动机。此外，这种研究将使我们能够捕捉到有诉讼当事人参与的社会剧（sociodrama）中的一些东西，他们向陪审团展示了他们的"性格和社会环境"（Humphreys，1983b：229）。

"亲属关系对他们来说毫无意义：就好像他们已经离开我们，不再是我们的朋友和亲人，而是我们最可恨的敌人（27.65）。"或许正因如此，德摩斯梯尼在反对阿弗布斯的第一篇演说中就描绘了他那贪婪的监护人。他们确实是亲属，或至少其中两人是亲戚。三人中的特瑞皮德斯（Therippides）是一位家族老朋友。其他两人，阿弗布斯和得摩丰（Demophon）是德摩斯梯尼父系的表兄弟。阿弗布斯是德摩斯梯尼父亲的姐妹的儿子，得摩丰是他父亲的兄弟的儿子（27.4）。最初，三人以侵占孤儿财产的罪名被起诉，这是很严重的。最开始，德摩斯梯尼的父亲在去世前留下了一笔约 14 塔兰特的巨额财产，在三个监护人对地产的管理下，财产减少到总数的 1/10，约 70 锭（27.6 和 11）。当被监护人成年，在 366/65 年年满十七八岁时，或者在他父亲去世十年以后，他们将财产交给了他（Golden，1979）。目前还不清楚，德摩斯梯尼是在什么时候意识到他的财产被偷走了。雅典法律确实允许孤儿在成年以前展开以其为代表的诉讼（an eisangelia kakoseos orphanon），但德摩斯梯尼和他的姐妹并没有获得这样的诉讼。可能怀疑和痛苦的感觉一直在家庭中酝酿着，直到监护人透露出那些托管的财产已经减少了很多。在这一点上，不满和委屈就变得很具体化了。但直到监护关系结束的两年后，德摩斯梯尼才有自信和方法发起诉讼。

这场长达十年的监护关系确实在德摩斯梯尼的母亲克里欧布勒和他的监护人阿弗布斯之间引发了一场公开的冲突。在遗嘱中，德摩斯梯尼的父亲将妻子许配给了阿弗布斯，同时也将房子和一些家具留给他们使用（27.5）。因此，在他去世以后，阿弗布斯立刻搬进了他家，并接管了克里欧布勒由珠宝和盘子组成的嫁妆，价值 50 锭。另外还有 30 锭是亡夫留给她的遗产。阿弗布斯迫切地渴望得到这笔钱，并且想变卖一些家庭的奴隶获得现金。然而，他在获得嫁妆后不愿娶德摩斯梯尼的母亲，并宣称他们因珠宝的问题发生了争吵，等到争议解决之后，他才会按照规定履行遗嘱中的指令（27.15）。这种冲突并没有得到解决，并且从那时开始就对家庭中的关系造成了破坏。最后，阿弗布斯一直没有娶克里欧布勒。她有什么追索权吗？她没有合法的能力，却可以通过代表或"家长"向法庭表达她的不满与委屈。尽管还不清楚她的监护人是谁，但很有可能是她姐妹的丈夫德摩卡瑞斯（Demochares）。④ 至少在她与阿弗布斯的争吵中，他曾作为她的代表出面干涉。在此行为中，他作为"家庭代表团"（family deputation）的首领在很多证人面前与阿弗布斯会谈（27.14，16；Calhoun，1934：101）。当时阿弗布斯承认收取了嫁妆并承诺履行应尽的义务。显然，在消除分歧以后，家庭在此阶段很可能选择不对外公开克里欧布勒嫁妆的事情。然而，这件事却没有被遗忘，它被记载进了德摩斯梯尼反对阿弗布斯的诉讼宣言中。作为母亲的"家长"，他要求阿弗布斯连同利息返还嫁妆：到364年，总数达到了三塔兰特（27.17）。

人们可能会希望私下仲裁这类案件。事实上，该意见被提出后，阿弗布斯却拒绝将事件呈送给由三位朋友组成的代表团。正如德摩斯梯尼宣称的那样，他害怕在誓约的制约下，他的所作所为会受到谴责（27.1；29.58；30.2）。通过约束，代表团的决议本将解决该事件。阿弗布斯并不能以相同的方式避免公共仲裁员的介入，及监护权中的强制性程序，或反对监护人的诉讼。在仲裁员的见证下，亲友均出席，该会议显得太过复杂，因而不能详尽地描述细节。大多的描述都来源于反对阿弗布斯的第三篇演说。⑤ 参与者最终采用的策略是显而易见的，在仲裁听证会（arbitration hearings）中，他们向陪审团提出的辩论依据也是排演过的。在这个阶段，不仅所有的证据都被集合于此，而且争端也日渐加剧。同样清楚的是，在该案例中，所有的听证会结果并非妥协或者对抗，其中每一方都试图动摇仲裁员，以博得支持。之后我们应该仔细

---

④ 见亨特（1989b：43 - 44），针对"阿弗布斯是她监护人"观点的反驳。对克里欧布勒的深入评论，见第一章。

⑤ 我接受了卡尔霍恩（1934）和格尔里特（1954：64 - 70）关于德摩斯梯尼演说辞（29）真实性的论证。然而，后者并不相信演说是以现存的版本发表，而是包含了演说人收集的材料，目的在于用在与自己相关案件的其他演说中。反对该演说的论证，见哈里森（1968：105，注释5）。

考虑仲裁程序本身。在此，我只倾向于听证会的一方，并专注于另一方提出的种种质疑。这些质疑对案件的最终决议有着很大的作用。

仲裁中的一个主要问题是德摩斯梯尼家的前任奴隶米里阿斯（Milyas）。阿弗布斯为了验证某些证人证词，要求对手交出米里阿斯并加以拷问。德摩斯梯尼拒绝并宣称在父亲临死前已将其释放，因此不能对其进行拷问。虽然如此，阿弗布斯仍然坚持要求交出米里阿斯，而拒绝对方提供另一个同样有见识的奴隶。因此，在这点上，德摩斯梯尼承受了一系列的质疑。后来，他这样描述道：

> 为了证明这一点，我个人愿意交出女性奴隶进行拷问测试：她们都记得在父亲临死之际将米里阿斯释放。另外，我母亲……愿意交出她身边唯一的孩子们，即妹妹和我，以我们的生命发誓，在父亲临死时释放了这个人。（29.25-26）

阿弗布斯所拒绝的这些质疑并没有改变他的兄弟埃西乌斯（Aesius）就是一位证人，并为米里阿斯被释放作证的这个事实。参与者间的拉锯战表明，在家庭纠纷中如何通过亲属们作为证人提供的证词将其卷入仲裁程序。同时，拉锯战也深入了家庭核心，通过威胁将女性从家庭隐私中带入祭坛，将奴隶从杂活中拉上刑架。最终，公共仲裁员审判了阿弗布斯。他向法庭提出申诉，陪审团仍旧宣判他败诉，并要求他退赔十塔兰特给前受监护人。

德摩斯梯尼的胜利庆祝会注定是短暂的，因为新问题出现了。阿弗布斯竭尽全力阻止他收取欠款，并将部分财产交给兄弟埃西乌斯和妹夫奥内多（Onetor）。德摩斯梯尼语料库中两篇名为《反对奥内多》（Against Onetor，30-31）的演说，源于德摩斯梯尼试图夺回被奥内多占有的土地。至于阿弗布斯，"他从家中搬走了家具，遣散了奴隶，阻塞了蓄水池，卸下了房门——做尽一切，还放火烧了房子——之后便移民到麦加拉，以外国人的身份生活在那里"（29.3）。他也对德摩斯梯尼的一位证人提出了伪证诉讼，基于那位证人所提供的有关米里阿斯身份的证词。德摩斯梯尼在第三篇反对阿弗布斯的演说中为该证人辩护。在此案例中，也曾作证的埃西乌斯否认了先前的证词，站在了他兄弟这边。到此为止，几乎所有的雅典人都一定对这个家庭的事情议论纷纷。似乎是因为诉讼还不够多，德摩斯梯尼把纠纷带到了雅典最公共的广场——集市上。那里四周围满了人群，一位识字的奴隶在拷问中写下了证人备受质疑的陈述，德摩斯梯尼要求他的表亲接受这份证词（29.11 – 12）。换句话说，家庭冲突并没有完美结局。远远不能形成和解，争议的过程只不过打开了通向新问题和更深层次诉讼的大门。

亲属间的纠纷

德摩斯梯尼的案例已经提供了关于单一纠纷的发展、私人和公共程序的一些见解，其中一些亲属在尝试庭外解决纠纷时握有追索权。该案例基于整体样本，详尽阐明了古雅典亲属纠纷的一般性特征，因此对以下的分析来说，也是一个适当的例子。

亲属纠纷的本质

在绝大多数的案例中，亲属都是因财产问题卷入冲突之中。大多数纠纷都涉及继承，如对遗嘱或收养有质疑，或对两者皆有质疑。这些例子包括索取继承权（Is. 3；8）；质疑遗嘱（Is. 1；5）；质疑收养（Is. 2；7）；对遗嘱和收养两者的质疑（Dem. 43/Is. 11；Dem. 44；Is. 6；9；10）。德摩斯梯尼的案例显示，在诉讼中，继承也可能作为争议焦点，用以反对监护人对孤儿财产的侵占与挪用。总共有五个这样的例子（Dem. 27 – 29；Is. 7；11；frag. 1 – 2；Lys. 32）。另外，也有对纯粹的挪用财产进行单一控诉的案例（Dem. 36），包括一个通过赔偿诉讼索取部分继承，两个索赔涉及嫁妆（Dem. 40，41，后者也包含一些其他财产索赔），一个试图阻止自己的同胞变卖共同财产（Is. 2），以及一个要求恢复存款（Isoc. 21）。在 35 个不同的诉讼中，财产纠纷总共有 25 个。[⑥] 余下的纠纷包括：两个伤害指控（Aesch. 2；Dem. 40）；一个谋杀指控

---

⑥　我已经将伊塞优斯片段 8 包含在所有演说研究中，尽管还不确定它涉及什么样的案件，很可能是对继承权的主张，见有关亲属纠纷的附录。

（Ant. 1）；一个控诉骄狂的诉讼（Dem. 45）；一个关于两个同父异母的兄弟中谁应该使用父亲名字的纠纷，该诉讼始于其中一人要求父亲承认其合法性（均来源于 Dem. 39）；一人试图迫使族人承认其子女同属本族基因的个人诉讼（Dem. 59）。这些纠纷中，有八个产生了伪证罪诉讼，起因源于质疑参与者或证人在最初的听证会中申辩或作证的真实性（Dem. 29；44；45－46；Is. 2；3；5；6；11）。

涉及的亲属

出庭的亲属从同胞兄弟姐妹到更多被称为纯雅典血统公民（*gennetai*）的远房亲戚，涵盖了所有等级的关系。近亲，或那些接近第一代堂（表）兄妹程度的亲属涉及 26 个案例。那些处于核心家庭中心，或共驻留于同等家庭的人，包括父亲和儿子（Dem. 39－40），同胞兄弟（Dem. 25；Is. 2），异父或异母兄弟（Ant. 1；Dem. 39－40；Is. 6，都是同父异母）以及被过继兄弟带到法庭上的姐妹（Is. 5）。伊塞优斯演说辞（6）显得复杂化就是因为其中涉及一个反对过继的同父异母兄弟（原是同父异母姐妹的儿子）的诉讼。在两个案例中出现过继子控告父母的情况（Ant. 1，一位母亲；以及 Dem. 36/45，一位父亲），而另一个案例中一位养子把他的父亲告上了法庭（Dem. 41）。

在核心家庭（nuclear family）以外的近亲中，占主导地位的群体由父辈的叔伯及侄辈组成，有四个这样的实例，其中三个都是握有监护权的（Is. 7；11；Lys. 32）。第四个实例涉及一个收养的侄子。死者的兄弟质疑孩子被一位有姻亲的年轻人收养（Is. 2）。同样，也会出现这样一种纠纷情况，即父亲的姐妹和她们的侄女就兄弟或父亲的财产发生纠纷（Is. 3）。在母亲这边，侄子控诉其母亲收养的兄弟（Is. 5）以及同母异父的弟弟质疑哥哥的养子（Is. 9）。最终出现了四个纠纷案例，一个是母亲这边的（Is. 10），两个是父亲这边的（Aesch. 2；Dem. 27－29），以及一个明确关系尚未可知的（Isoc. 21）。其他因纠纷出席法庭的亲属包括：父辈叔叔的女儿，她质疑已故表兄弟的养子（Is. 7）；声称拥有西龙（Ciron）地产的双方，即西龙兄弟和姐妹的儿子（Is. 8）；一对兄妹的后人，早在四代人以前该兄妹因收养关系发生冲突，现处于纠纷中的是其孙辈和曾孙辈的后裔（Dem. 44）；同族成员（genos）（Dem. 59）。另外，姻亲（affines）间也有三种不同的纠纷情况（Dem. 41；45－46；48）。⑦

　　叔父和侄子之间普遍的冲突从属于一个更普遍的模式，即父系亲属占主导地位，代表半数的纠纷参与者。⑧ 这样便体现出家族（anchisteia）的本质，也正是人们所期望的。依据法律规定，父系亲属具有优先权，因而按照设定的顺序，父系亲属对已故亲属的地产可以首先提出要求（Dem. 43. 51；Is. 11. 1－2；Harrison，1968：143；Broadbent，1968：231－35；Hunter，1993：101－2）。因此，父系亲属比母系亲属更能在财产冲突中提出对抗性要求。同时，遗嘱受到质疑以及被控伪造罪都是很常见的（e. g.，Is. 1. 41；4. 12，23；7. 2；9. 2，22－25；Dem. 45－46；Thompson，1981：14）。基于这些对不当行为的指控，近亲经常对遗嘱产生争议，尤其当遗嘱条款中包含了继承人的收养关系——在大多数案例中都出现了这种情况。被收养继承人可能是安全的，只要他属于潜在被收养人的可接受范围内，首先是兄弟的儿子，之后是姐妹的儿子，最后是堂（表）兄弟姐妹的儿子（Is. 2. 21；3. 72）。然而，如果死者已远离家乡，便会招致近亲的敌对行为。正如一位演说人说的那样，"所有有血缘关系的亲属都认为他们有权按照遗嘱与养子争夺继承权"

---

　　⑦　伊塞优斯演说辞（1）中的演说人跟他对手——克利奥尼穆斯的旁系亲属们，关系并不清楚。他称他们为 syngeneis 和 oikeioi，均为亲属的统称。德摩斯梯尼演说辞（48）中的演说人也提到，他作为对手的亲属，即姐夫/妹夫（1）：两人都在某些方面跟科蒙（Comon）相联系（6）。至于哈格尼阿斯（Hagnias）继承事件的索赔和反诉（Dem. 43/Is. 11），许多人都卷进了这关系多样的事件中，比起参透这些错综复杂的关系，人们更需要的是空间。（See Davies，1971：77－89；W. Thompson，1976；and MacDowell，1978：103－8.）尽管伊塞优斯片段1和2的演说人以前是一名监护人，替自己辩护以反对侄子，但仍不清楚他是否是父系或母系的叔父。我推测科拉特斯在伊塞优斯片段8中的对手是迪奥克利（Diocles）的女儿，迪奥克利是母亲的半血缘兄弟。由于我的不确定，我未将这两个案件放入列表中。
　　⑧　同族亲属包括兄弟（Dem. 25；Is. 2），姐妹和他们的儿子，以及收养的兄弟，半血缘关系的兄弟（Ant. 1；Dem. 39－40；Is. 6），叔叔和侄子或侄女（Is. 2；7；11；Lys. 32），姑姑和她的侄女（Is. 3），表兄弟姐妹（Aesch. 2；Dem. 27－29），以及曾移居的首位表兄弟姐妹（Is. 7）。列表中，我提到了几名已婚妇女，因为雅典妇女并不完全被吸纳进夫妇式家庭，而将关系继续留在娘家。例如，她们作为同族亲属继承财产，并将权利转移给她们的孩子们（Hunter，1993）。已婚妇女作为同族亲属的情况，见第一章的进一步讨论。

（Is. 3. 61）。⑨ 换句话说，亲属具有优于遗嘱或遗赠的权力，这一信念激励着雅典人不断挑战亲人对养子的选择，当他们认为还有关系更亲近的人应该被选择，或他们发现还有其他的方式可以争夺遗嘱的时候。这一信念的流行即可解释为何案例中这种挑战的数量会如此之多。至于叔父与侄子女间冲突占主要地位这一事实，部分原因在于叔父作为亲近的父系亲属，长期扮演着兄弟孩子的监护人角色。四个案例中，有三个都涉及孤儿的虐待问题，表明监护人这个角色需要承担的诱惑与风险。总之，父系亲属在法律上和实践中所得到的优先权解释了为什么纠纷大多围绕财产问题展开，以及为什么卷入纠纷中的大多是父系亲属。

财产和地位

雅典社会历史中的任何著作都必定承认雅典诉讼偏向有产阶级或个人精英（elite）这一司空见惯的事实（e. g.，Cox，1988a：380；Hunter，1989a）。因此，诉讼是戴维斯《雅典有产家庭》（*Athenian Propertied Families*）一书的主要来源，该书是对上层阶级成员的族谱学研究（prosopographical study）。戴维斯将这些从事礼拜仪式，并因此拥有三塔兰特到四塔兰特财产的人都列入这个阶级（xxiv）。在戴维斯的登记簿中，有11个这样的家庭被列入该研究中，占17篇演说辞。⑩ 案例中，最有钱的个人要数被释放的奴隶帕斯奥，他去世的时候留下了一笔从储蓄和做工得来的价值60塔兰特的财产。作为奖赏，他成为雅典公民。然而，帕斯奥的儿子阿波罗多洛斯自身缺乏安全感，并辱骂同样拥有被释放奴隶身份（Dem. 45. 71 – 76）、现在却作为他父亲继承人的福尔米翁，这一切表明在以血统和土地财产为基础的社会中，从奴隶上升为公民并没有给予人们最低的地位保障。在财产达到十塔兰特或更多的家庭中还会出现其他三种情况（Dem. 27 – 29；Is. 5；Lys. 32）。在这一群体中，有两

---

⑨　更多关于亲属结构的情况，见第一章。在亨特，1993，我已讨论过遗嘱和收养的更多细节问题。

⑩　德摩斯梯尼，27 – 29（3597），36/45 – 46（11672），39 – 40（9667）；德摩斯梯尼，43/伊塞优斯，11（2921）；德摩斯梯尼，44（5638）；伊塞优斯，5（3773），6（15164），7（1395），8（8443），9（7252）；吕西阿斯，32（3885）。

个家庭的财产并不来源于土地，而是源于做工工厂和放债（Dem. 27 –
29，德摩斯梯尼的父亲；Lys. 32，奥多托斯）。除了这些极端的例子，
演说还描述了礼仪阶级中的一些固定成员（Dem. 39 – 40；Dem. 43/
Is. 11；Dem. 44；Is. 6；7；8；9），拥有价值三个半塔兰特或者更多的财
产。有时候，并不会明确地说明演说人或对手的财产和收入，仅含糊地
提及其拥有的财产或房屋和奴隶，表明其过着舒适的生活（Dem. 48；
Is. 1）。在其他案例中，证据似乎都指向最为适度的财富（Dem. 41；55；
Is. 2；10）。

　　总的来说，似乎没有理由反驳这样一个事实，即大多数的纠纷参与
者都是有产阶级的成员，或甚至是社会精英。另外，他们中间也存在着
一些被称为穷亲戚的个人。皮洛士（Pyrrhus）的女儿菲尔（Phile）就
是一个很好的例子（Is. 3）。人们都认为她的母亲曾是妓女，因此她被
认定为私生女。她的养兄为了拒绝和她结婚，到处散布她为私生女的消
息，并且只愿给她 1000 德拉克马的嫁妆，远远低于她父亲三塔兰特的
财产。代表她出席法庭的是丈夫谢诺克里斯，其身份是一位准备同时接
受小额嫁妆和合法性备受质疑妻子的男性。尽管陪审团并没有接受菲尔
是皮洛士合法婚生女的论言，但她的真实身份还是不确定的（Wyse,
1904：278 – 82；Sealey, 1984：124 – 25；C. Patterson, 1990：70 – 73）。
菲尔并不是唯一一个缺少财产和身份的典型纠纷参与者代表。其他人还
包括狄开奥根尼二世（Dicaeogenes II）的穷姐妹及其孩子们（Is. 5），
欧克特蒙（Euctemon）（Is. 6. 59）两个推定的儿子及其监护人（根据家
族流言，欧克特蒙的儿子们是私生的），另外还有被释放的妓女奴隶奥
尔斯（Alce）的儿子们。只有通过威胁的手段，才能让他们中的一人被
承认为欧克特蒙的胞族成员，同时被给予一小块土地。至于实际上这两
个儿子是否是二次婚姻中合法的婚生后代还是一个有争议的问题
（Wyse, 1904：485；Davies, 1971：563；Sealey, 1984：125 – 26）。当
然，他们只是这个富有家族的边缘人员。其他人还包括潘菲洛斯一世
（Pamphilus I）的女儿普兰贡，潘菲洛斯曾是一位富有却蒙羞的将军。
他的女儿普兰贡跟丈夫马提阿斯离婚后，甚至在他再婚以后都保持着联
系（Rudhardt, 1962；Davies, 1971：365；Sealey, 1984：123 – 24；

Humphreys，1989）；德摩斯梯尼演说辞（44）中的原告作为佩莱坞港的公共传令员，这一职业将他与他所挑战的富裕亲属区分开来。阿里斯托吉顿（Aristogiton），作为一名公共债务人，因普通刑事犯罪在监狱中度过了一些时光，根据德摩斯梯尼和迪纳尔库斯（Dinarchus）的描述，即便是同狱犯人都不愿与他交往（Dem. 25. 61；Din. 2. 9 – 10）。⑪

女　性

我们注意到，亲属间的纠纷将女性从家庭隐私中带到了公共领域。在一些案例中，女性自身也会发起这样的纠纷，例如继承诉讼，在她们主要参与的四项诉讼中，有三项都是继承诉讼（Dem. 43/Is. 11；Is. 3；7）。任何纠纷均是由"家长"代表女性出庭，通常是她的儿子（被告：Ant. 1；发言人：Is. 3）或丈夫（Dem. 43. 9；Is. 3. 2；5. 9；7. 43 – 44），尽管演说人并不总是很严谨地识别"家长"的身份（Is. 7. 2，21，23；11. 9，16 – 17）。⑫ 即使在诉讼中女性并不是参与者，演说人也会清楚地说明她们在幕后表现得积极主动（cf. Humphreys，1986：90）。例如，在庭外解决纠纷时，不管是在仲裁庭上宣誓（Plangon：Dem. 39. 3 – 4；40. 10 – 11）或表示愿意这样做（Cleoboule：Dem. 29. 26，33，56），还是在解决冲突的家庭讨论中，女性都起到了一定的作用（Lys. 32. 11 – 18）。基本上，演说人都是通过暗指或暗讽的方式使大众关注女性，通常都是为了利用她们所谓的言行失检和声名狼藉，让陪审团转而反对对手一方。这样的例子包括控告离异妻子影响前夫制定遗嘱（Is. 2. 1，19，38），儿子暗示母亲被第二任丈夫引诱（Dem. 45. 3，39，84；46. 21）。在两个案例中，为了诋毁女性自身及其孩子们的继承权，她的婚生合法性遭到质疑（Is. 3；8）。在欧克特蒙推定的两个儿子为争取父亲地产提起的诉讼中，婚生合法性也是一个问题（Is. 6）。因为后者长期与拥有

---

　　⑪　菲尔、奥尔斯和普兰贡是雅典人谣言的对象。因此，在第四章中将对三人展开进一步的讨论。值得指出的一点是，在雅典这样的社会中，没有血缘测试，关于合法性的流言就会盛行开来。普兰贡作为一家之主的角色，见第一章。

　　⑫　"家长"及其作用，见第一章。

奴隶和妓女双重身份的奥尔斯交往,这也让儿子们的身份地位蒙上了一层阴影。弗拉斯特(Phrastor)与涅埃拉女儿的婚姻也有同样的效果(Dem. 59)。他们两人在向同族人介绍后人时都有难处,一个是向氏族(phratry)介绍(Is. 6. 21 – 24),一个是向胞族介绍(Dem. 59. 59 – 61)。换句话说,公民与异族人或奴隶间,任何会带来婚生合法性问题的交往都可能在亲属间造成嫌隙。因此法律严格限制外来人进入公民主体。为了给法律提供补充,警惕的亲属对该问题的关注,以及他们对生动的谣言圈的敏感,成为社会控制的一种形式,以确保家庭成员与其他社会阶层间保持必要的距离。(Cf. Davies,1977,and see chapter 4.)。因此,在法庭上,即使是暗示出生这样的违规行为都被算作歧视陪审团。

奴 隶

在35个案例中,有7个案例涉及纠纷参与者之一挑战其他参与者并主动提出或接受拷问奴隶的行为。所有此类挑战都被驳回(Ant. 1.6;Dem. 29. 11 – 13,38;45. 61;46. 21;Is. 6. 16;8. 11;frag. 2)。在另外两场纠纷的早期阶段也有奴隶卷入其中。一个案例显示,信息的收集可能源于对家庭奴隶的折磨(Dem. 40. 15),而在另一个案例中,一位被控盗窃主人钱财的奴隶实际上是因受拷问而屈服(Dem. 48. 14 – 18)。

纠纷的长度

例子中几乎所有的案件都长期进行,或持续数年,或不断增生相关案件。因世仇而起的两个诉讼延续了几代人(Is. 1;9),而亲属间长年的冲突也早于其他四个诉讼(Dem. 59;Is. 2;6;7)。在这些例子中,有两个已经是出现较早的诉讼了(Is. 2;7),其他诉讼是我们所谓的"衍生案件(extended cases)"或"一系列历时相关案件"中的一部分(Nader and Todd,1978:8)。一些案件中出现了伪证诉讼(perjury suits);另一些像哈格尼阿斯(Hagnias)地产纠纷一类的案件

（Dem. 43/Is. 11），都是由某一案件引发的另一案件（Dem. 27 – 31；
Dem. 36/Dem. 45 –46；Dem. 39 –40；Is. 2；3；5；6）。也有这样一类案
件，相互间的敌意酝酿了多年或影响了几代人，直到事件最终被带上法
庭（Dem. 41；44；Is. 10）。这些诉讼及其引发的不满情绪，给涉及其中
的家庭带来了巨大的压力，也导致了个人与家庭分支间的紧张关系。

对于亲属间纠纷的态度

面对陪审团，纠纷参与者通常将致歉作为演说的开端，如下：

> 我认为当前面临的困难中，最糟糕的一面是与我的亲属发生了
> 纠纷。即便是为了捍卫自己，反对亲属的行为也是不光荣的。因为
> 我认为在捍卫自己的同时伤害亲属就如同第一次被他们伤害一样的
> 不幸。然而，我的对手并不能共享这些感受，而是已经开始着手起
> 诉我们……似乎他们准备报复敌人，而不是伤害亲人。（Is. 1. 6 –7）

亲属的反对者和仇人无处不在（Dem. 27. 65；Is. 5. 30；
Lys. 32. 19），正如人们都认为和亲属对峙法庭是一件非常可怕的事情
（Ant. 1. 1；Dem. 48. 1；Lys. 32. 1；cf. Castan，1983：226）。有一位演说
人甚至要求陪审团对他耐心一点，并认定亲属给他带来了严重的伤害
（Lys. 32. 1）。他暗示当未成年人带着不满在法庭上反对亲属时，陪审团
并不宽容。或许为了迎合这种情绪，演说人会反复排演即将采取的措
施，以避免将亲属告上法庭。他解释道，因为他并不愿意说一些横生枝
节的话来反对妻子的兄弟或孩子的叔叔，反过来，他也不愿从那个人口
中听到任何不愉快的事情。因此，为了解决纠纷，两人一度私下达成妥
协（Dem. 48. 8）。这样勉为其难的表达不应仅仅被当作虚华辞藻而排
斥。他们发表演说，如同面对着大群陪审团。陪审团是公共期望的一个
标志，关注着家庭行为，并给大众心理和亲属关系的意识形态提供一些

深刻见解。⑬

庭外解决纠纷

私人仲裁

亲属间纠纷的解决始于一个家庭环境，或许是一个家庭会议。朋友向纠纷参与者提供建议或试图说服他们达成一致意见（Dem. 27. 15 – 16；40. 14；44. 19；48. 7 – 11；Lys. 32. 11 – 18）。这种非正式的权宜之计很重要，但在此我们不过多关注。⑭ 相反，我们应该着眼于私人仲裁的制

---

⑬　雅典诉讼也记录了没有闹到法庭上或没有达到纠纷程度的亲属冲突（见之前我对纠纷的定义）。他们包括埃斯基涅斯，1.99：提马库斯和他母亲关于阿洛派区（Alopece）家庭财产的争吵；1.117 – 23：安多西德和他的兄弟列阿格罗斯（Leagrus）同卡里斯三世（Callias III）及其儿子希波尼柯斯（Hipponicus）关于伊皮库斯（Epilcus）（两个兄弟的母系叔父）的女儿，一名女继承人产生的争吵（Davies, 1971：263 – 65）；德摩斯梯尼，25.55：阿里斯托吉顿反抗母亲的暴力行为；伊塞优斯，1.9 – 12：克利奥尼穆斯和妻子的兄弟丹尼亚斯长期不和；伊塞优斯，6.18 – 26：欧克特蒙和亲属关于公认儿子的冲突，在家庭中导致了一系列进一步的争吵和密谋（例，38 – 42，55）；伊塞优斯，9.16 – 18：尤舍蒯特和休迪帕斯两兄弟间的争吵，以前者的死亡而告终；吕西阿斯，31.20 – 21：菲隆和母亲的不和。

这里所列并不详尽，尽管它提供了母子冲突的三个实例，显得非常重要。另外，讲述母子关系的演说中浮现的画面呈现出一种情感和共同责任（Hunter, 1989a；1989b）。参见汉弗莱斯（1985：340 – 47；1986）关于古雅典证人的研究，鉴于亲属冲突中有招募证人的行为，因此需验明证人的身份。

⑭　所谓的合谋的案例出现在德摩斯梯尼，48；伊塞优斯，5.13 – 14，9.22 – 24，11.20 – 27。朋友的另一个办公室用于私人矛盾的和解。见例，安提丰，6.38 – 39；德摩斯梯尼，21.117 – 22，37.11 – 12；许佩里德斯，3.4 – 5；伊索克拉底，18.9 – 10；吕西阿斯，4.2。作为一种包含宣誓的仪式，和解可能会在避难所举行（见注释23）。和解的专业用语是 "diallattein"，朋友会将对手一同带来（synagein）。案例包括妓女和老鸨安提戈涅（Antigone），她同时带来了许佩里德斯演说辞（3）的演说人和敌人安西纳基尼（Athenogenes）。她不仅使两人和解，还告诫他们在以后要善待对方（4 – 5）。也许正是在这样的办公室里，卡里阿斯（Callias）向对手安多西德的三个朋友求助（And. 1.122 – 23），而不是去法庭。他想当着三人的面，为他的错误行为跟她和解，让她满意。最终，我没有将该案例放入私人仲裁的列表中。我也可能错了，因为和解和仲裁的区别并不是那么明显。一场成功的仲裁毕竟是以各方达成和解而告终的（Dem. 59.47，70）。因此，"和解人"、"中介人" 或 "调解人" 有时同 "仲裁员" 是同义词（Dem. 48.2；59.71；Ferguson, 1938：no. 1.3，81）。参见，利普修斯（Lipsius, 1905：222 – 24）和斯特因温特（1925：92 – 93）。也可参见弗格森（1938：注释2），一块可追溯到三世纪的碑文中，两名由当事人选出的调解人被称为 dialytai，和解时所用的动词为 dialysein。现在并不能确定碑文记载的是否是一个真实的仲裁案件，但弗格森（1938：48）相信是真的。

度，或官方认可的解决纠纷的尝试。乍一看，纠纷过程中该阶段采用的程序似乎非常简单——实际上，正因为程序如此简单，米南德才在他的一部喜剧作品《公断》（*The Arbitration*［*Epitrepontes*］）中将它们设为中心。剧中，一个弃婴的发现引发了两个奴隶间的争论。其中一人达乌斯（Davus）将孩子交给了另外一人塞洛斯（Syrus）抚养。但后者还想将孩子随身带着的小饰品据为己有。达乌斯不同意，因此两人决定找寻第三人仲裁纠纷。但找谁呢？他们认为任何人都可以，于是找到了一位名叫斯米克里讷斯（Smicrines）的路人。"先生，您有时间吗？我们两人间产生了分歧，想找一个公正的人为我们解决。""好，但你们会接受我的决定吗？""当然。"因此，街道变成了斯米克里讷斯宣判的地方。[15]

　　事实上，私人仲裁中采用的程序稍比达乌斯和塞洛斯求助的方式要复杂。[16] 当然，对于一名或多名仲裁员的选择需由双方协商决定，仲裁员的数量可由一名到五名（一名：Aesch. 1. 62 - 63；Dem. 34. 18；40. 16，39，44；52. 14 - 16，30 - 31；Isoc. 18. 13 - 14；两名：Dem. 59. 65 - 71；

---

　　[15] 尽管我引用的段落从 220 行延伸到 240 行，但在此我只翻译了一小部分（Cf. MacDowell，1978：203 - 4）。奴隶使用仲裁专业语言中的动词 epitrepein，"提到"（向仲裁员提到案件）。此外，他们不把斯米克里纳斯称为 diaitetes，而称为批判者或裁判。动词 epitrepein 是否配合 diaitan 使用，参见，例，德摩斯梯尼，27. 1，29. 58，41. 1；伊塞优斯，5. 31；吕西阿斯，32. 2；《古希腊铭文研究》II² 1196. 8。实际的会议或听证会被称为 synodoi（Dem. 52. 16；59. 69），也可用来表示仲裁前举行的会议。私人仲裁员被描述为"被选为（hairetoi）"，而不是"分配（klerotoi）"，以区别于公共仲裁员。

　　[16] 私人仲裁并不像公共仲裁一样受到很多学者的关注。见斯特因温特（1925：91 - 117）；格尔里特（1955：103 - 19）；哈里森（1971：64 - 66）；麦克道尔（1978：203 - 6）。在 35 个研究亲属纠纷的诉讼中，有 11 个是由私人仲裁接手的。三份仲裁裁决书制成（Dem. 36. 14 - 17；Is. 1. 2，16，28 - 29，35；2. 29 - 32，38）。五个仲裁申请被拒绝（Dem. 27. 1；29. 58；30. 2；Dem. 40. 39 - 40；Dem. 41. 1，14 - 15，29 - 30；Dem. 48. 2，40；Lys. 32. 2）。在剩余的案例中，仲裁程序被提起，但由于这样或那样的原因，并没有产生裁决书（Dem. 40. 16；40. 44；Is. 5. 31 - 34）。下面是一个演说的列表，其中私人仲裁也常常被行使或考虑。虽然他们不涉及亲属间的纠纷，但他们研究的是本章附录列出的案件，因为阐明了涉及的程序：埃斯基涅斯（1. 63 - 64）；德摩斯梯尼（33；34. 18 - 21；42. 11 - 12；47. 43，80；52；55. 9，35；56. 16 - 18；59. 45 - 47，64 - 71）；伊索克拉底（17. 19 - 20；18. 11 - 14）；吕西阿斯（8. 12）。也可参见《古希腊铭文研究》II² 1196，一个来自 Aixone 的 326/25 时期的碑文，记录了郡内集会可以在处理纠纷案件时发挥仲裁委员会的作用。见霍叟里尔（Haussoullier，1884：87 - 92）和怀海特（Whitehead，1986a：113 - 14）。碑文记载亲属间纠纷的私人仲裁裁决书，参见弗格森（1938：注释 1），以及《古希腊铭文研究》II¹ 1289 的注释 2 可能也记录了私人仲裁。

三名：Dem. 29. 58；33. 14；59. 45 – 48；四名：Dem. 36. 15；Is. 5. 31；五名：Ferguson，1938：no. 1. 6 – 8）。尽管没有证据表明需强制或甚至共同记录下某人对仲裁员的选择，但德摩斯梯尼在一个案例中确实这样做了，他提到了一份列有仲裁员名字并说明他们权限的书面协议（Dem. 33. 14 – 15；cf. 34. 18：*synthekai*；Harrison，1971：65 – 66）。还有一个要求是仲裁员需在宣誓后宣判（Dem. 52. 30 – 31；cf. Dem. 29. 58；41. 15；Is. 2. 31；5. 32；Wyse，1904：450；Gernet，1955：108 – 9；Harrison，1971：66）。虽然没有现存的宣誓的例子，但宣誓对于仲裁员的权威性有很明显的影响。一旦仲裁员宣判，该判决就是具有法律约束力的（And. 1. 87；Dem. 21. 94；33. 15；Isoc. 18. 11）。[17] 换句话说，案件结束后，纠纷参与者不再有上庭的机会。另外，败诉方不遵守判决将受到制裁，即违约诉讼（*dike exoules*：Dem. 52. 16）。尽管程序很简单，但仲裁背后有法律力量的支持。

谁会选择私人仲裁来解决纠纷？任何意见不一或作为私人公民卷入冲突中的人都可以选择（Dem. 21. 94）。[18] 我们现在将许多案例都归类为民事诉讼（civil suits），尽管这样的区分并不适合雅典法律。雅典法律重在区别自诉（dikai），即影响个人的诉讼，与公诉（graphai），即涉及公共秩序并引起共同关注的诉讼（Cf. Castan，1983：223，*the petit versus*

---

[17] 安多西德 1. 87 中引用的法律指仲裁员在欧几里得（403/2）执政官前做出的决定，必须代表私人仲裁，自从公共仲裁制度在 403 至 400 年间被引入（Bonner，1916：193；Harrell，1936：5 – 7）或许晚至 399/98 年（MacDowell，1971a：270 – 71）。关于这个日期，见注释 32。这样的决定是强制或有约束力的。哈里森（1971：65，n. 1）相信，德摩斯梯尼演说辞（21. 94）可能是"语法学家插补文字，但不包含任何法律上的真正条款依据"（Cf. Gernet，1955：104，n. 7.）。注意德摩斯梯尼演说辞（33. 15）中规定的书面协议，只要三名仲裁员中的两名同意，他们的决定仍然具有约束力。

[18] 德摩斯梯尼演说辞（21. 94）中引用的法律指的是 symbolaia，一个法律术语，意思是合同和其他正式安排。对德摩斯梯尼演说辞（21. 94）的措辞批评，见注释 17。实际上，在此研究的某些案例中，symbolaion 的概念并不恰当。因此，我个人认为其在冲突中宽泛些，指代个人。相反，在很多刑事案件中，轻罪或"犯罪"经常发展为扰乱他人集体义务的行为，例如"忽视民事责任"（Hansen，1976：74）。此外，实际上刑事案件是公共诉讼，显然没有妨碍当事人从仲裁员处获益。或至少在德摩斯梯尼演说辞（59. 64 – 71）的案例中，两位仲裁员劝说以拜尼土（Epaenetus）撤销对斯蒂芬的诉状，因为后者曾将其作为通奸者并施以非法监禁（66：adikos heirchthenai hos moichon；Harrison，1971：104，n. 3，and 241 – 42）。目前还不清楚为什么允许撤销该诉讼而不受处罚，倘若有规则规定检察官不准在公共诉讼中收取费用（Dem. 58. 6，12 – 13，20）。哈里森（1971：103 – 5）引用其他案例，且同样茫然不解。

the grand criminel）。⑲ 除了三个特例（Aesch. 2. 93；Dem. 45. 4；Is. 11），我们论及的所有亲属间的纠纷不是个人诉讼，就是遗产控诉（inheritance claims）。在这样的案例中，纠纷参与者享有通过私人仲裁解决问题的选择权。在起诉前和后，他们都可以采取这样的行动。并且在后一种情况下，他们会通知公务员撤销诉讼，并允许他们在庭外和解。这样，纠纷本身会被正式记录下来（Dem. 40. 16；52. 14，30）。在许多案例中，尤其是在前40个案例中，纠纷参与者还有公共仲裁员提供给他们的办公室。然而，有一种纠纷不能通过公共仲裁解决，即由执政官（archon）主持的案件，包括所有的遗产控诉。对该类案件的任何庭外解决方式都有必要求助于私人仲裁。

　　是什么促使个人选择私人仲裁？首先，诉讼的过程很长，可能花费很多，尤其当求助于熟练的演说作家时。因此，从诉讼就可分辨出，大多的纠纷参与者都是有产阶级成员或社会精英。他们至少都可以支付一些庭审费用（*prytaneia*［主席团］or *parakatabole*［保证金］：Harrison，1971：92 – 94，179 – 80）。在某些案例中，败诉者也要向对手支付部分违约金或罚金（epobelia），总数占索赔金额的1/6（Dem. 47. 64；Harrison，1971：183 – 85）。后者可能超出了贫穷者能拿出的所有资源。其次，除了费用，亲友庭外和解的社会压力也是非常真实的（Dem. 41. 14；59. 45；Lys. 32. 2；cf. Isoc. 18. 9 – 10）。将亲友间的纠纷提交给仲裁庭被认为是一种很正确的做法。对该案件做一个私密的安排可以保证事件远离公众视线，同时得到安静的解决（Lys. 32. 2）。因此，如果某人拒绝仲裁，或没有出现在预定的听证会上，他的对手将利用这一事实坚持自己的主张，并敦促对手庭外解决争端（Dem. 27. 1；29. 58；30. 2；41. 1；48. 2，40；cf. Lys. 32. 2）。一位演说人这样说：

　　　　我的对手带着几位证人在法庭前接近我，让我和他就解决办法
　　一事面谈。相信这是一个不爱争吵且性格温和的公民应尽的义务，
　　我被劝说不轻率上法庭，而是同意立即就解决方法面谈。

---

　　⑲　自诉和公诉的区别见第五章。参见托德和米勒的评论（1990：2 – 7），他们批评在研究雅典法律时使用罗马法律的概念和术语。

（Dem. 42. 11 - 12）

　　尽管他主动示好，他的对手仍然没有出现在听证会上。不管运用什么样的论据，如果对手忽略了私下解决纠纷的机会，那么纠纷参与者即会处于明显优势。反之，如果他本人急于解决纠纷，而对手却没有这一意愿，那他可能会被控强制对手出庭。照这种方式提出诉讼，一些演说人指出，雅典人如此爱好诉讼，这让他们质疑法庭能否作为解决亲属间纠纷的地点（Cf. Casey, 1983：189 - 90；Castan, 1983：225 - 26.）。他们认为陪审团由一群对发生事件没有精确认识、全凭他人告知的陌生人组成。因此，纠纷参与者很有可能对陪审团说谎。另外，在亲友中，纠纷参与人被迫说实话，因为亲友对事件的来龙去脉早已了解（Dem. 27. 1；41. 14, 29 - 30；48. 40, 53）。[20] 换句话说，最为理想和适当的方法就是遵循一方亲友的要求，将事件交予他们或其他熟人决议。

　　在这样的背景下，亲属纠纷中有三个突出的问题值得考虑：实际上谁充当私人仲裁员？仲裁庭审应该是什么样的？仲裁员会做什么样的裁定？考虑到亲属关系的意识形态、对法庭的态度，以及亲友的压力，大多数亲属间的纠纷都可能是由私人仲裁解决的，没有留下官方记录。因此，这种解决方式的证据分散在 28 份关于亲属纠纷的演说中。在四个案例中仅有一个相对详尽的实际仲裁的情形（Dem. 36；Is. 1；2；5）。接下来，我将重点分析这些仲裁场景中的一例。为了证实这些情形并补充细节，我也将讨论一场与亲属纠纷无关的私人仲裁听证会。

　　德摩斯梯尼演说辞（36. 14 - 17）中讲述的是阿波罗多洛斯在母亲去世后，控告继父福尔米翁并索赔 5000 德拉克马的诉讼。该索赔代表了他在母亲地产中所占的份额，其中一部分（2000 德拉克马）对应于母亲已通过福尔米翁交给两个孩子的每人的数量（14，32；cf. Schaps,

----

　　[20] 相反的观点可以在亲属不参与的仲裁中，或参与者，尤其是仲裁员对案件的背景情况不熟悉的仲裁中形成。正如一位演说人指出（Dem. 34. 19），在法庭提供虚假证词和在仲裁员面前提供虚假证词是完全不一样的两件事。前者会面临严厉的处罚，而后者却没有制裁。重点在于，伪证诉讼中，在私人仲裁前提供伪证是不能起诉的。这样的控诉在公共仲裁中是否可能还不明确（Calhoun, 1915；Gernet, 1954：159, n. 3），尽管哈雷尔（1936：29）将其视为"相当肯定的是，在公共仲裁员面前，没有伪证诉讼可以作为证据"。

1979：69-70）。该案件被提交给四名仲裁员处理，其中两人由阿波罗多洛斯选出（他的岳父丹尼亚斯和他妻子的姐妹尼西阿斯［Nicias］），另两人由福尔米翁选出（莱西鲁斯［Lysinus］和安卓梅尼斯［Andromenes］，实际上，除了名字，我们对这两人一无所知）。四名仲裁员都劝说福尔米翁给予继子索要的5000德拉克马，作为礼物的一部分。他们认为通过这种做法可以让阿波罗多洛斯成为福尔米翁的朋友，而不是敌人。听证会设在了雅典卫城（Acropolis）的雅典娜神殿（sanctuary of Athena）中，也是在那里宣判。当福尔米翁同意遵守裁决后，阿波罗多洛斯发誓对他免除所有的要求，并不再采取相似性质的进一步诉讼与其对抗（cf. 23-24，60）。

德摩斯梯尼演说辞（59.45-48）中关注了涅埃拉的地位问题，她是一名来自科林斯的被解放奴隶，据说在那时不仅是一名妓女，而且是居住在雅典的外国人。演说的目标实际在于涅埃拉的公民担保人、同居者以及所谓的老鸨斯蒂芬，他是演说人阿波罗多洛斯，即福尔米翁的继子的政敌。当涅埃拉从旧情人福利尼住处逃离后，她在目的地麦加拉遇到了斯蒂芬。她还随身带着很多福利尼声称属于他的财物。因此，福利尼到处寻找她。带着一群青年男子，他来到了斯蒂芬的家里，试图将她带走，并声称她是自己的奴隶。斯蒂芬从中斡旋并表明涅埃拉是一名自由的女性，这样的一种"象征性行为（symbolic act）"旨在防止非法奴役（wrongful enslavement）（59.60；Harrison，1968：178-79；cf. Gernet，1955：164-67）。[21] 一场诉讼就此展开，福利尼控告斯蒂芬带走涅埃拉，并接收了他家被偷的物品。然而，纠纷并没有闹上法庭，而是朋友将双方聚在一起，说服他们将分歧提交仲裁。在该案例中，有三名仲裁员：福利尼的代表，来自阿洛派区（Alopece）的萨提洛斯（Satyrus）；斯蒂芬的代表，来自兰普特瑞（Lamptrae）的索拉斯（Saurias）；经双方同意，第三位参与仲裁的是来自阿卡奈（Acharnae）的迪奥基顿（Diogiton）。同样，听证会设在神殿（sanctuary）中，三名仲裁员在作出裁决前认真听取双方的陈述，包括涅埃拉本人的。裁决的条款如下：涅

---

[21]　更多关于该事件和 dike aphaireseos 的情况，见第五章，尤其是注释8和32。

埃拉获得自由和独立，但必须归还从福利尼家带走的一切，除了衣服、珠宝和私人奴隶。因为这些都是福利尼买给她的，所以属于她自己。另外，涅埃拉须隔日同两人中的一位一起生活，或在两人的共同同意下有其他安排。他们的协议将具有约束力。和涅埃拉一起生活的人需在此期间向她提供生活必需品。此外，从今往后福利尼和斯蒂芬应该成为朋友，不能再对彼此心存恶意。

仲裁员

在解决亲属纠纷时，仲裁员通常是双方一致认同的亲友。在德摩斯梯尼演说辞（36）的案例中，阿波罗多洛斯选择的两人是姻亲，一位是岳父，另一位是姐夫（妹夫）。前者丹尼亚斯，和阿波罗多洛斯一样，是礼仪阶层的成员，在达维斯的记录中占有一席之地（1971：437）。换句话说，阿波罗多洛斯至少选择了一名有钱有势的亲属。另外一个案例中我们知道其身份的仲裁员是菲努斯（Phanus），他听说过德摩斯梯尼的案例，并让阿弗布斯自愿将事件提交给私人仲裁（德摩斯梯尼，29.58）。菲努斯是阿弗布斯的朋友及老乡。跟阿弗布斯一样，他也是礼仪阶层的成员（Davies，1971：529-30；cf. Conon，Boeotus's choice of arbitrator at Dem. 40. 39，with Davies，1971：511）。其他对于仲裁员的参考引用略欠精确，提及了朋友（*philoi*：Dem. 30. 2；41. 1，14，29；Is. 1. 16；2. 29；Lys. 32. 2），kedestai（Is. 2. 29；5. 33），亲属和有密切联系的人，包括亲朋好友（*oikeioi*，*prosekontes*，and *epitedeioi*：Dem. 27. 1；48. 2，40，53；Is. 1. 2，28；2. 33；5. 34）。[22] 成为一名仲裁员，从而帮助亲友

---

[22] 其他被提到名字的私人仲裁员为阿奇尼努斯（Archeneus）和德刺孔提得斯（Dracontides）（Dem. 29. 58），他们被宽泛地描述为家属（Dem. 27. 1）和好友（Dem. 30. 2）；埃尔希亚·梭罗（Solon of Erchia）和谢尼普斯（Xenippus）（Dem. 40. 16，44），都未能做出决定；瑟菲杉德（Cephisander）是演说人对手的好友（Is. 1. 16，28）；狄奥提穆斯（Diotimus）、梅拉诺普斯（Melanopus）、德玛拉图斯（Demaratus）和狄奥培赛斯（Diopeithes）中，前两人是由演说人选定的，后者是他的对手莱奥哈雷斯选定的（Is. 5. 32-33）。狄奥培赛斯是莱奥哈雷斯（Leochares）的连襟（kedestes），如姻亲关系，这里是指他姐妹的丈夫。这些人都不在达维斯的记录中，也不在柯克纳的记录中（Kirchner，PA），他们没有提供任何除此引用的段落以外的任何信息。

是雅典人需要共享的一种互惠义务。正如法庭上证人的选择（Humphreys，1985），仲裁员的选择给他人的权力和影响提供了证明，通过展示他在有诸多关系网的社会中握有一个可信赖的人际关系网络。如果该关系网中包括利益阶层（liturgical class）的成员，那么是非常关键的。

仲裁听证会

让我们试想一下，参加仲裁听证会应该是什么样的？除了纠纷参与者和仲裁员，还有谁会参加？首先，涉及纠纷的其他方，如涅埃拉，为了提供她对事件的看法而参加。其次，双方都带来了自己的证人，集合在两个对立的群体中。因此，建立一个 10～20 人的集会是不合理的。听证会本身是在寺庙的围地上举行，在公共空间听证可以相对摆脱路人和陌生听众。[23] 这是一场面对面的集会，每个人都是认识的。在裁决下达以前，更别说是接受或者拒绝，听证会就必须激发起人们的讨论和商议。引导听证的方式是问答（Dem. 59.45；Is. 5.32），就像仲裁员会引导当事人说出发生了什么。但这都只能在他们宣誓后，在神的见证下进行。仲裁员宣誓时，他们可能会宣布他们将追寻真理，给予公正公平的裁决。[24] 纠纷参与者如何表现自己？既然听证会是私人且非正式的，对法律毫无争议，对案件的执行将与上诉陪审团有明显的不同。实际上并不要求演说和修辞，因为并不合适。在此，直接对抗、交叉检查，以及

㉓ 见德摩斯梯尼 33.18（赫淮斯托斯），德摩斯梯尼 36.15–16（雅典卫城中雅典娜的神殿），以及伊塞优斯 2.31（阿芙罗狄蒂的神殿）。参见，德摩斯梯尼 59.46。格尔里特（1954：210，n. 2）提到："人们在避难所宣誓，同样也是在那里进行私人仲裁和宣誓签订协议。"后者包含了正式和解（Ant. 6.38–39）及对奴隶的拷问（Isoc. 17.15–16）。也可见安多西德 1.42；伊索克拉底 17.19–20；德摩斯梯尼 40.11，普兰贡在特尔斐斐安当着一名公共仲裁员的面就孩子的父权问题做出宣誓（cf. Is. 12.9）。在一些例子中常用到的词是神庙，并不等同于圣庙本身或新生，而是指避难所或管辖区。圣坛都设在露天，帕克（1977：20）描述道，"在寺庙的主门外面，如果设有圣坛，那么这个建筑并不是那么直接地用来礼拜，而是以崇高的仪式来安置和庇护神的形象"。参见，杜布瓦（duBois, 1991：86–87）。

㉔ 基于德摩斯梯尼演说辞（52.30），有些人否定了私人仲裁中宣誓的必要性。例如，斯特因温特（1925：93–95）。在我看来，格尔里特（1955：108–9）和哈里森（1971：66，n. 2）认为宣誓后的决定亟须用来促使仲裁的裁定更具合法约束力，这种观点是正确的。参见，普雷西亚（Plescia, 1970：37–38）。

最终的协商可以为解决争端提供更好的帮助。听证会也跟法庭有所不同，听证会是允许女性出席和发言的。还有，如果需要保留书面记录，听证会是可以带上私人奴隶作为秘书的（Dem. 33. 17）。听证会上，另一个重要的方面是纠纷参与者和仲裁员的宣誓誓言。前者将宣誓尊重裁决和约束（Is. 5. 31），将对手从进一步的指控中解放出来（Dem. 36. 15，17），以及保持和平（Is. 2. 32）。

仲裁裁决

现存的裁决表明私人仲裁达成的判决并没有诉诸法律，它不能处罚纠纷参与者。妥协是一种常见的解决办法（Dem. 59. 45 – 48；Is. 1. 16，28 – 29；cf. Dem. 59. 66 – 71）。如果仲裁失败的话，任何权宜之计都可以接受，只要当事人和解。这样的例子就是福尔米翁对判决的默许，并赠予阿波罗多洛斯 3000 德拉克马作为礼物。显然，富有的福尔米翁（Davies，1971：435 – 37），为了阻止阿波罗多洛斯的掠夺，急于做出任何合理的让步。对于他们来说，仲裁员可能将其视为一种解决继父和继子间的长期敌对关系，并阻止家庭中日益增生的诉讼的一种方式（Cf. Is. 2. 31 – 33 一份相似的单方裁决）。这样的裁决是外行人的判断，并不是治安法官和国家机关代表的决定。在解决纠纷时，他们可以使用任何他们觉得适合的标准，如果成功了，亲戚间的敌意将结束，并且家庭的平衡恢复。㉕

妮科尔里·卡斯坦（Nicole Castan，1983：226）在 18 世纪法国纠纷仲裁的研究中讨论了人们仍深深依恋的"私人管理权（right of private regulation）"，他们"发现将外部力量引入一个如家庭般，被认为是私人的领域中，是很令人反感的"（cf. Lavency，1964：77）。"私人管理权"

㉕　并非所有的私人仲裁都能进行顺利。例如，一方的不出现可能会导致延迟或程序的终止（Aesch. 1. 63 – 64；Dem. 40. 16；42. 12）。还有，如果一方以控诉程序性不合规的方式妨碍仲裁员给予判定，审判将受到阻碍。德摩斯梯尼演说辞（33. 19）中到处可见，见格尔里特（1954：140，注释2）；参见，德摩斯梯尼演说辞（40. 44）中并未清楚指出什么原因导致布特斯妨碍谢尼普斯做出裁决，以及德摩斯梯尼演说辞（52. 30）中，阿波罗多洛斯抗议仲裁员在没有宣誓的情况下宣读裁决。合谋，导致延迟和案件撤销都是可疑的（Aesch, 1. 63 – 64）。另外，在成员不同意的情况下，仲裁委员会不能宣读裁决。

确切地描述了在个人自主解决私人纠纷的古雅典，私人仲裁机构的性质。人们将解决的权力转交给他们选择的一名或多名仲裁员，从那时起仲裁员的判断就有了约束力（Cf. S. Roberts，1983：12 - 13），没有治安法官或政府官员的主持或干扰。此外，听证和仲裁裁决与权威机关之间的联系非常松散：事件会被记录下来，决议也会受到法律的支持。另外，仲裁员选取并执行的公正标准来源于私人世界以及个人经验。他们并不呼吁将法律的规范作为司法决策的基础，因为这样反而显得更加"公平"。正如亚里士多德在《修辞学》（*Rhetoric*）一书中提到的一样，他将仲裁员的决策与陪审员区分开来："仲裁员看重公平，陪审员看重法律。"对比后，他认为这样更符合兼顾正确与公平的正式法律，以自然正义、不成文法律或习俗作为基础㉖（Cf. Gernet，1939：113 - 14）。换句话说，仲裁员的裁决基于周遭的社会规范和信仰，表现出的是外行人的是非对错、正常与否的判断。结果，私人仲裁及其决议不仅为社会控制和自治自律提供了启发，而且为人们生活或思想的规则以及规则背后的心理状态提供了独特的见解。

公共仲裁

亲属间某些纠纷的解决也有第二条途径。除了继承案件，大多数私人诉讼也会提交到公共仲裁，这种仲裁机构曾在亚里士多德的著作《雅典宪法》中提到（AP 53）。他描述了公共仲裁员的选择及他们的办事方式。另外，许多涉及该机构的文件与记录分散在诉讼中，提供了关于纠纷参与者在仲裁听证会的举动的生动场景（e. g.，Dem. 21；29；45；54）。结果是，公共仲裁激发了大量学术文献的创作，在此我们就不一

㉖　托德和米勒（1990：225）提醒且反对用现代概念"平等"来定义"epieikeia"，在英国法律中"它本身就是规则体系"。他们或许是对的："epieikeia"或"to epieikes"并没有那么正式。因此，我用公平或自然公正来定义它。亚里士多德对"to epieikes"的特征描述为"永久性的，不会改变"（Rhet. 1375a31 - 32）。它与正义"to dikaion"相联系（Mirhady，1990：393，396）。

一关注了。[27] 而我们将试图回答以下问题：公共仲裁如何与私人仲裁区别开来，以及在纠纷过程中，前者占据着什么样的地位？

让我们先勾勒出公共仲裁的三个鲜明特点。第一，公共仲裁并非自愿，而是强制的，即某些处于被称作"四十人团（the Forty）"的行政官员管辖权内的私人诉讼将自动被转交给公共仲裁员。第二，纠纷参与者对仲裁员没有选择权；仲裁员是政府官员或者治安法官，案件被随机分配给他。第三，仲裁员的判决没有约束力，纠纷参与者可以上诉给陪审法庭。

一方面，为该仲裁程序提供一个详尽的分析已经超出了本章的范围。另一方面，简单描述一些使用中的程序是非常有用的，因为这些程序可以揭示出很多公共仲裁与私人仲裁的不同。接下来的分析都基于亚里士多德的记述。首先，谁将充当公共仲裁员？每位男性公民在60岁的时候都将担此责任。[28] 如果拒绝，他将受到严厉的惩罚，被剥夺公民权。每一年都会看到全新的仲裁团。仲裁团分为十个群体，每个部落配备一个，一年中均担任该部落仲裁员。个别的案件将由"四十人团"随

---

[27] 见注释1，关于仲裁的著作。我没有提供一个详尽的列表来呈现诉讼中发现的公共仲裁的引用和实例。这样的列表在纠纷解决现阶段的程序方面很明确，可见哈雷尔（1936）。至于文化资源上，仍尚存有一些碑文记载着一整年的公断人。《古希腊铭文研究》ll² 1924、《古希腊铭文研究》ll² 2409（Lewis，1955：27－29）和《古希腊铭文研究》ll² 1925分别是330/29及329/28年不完整的列表。《古希腊铭文研究》ll² 1926是325/24年完整的列表，包含以部落和郡分类的103个姓名。在关于人口的著作中，戈姆（1933：70－73）讨论了这些及其他零碎的及/或推定的有关饮食的碑文。他坚信《古希腊铭文研究》II² 1927在350年后产生，是一长串含有250个古怪姓名的列表，可能并不是一个饮食列表。刘易斯（1955：29）认为它是"反常的"。除了被当作人品统计学计算的来源，这些列表也被加入了我们的人学信息库。在其他处理公断会的碑文中，《古希腊铭文研究》ll² 143、希斯皮里亚7（1938：278－280）的注释13、《古希腊铭文研究》ll² 2813用讽刺诗向公断会表达敬意的方式很不寻常。见伍德沃兹（Woodward，1955）；《希腊铭文补编》15.89；鲁申布什（Ruschenbusch，1984）；《希腊铭文补编》34.63. 基于本章的研究，我得出的结论是，仲裁的话题值得全新、长时间地研究，目的在于从跨文化的视角设置机构，同时也强调其作为适用于"社区"的一种私人主动性方式的重要性。私人主动性的概念，见第五章。

[28] 戈姆（Gomme，1933：11）在现存的关于成年人和仲裁员的列表基础上，认为拥有希腊重装步兵身份的男人才能加入群体。哈雷尔（1936：11－12）和罗德斯（1981：591）继承了他的观点。汉森（1985：47－49）从另一方面主张四个人口普查班的公民都可以担任成年人的角色。他将观点建立在有关成年人碑文的基础上。如果汉森的观点是正确的，那么很有可能古典诗班的男子也可以担任公共仲裁员的角色。

机分派给仲裁员。如果在案件的听证完成后，仲裁员仍不能解决纠纷，只要双方接受，他可以裁定案件结束。然而，这个裁定并没有约束力，像私人仲裁员的裁定一样，参与方可向陪审法庭提出上诉。当这种情况发生时，仲裁听证会中的所有证据——证词、质疑、法律——都会分别被放入两个密封的瓮中，一方一个，然后交给"四十人团"。"四十人团"将把案件，连同仲裁员的裁定一起介绍给合适的法庭。在此，重要的一点是，上诉的事实仅仅基于仲裁员采信的证据。在瓮密封以后，就不能再呈交新的证据了（AP 53.2－3）。[29] 此外，证据必须以书面形式上交。简短的总结清楚地表明我们已经离开了"私人管理权"的世界。在公共仲裁中，我们应对的是法律规定下的制度化程序。

公共仲裁听证会的描述将使家庭生活中的私人细节常常在诉讼中被清楚地揭露（e. g.，Dem. 27.53；28.1；36.18，33；39.22；41.12，28）。在此，我将仔细考虑其中两种描述（Dem. 39－40；27－29），主要是仲裁员的作用和纠纷参与者的举动。因为仲裁员是政府官员，所以我们并不担忧他们的身份。正如在私人仲裁案件中，详尽陈述仲裁裁决的细节也是不可能的。等到诉讼上交法庭时，演说人会详述公共仲裁员下达了有利于他们而不利于对手的裁决，以仲裁员的裁决为手段左右陪审团。仲裁员是否在第一时间尝试实现妥协方案，以及这是什么样的委托方案，这些都不是在纠纷阶段考虑的问题。因此，我们对公共仲裁裁决只掌握了很少的具体信息。

德摩斯梯尼演说辞（39.3－3，40.8－11）记录了马提阿斯对普兰贡的质疑，这个女人和他离婚，之后又成为他的情妇。马提阿斯再婚且有儿子之后，要求普兰贡公开否认他与其两个孩子的父子关系。在普兰贡的儿子玻俄托斯声称马提阿斯是其父亲的诉讼中，公开否认显得尤为关键。普兰贡许诺，如果要在仲裁员面前发誓称玻俄托斯是马提阿斯的儿子，她会拒绝这么做。换句话说，父亲的身份问题随她的誓言而定。但在特尔斐尼安（Delphinium）的一座阿波罗神殿中举行的关于该事件的会议上，普兰

㉙ 瓮曾被称作"echinoi"，归档的专业术语是"emballein"或"emballesthai"。见，例，《雅典政制》（53.2）；德摩斯梯尼（28.1；45.17，57－58；47.16；49.19；54.27，31）。参见，哈雷尔（1936：26）。

贡背弃了承诺，并接受了马提阿斯提出的誓言，发誓称玻俄托斯及其兄弟都是他的孩子。最终裁决有利于普兰贡。根据质疑条件，马提阿斯被迫遵守仲裁员的判决，并承认普兰贡的孩子也是他自己的。㉚

对于第二个案例，我们已经处理了相关细节（Dem. 27 – 29）。当着公共仲裁员的面，据说阿弗布斯承认米里阿斯是自由人（29.31）。最后，一名叫诺塔库斯（Notarchus）的仲裁员审判阿弗布斯（27.51；29.58）。在听证会上，诺塔库斯不只是倾听，他积极地询问纠纷参与者，确保他们证据的真实性。诉讼程序中，他问阿弗布斯："如果你在监护人的保护下，你是否从他们那接受了这样的存款，或者你是否要求委托人返回积累的利息？"（27.50）在之后的听证会中，德摩斯梯尼写下声明要求阿弗布斯宣誓证明。当阿弗布斯拒绝后，仲裁员命令他这样做，或发誓宣告证词不真实。因而阿弗布斯被迫宣誓证明（29.20）。同样值得注意的是，尽管德摩斯梯尼表明是他亲自写下证词，但实际上却是由一名奴隶代劳的。这名奴隶亲耳听到阿弗布斯承认米里阿斯是自由人，随后德摩斯梯尼以酷刑要求阿弗布斯接受事实（29.17 – 18，21）。

仲裁员和纠纷参与者

显然，仲裁员和纠纷参与者在公共仲裁听证会中都扮演着积极的角色。前者倾听、询问和确保程序的运作正确。所有的挑战在他面前进行，当一人向另一人提出证据性的誓言时，如果誓言是适合实施且宣读的，他会主持并判定事件的结束。他也会监督拷问奴隶，尽管这样的拷问由专门人员或者一或两位当事人管理（Ant. 1.10；Isoc. 17.15；Dem. 37.40 – 42；47.17）。这些程序都不在陪审团眼前进行（Dem. 45.16）。如果挑战遭到拒绝，事件的内容将以书面形式上诉给陪审团。㉛ 即使事件中不涉及任何挑战，参与者在诉讼中也扮演着十分积极的角色。他们阅读证词，并带对手及其证人去神坛或要求他们宣誓证明，以确保陈述的真实性。在诉讼的

㉚ 这个案例，见怀斯（1904：720）；鲁哈德（1962：49）；托德（1990a：35）；麦哈迪（1991a：80）。

㉛ 主要的挑战是誓言和对一名或数名奴隶的拷问。前者可参见邦纳（1905：74 – 79）；普雷西亚（Plescia，1970：43 – 47）；麦哈迪（1991a）。后者可参见第三章。

任何时候，任何一方都能要求向听证会提交进一步的证据（Dem. 49. 43 - 44）或质疑某个挑战，例如提供奴隶接受拷问（Dem. 54. 27）。

仲裁听证会

如果被问及参加公共仲裁听证会的感受，会立刻得到回答，肯定其类似于私人仲裁听证会。除了仲裁员，参与者通常彼此熟悉，尤其是当争端发生在亲属之间时。那个时候，对立的双方会在同样是亲友的见证者和支持者的陪伴下聚集在一起。集会中也可能包括奴隶，其作用在于记录证词（Dem. 29. 17，21）。听证会在公共区域举行，通常是避难所或是像陪审法庭（Dem. 47. 12）或画廊（Dem. 45. 17）之类，一般为公共事务设计的建筑里。后两个地方位于集市，会吸引一大群路人驻足。例如，当奴隶被公开拷问时，人们会围拥在一起庭审（Dem. 47. 12）。实际参加人数可能10~20人不等，包括被要求宣誓作证的女性。诉讼本身是非正式的，但实际上，有时对参加者的行为监管非常严格。一位发言人控诉道，当他起立宣誓时，一份主要证据疑似被对手偷走了（Dem. 45. 58；46. 25）。另一名发言人描述了一幅混乱的场景。午夜过后，他的对手拒绝宣读证词或提交副本，而是将发言人的证人一个又一个领到祭坛，让他们宣誓，并写下与此案无关的证词（Dem. 54. 26 - 30）。对于功能受阻的一方所讲述的故事，听证会中会询问，交叉检查，咨询和洽谈。最后，有人也许会总结，诉讼就是以私人仲裁为蓝本（cf. Harrell，1936：23 - 24）。

我们所描绘的场景向我们揭示了公共与私人仲裁听证会在很多方面是相似的。然而，如果深入调查这些场景，我们会清楚地发现两者有着显著的差异。首先，由于某一方会向陪审法庭提出上诉、决定听证会所提交证据性质的前景以及案件执行的方式，公共仲裁听证会的诉讼通常会黯然失色。如果没有妥协的希望，那么以最终上诉所需要的全部证据来支持一方的诉讼便十分必要。纠纷参与者敏锐地意识到了这个事实，经常寻求各种方式将局面转向对手的劣势。例如，德摩斯梯尼声称阿弗布斯在听证会的最后一个下午摆脱了一个关键罪名，使他没有足够的时间集合证人和文件来支持他的抗辩（28. 1 - 2）。除了需要提交充分的证据，公共仲裁听证会还迫使纠纷参与者寻求法律来支持自己的案件。因为这里的法律法规对控辩双方来说都是很重要的。或许正是由于这一点，个人可在专家的帮助下在一个可能的法庭案件中拒绝妥协。不管有没有专家，司法机构的预期要求对案件的执行确实有着深远的影响。正如西蒙·罗伯茨（Simon Roberts，1983：22）指出："如果纠纷参与者希望他的案件得到审理，他必须以法庭准备听取的方式列出理由，这样做可能会改变原有的争端。"当有专家涉入其中时，这样的做法尤为正确，因为他们明白法庭有自己的一套"错误的范畴，相关性和证据的概念"。公共仲裁听证会恰好是一个公共集会地，在那里，向权威中心的转移即将发生，并改变听证会的本质。

结　论

在任何社会中，社会控制的一个重要方面是为解决争端而进化出新的机制。在古雅典，这样的机制很复杂。大部分的私人争端中，双方不允许在法庭上对峙，直到他们经历完早期阶段，而这一程序会被陪审团在宣判时终止。诉诸私人仲裁的行为受到鼓励，并可以在程序的任一时段进行。然而，如果纠纷参与者选择忽略这个权宜之计，在大多数的案例中，他们在求助于法庭前不得不利用公共仲裁员。在某种程度上，这两个阶段是交替的，因为在理想的情况下，私人仲裁的决定具有约束力，能够结束争端。这两个阶段在其他方式上也有不同。私人仲裁只是松散地跟中央权威相连，是诉讼程序中自治和自我调节的一部分。相比之下，公共仲裁也与权威相连，但却由于上诉的前景和遵守法律法规的需要，其诉讼效果黯然失色。

这两种仲裁方式间的差异反映出一个进化的过程。一方面，公共仲裁在公元前400年被引入，㉜可能目的在于使卷入法庭案件的私人纠纷

㉜　跟罗德斯（1981：599）一样，我接受麦克道尔的观点，公共仲裁在400年/399年建立，第一名仲裁员在399年/98年任职。作为证明，麦克道尔引用了吕西阿斯片段37中关于公共仲裁的法律引文。他也认为吕西阿斯32.2不晚于399年/98年，指的是第一个关于公共仲裁的已知案例。参见，哈雷尔（1936：5－7），及格尔里特（1955：104）。汉弗莱斯（1983b：240－42）将公共仲裁的引入归因到克里斯提尼（Cleisthenes）的观点并没有说服我。

免受时间和费用的限制。通过强迫纠纷参与者聚集并向仲裁听证会提交书面证据的方式，法庭程序变得更加高效（Dem. 29.7；46.11；54.26；Bonner，1916；Harrell，1936：25）。[33] 另一方面，私人仲裁有着悠久的历史，可以追溯到荷马和赫西俄德时期，在国家出现之前（Bonner，1912；Bonner and Smith，1930：30 - 52；Wolff，1946）。[34] 私人机制逐渐演变成为社会需求服务，而这个社会是以亲属关系和亲友间互惠义务为主导的。随着国家的出现，私人仲裁并没有消失，而仍旧沿用。在古雅典，私人仲裁与高度发达的司法共存。此外，由私人仲裁员宣布的决定也具有法律效力。国家鼓励这种形式的仲裁，在众多的亲属纠纷和继承案件中不向涉案双方提供公共仲裁员，并表明"私人调节"最合适于该类案件。那么，在很多方面，私人仲裁代表着家庭和国家间的接合点（cf. Humphreys，1983a：6）。

　　这两种类型的仲裁被定性为"古老"的诉讼程序，均诉诸宣誓和质疑（Gernet，1955：103 - 19）。从这一点和其他很多方面可以清楚地看出，公共仲裁在效仿其前身私人仲裁。两者都很大程度上依赖于自救。因为所有的事情都需要纠纷参与者自己完成，在这个案件中需要积累证据，传唤证人，选择仲裁员，在另一个案件中又要查找相关法律。[35] 正因为出现时间久远，人们肯定期望在以参与性为基础的政治体系中，社会控制的程序深深植根于公民社会和团体。在此体系中，法庭及其陪审团发挥着基础性作用。但法庭在复杂争端过程中位于最末阶段，它允

---

　　[33]　书面证据在 380 年和 370 年间，有时已变成对所有诉讼的普遍要求（Rhodes，1981：590；Humphreys，1985：321 - 22；Todd，1990a：29）。参见，邦纳（1905：46 - 48），和卡尔霍恩（1919b：192 - 93）。后者变化的时间可精确到 378/77 年。

　　[34]　沃尔夫（1946）对于司法诉讼起源的观点是很充实和具有说服力的。他拒绝接受邦纳和史密斯（1930：42 - 52）的观点。根据邦纳（1912）的观点，强制仲裁及其司法的公共行政由自愿仲裁有机发展而来。相反，他认为"私人仲裁和国家授权审判前的程序并不是单一进化过程的两个阶段，而是平行发展、基本上不同的法律现象"（34；cf.82）。因此，在古雅典，虽然自救受到控制，但仍在诉讼的创始和判决的实施上"合法地应用"（33）。自救的所有方面，见第五章。

　　[35]　自救，或更精确地说是合法程序的私人主动性，见第五章。

许，确切地说是鼓励司法与仲裁和调解共存。㊱

附录　亲属争端

　　以下是本章中提到的记录了涉及亲属争端的演说列表，表明了他们提交的诉讼类型。给出相应章节意味着案件中诉讼是次要的，主要关注的是演说。

　　埃斯基涅斯 . 2. 93（cf. Aesch. 3. 51）：受伤（*graphe traumatos*）

　　安提丰 . 1：谋杀（*dike phonou*）

　　德摩斯梯尼 . 25. 55，79：姐妹与外国人的婚姻（某种未知的诉讼；
　　　　　　　见考克斯，1988a：392，注释11）

　　德摩斯梯尼 . 27 – 28：监护权（dike epitropou）

　　德摩斯梯尼 . 29：伪证（dike pseudomartyrion）

　　德摩斯梯尼 . 36：挪用、侵占（dike blabes）

　　德摩斯梯尼 . 36. 14 – 17：索取母亲的地产（某种未知的诉讼）

　　德摩斯梯尼 . 39：使用父亲的名字（某种未知的诉讼，可能损毁，
　　　　　　　blabes；见格尔里特，1957：13 – 14）

　　德摩斯梯尼 . 40：索取母亲的嫁妆（某种未知的诉讼，可能损毁；见
　　　　　　　格尔里特1957：30 – 31，及哈里森1971：20，注释1）

　　德摩斯梯尼 . 39. 2 – 5；40. 8 – 11：对儿子的承认（某种未知的诉讼）

　　德摩斯梯尼 . 40. 32：受伤（*graphe traumatos*）

　　德摩斯梯尼 . 41：返还嫁妆（某种未知的诉讼，可能损毁；见格尔
　　　　　　　里特，1957：59）

　　㊱　一个独立但相关的问题即是国际仲裁。修昔底德记录了伯罗奔半岛战争中的许多提议和拒绝仲裁的事例（e. g.，1. 28. 2；1. 78. 4；1. 140. 2；1. 144. 2；1. 145；5. 31. 3 – 4；5. 41. 1；7. 18. 3）。就条约来讲，诉诸仲裁可能被包含在内（1. 78. 4；1. 144. 2；1. 145；4. 118. 8；5. 18. 4；5. 79. 4）。在一个实例中（5. 79. 4），一位公正的市民会被指派为优先仲裁员。有时，人们会提议将争端提交给全市居民或个人（例，5. 41. 2）。某些段落中使用了"私人仲裁（epitrope 或 epitrepein）"的术语（5. 31. 3 – 4；5. 41. 2；7. 18. 3）。国际仲裁的所有方面，见托德，1913。参见，普雷西亚的评论（1970：72 – 74），着重研究了当事人和仲裁员采取的誓言，以及鲍斯劳夫（Bauslaugh，1991：54 – 56），讨论了仲裁和中立。

德摩斯梯尼 . 41.4：财产的恢复（某种未知的诉讼；见格尔里特，
　　　1957：52 - 54）

德摩斯梯尼 . 43：遗产、遗嘱和收养（diadikasia）

德摩斯梯尼 . 44：遗产（diamartyria through perjury；见格尔里特，
　　　1957：129 - 30）

德摩斯梯尼 . 45 - 46：伪证（dike pseudomartyrion）

德摩斯梯尼 . 45.4：《希腊志诗》（*graphe hybreos*）

德摩斯梯尼 . 48：财产（dike blabes）

德摩斯梯尼 . 59.55 - 61：拒绝同族成员将其儿子记入名册（某种
　　　未知的诉讼）

伊塞优斯 . 1：遗嘱（diadikasia）

伊塞优斯 . 2：收养（diamartyria and perjury）

伊塞优斯 . 2.27 - 34：财产，售卖的抑制（dike aporhxseos；见哈里
　　　森，1968：291）

伊塞优斯 . 3：遗产（diamartyria and perjury）

伊塞优斯 . 5：遗产（dike engyes, preceded by a diamartyria and per-
　　　jury）

伊塞优斯 . 6：遗嘱和收养（diamartyria and perjury）

伊塞优斯 . 7：收养（diadikasia）

伊塞优斯 . 7.6 - 13：监护（dike epitropou）

伊塞优斯 . 8：遗产（diadikasia）

伊塞优斯 . 9：遗嘱和收养（diadikasia）

伊塞优斯 . 10：遗嘱和收养（diadikasia）

伊塞优斯 . 11：监护（eisangelia kakoseos orphanon）

伊塞优斯 . 片段 1 - 2：监护（dike epitropou）

伊塞优斯 . 片段 8：不确定

伊索克拉底 . 21：财产的恢复（dike parakatathekes）

吕西阿斯 . 32：监护（dike epitropou）

第三章　家庭奴隶：隐私权 不受侵犯可能吗？

奴隶的证词

在雅典的法律程序中，奴隶提供证据反抗主人是罕见之事。我之所以说是罕见之事，是因为有反例证明，在许多其他社会的实践中，奴役制度仍是依赖性劳动的主要形式。例如，在罗马共和国，元老院决议（*senatus consultum*）规定奴隶不能指证他们的主人（Tac. *Ann.* 2. 30；cf. Cicero *Pro Milone* 22）。在元首统治期间（principate），这一规则多次被修改，但乱伦、叛国或通奸的案件除外（Ulpian Digest 48. 18；Garnsey，1970：215，n. 5；Watson，1987：84 – 89；cf. Barrow，1928：33 – 35；Buckland，1908：88 – 91）。① 相同的规则在美国（Genovese，1976：32，40，402）和巴西盛行，且没有例外（Conrad，1983：279），一般说来，黑人奴隶完全不能指证白人。

注意到这个罕见之事后，我们必须细化对奴隶证词的理解。首先，奴隶的证词通常是在拷问下获得的。在此，我们主要关注的不是私人拷问，而是司法拷问（judicial torture），即当局政府施加或赦免的拷问

---

① 在有些案例中，个人奴隶首先被卖给收税员（Tac. *Ann.* 2. 30；Dio，55. 5；Buckland，1908：88）。加恩赛（Garnsey，1970：215，n. 5）也列举了一些其他未经准确证实的案例，如偷税、虚假证言和伪造硬币。在审查证据后，巴洛（Barrow，1928：34 – 35）总结道："总的来说奴隶不会提供反对主人的证据，除非有更重要的理由——通常是叛国。"对于罗马律法中拷问的简要历史，见彼得斯（Peters，1985：18 – 36）。

（Peters，1985：3；cf. Langbein，1977：3）。拷问的使用有一个重要的例外情况，那就是以许诺自由的方式鼓励奴隶告发主人叛国、渎圣，或盗窃公款（Harrison，1968：171；MacDowell，1978：181 – 83）。② 然而，奴隶没有权利以证人的身份出庭作证（martyrein），那是属于自由人的特权。即使是拷问，也不会在法院里进行，而是经双方同意后在公共区域进行（Dem. 45. 16；47. 12；Isoc. 17. 15）。从某种意义上说，拷问代表了一种对后者及其证人宣誓作证内容的测试（elenchos）。因此，演说人通常要区分证人的宣誓证词（martyriai）和奴隶受拷问后提供的证据（basanoi）（e. g.，Ant. 6. 23；Dem. 30. 37；49. 55 – 56；Lys. 7. 37；cf. Arist. Rhet. 1375a 28；Arist. Rhet. ad Alex. 1442b 37 – 39，1443b 27 – 29；Ar. Clouds 620）。其次，奴隶证词的第二个特点是奴隶不能自愿提供证据。奴隶主也不能随意提供关于奴隶的信息，他必须挑战对手让其接受证据，或他本人接受对手的挑战（a proklesis），而这样的挑战通常会遭到拒绝。或许正因如此，诉讼案例表明，在每一个涉及奴隶拷问的案件中，都有一方或另一方拒绝挑战的情形。因此，没有尚存的案例可以说明在实际上庭以前，挑战会导致奴隶在拷问下招供。古雅典的奴隶主似乎和其他地方的奴隶主一样，对奴隶证词有着相同的感觉，他们不能确定是否要将自己的命运依附于"奴隶的身体和灵魂上"（Dem. 37.

---

② 这样一个告密者向五百人议事会或教会提出"控诉"。后者随后受理了此案，进行逮捕，传唤证人，最终决定审讯此案的地点。吕西阿斯演说辞（13）中描述了很多在此阶段涉及的程序。告密者，或许是奴隶，或许是自由人，且男女皆有可能，在任何审结的案件中都没有被要求作为检举人。事实上，比起其他案件，奴隶不能在该类案件中检举太多。然而，没有证据表明奴隶梅里特斯（menytes）确实作为证人出现在法庭上，尽管哈里森（1968：171）在这类案件中将奴隶扮演的角色描述成"类似证人"。以下诉讼文件既不是奴隶或奴隶们提出的检举，也不是检举相关程序：安多西德，1. 11 – 13，17 – 19，27 – 28（cf. Thuc. 6. 27 – 28）；安提丰，5. 34；德摩斯梯尼，25. 79 – 80；吕西阿斯，5，6. 21 – 22，7. 16。一个相关的问题是奴隶们在杀人案件中作为证人的可能性。安提丰的某些文章中似乎暗示了很多这样的情况。回顾这些证据，麦克道尔（1963：101 – 9）得出结论，问题是"不能解决的，因为缺少证据"（102；cf. 109）。同样可见，哈里森（1968：170 – 71）接受了麦克道尔的结论。问题仍然存在。参见卡雷（1988）和托德（1990a：n. 26）。关于四世纪时，奴隶在商业诉讼中拥有司法权的可能性，见注释33。

41；cf. Aesch. 2. 128）。③

　　尽管都是些细微之处，但在接受奴隶反抗主人的证据上，雅典和其他奴隶社会有着显著的差别。在此过程中，社区的集体利益被置于个体奴隶主之上。换句话说，奴隶在拷问下公开指控主人及提供对其不利的证据，可以被看作是一种社会控制形式，而他们在家里的所见所闻对家庭成员中的自由人来说就是一种潜在的威胁。

奴隶都知道些什么？

　　吕西阿斯演说辞（1）——《厄拉多塞的谋杀》（*On the Murder of Eratosthenes*）中提到了一位被当场抓住的奸夫，被其情妇的丈夫、悲痛的欧斐勒都杀死。后者能以此种方式报仇，全因他从妻子的女仆那里获取消息，女仆在拷问的威胁下背叛了女主人，成为男主人的同谋。这位女仆是谁？她都知道些什么？她的职责是帮助女主人去集市购物（8）和照顾小孩（11）。跟同一职位的其他女仆一样，她花了相当多的时间陪伴女主人，因为她长期被关在家里（Lacey，1968：167 – 69；Gould，1980：46 – 49；cf. D. Cohen，1989；1991a：149 – 54）。女主人一生中的重要事件就是参加葬礼（8）或宗教节日（20）。至于她的丈夫，他大部分时间都会离家在乡间生活，大概是为了监视自家地产上的农业活动（11，13，20）。当女仆处理分内之事时，厄拉多塞故意接近她以寻求与女主人约会的机会。之后女仆屈服于他的反复游说，成为他们的中间人（go – between）。最终，两人调换了生活安排以简化厄拉多塞进房的记录。女仆在楼下工作和睡觉，而不是在楼上的女性住宿区（gynaikonitis）或女性区域里。有时，女主人和女仆会亲密地待到深夜，她们睡在同一房间是为了更好地照看小孩，当然或许这只是她们欺骗那位丈夫的借口

---

　　③　在拷问这一问题上参阅的著作有：海德兰（1893；1894）；邦纳（1905）；邦纳和史密斯（1938）；多加翰（Dorjahn，1952；1971）；哈里森（1971）；麦克道尔（1978）；朗拜因（Langbein，1977）；图尔（1977）；彼得斯（1985）；杜布瓦（1991）；麦哈迪（1991a；1991b）。杜布瓦（1991：9 – 34）从语义场的角度讨论了"basanos"这个词，提到了它的语境，包括其字面含义和隐喻含义。对于拷问本身的讨论，见本章附录1，拷问。

（9 – 10；cf. Morgan，1982）。这时，女仆不仅仅是中间人，更是同谋者，甚至参与小密谋来欺骗欧斐勒都（11）。最终，欧斐勒都偶然间发现了事实的真相，他以拷问相威胁，从女仆（therapaina）口中获得了所有信息。

作为中间人和同谋者，女仆深知并揭露了女主人生活的诸多不为人知的细节。当然，女主人对女仆是感激的，因为从某种程度上来说，奴隶占据上风。④ 在雅典，通奸是一项严重的罪行，且受到公共关注，依据法律会被提起公诉。女主人最不希望的是，事情被闹到法庭上，自己的罪行被证实，而且届时她的丈夫为了不被剥夺公民权被迫与她离婚（Dem. 59.87；Harrison，1968：35 – 36；Cole，1984：105 – 7；D. Cohen，1984：153；1991a：121 – 22）。同时，有罪的女性肯定会生活在持续的恐惧中，担心联络细节泄露出去。毕竟，女仆经常去市场，在那可以遇到其他家庭的奴隶。无论是出于无意，还是反感，抑或是为了出名，她都可能轻易地泄露一些线索或提供更详尽的秘密给其他奴隶。⑤ 谣言会起作用，将故事传到邻居或其他关注者的耳朵里。或许正是以这样的方式，消息被传到了厄拉多塞以前的一位情人耳中，她十分气愤，厄拉多塞就这样被监视起来。并且她确保自己的发现能够传到欧斐勒本人那里（15）。奇怪的是，吕西阿斯演说辞（1）中并没有提到向女仆提供或要求拷问的挑战，毕竟，她的证据是具有决定性的（MacDowell，1963：106；Dover，1968：188）。欧斐勒都威胁女仆的拷问具有私人性质，即任何主人都有向奴隶寻求信息的权利（cf. Dem. 40.14 – 15；48.16 – 18；Bonner，1905：70；Thur，1977：43 – 45）。因此，本案为家庭中的拷问或拷问的威胁提供了独特的认识。在其他案件中，大部分的拷问都具有

---

④ 我说"在某种程度上"，是因为奴隶的命运和她的女主人紧密联系在一起。作为帮凶，她很可能会被折磨逼问信息，以及受到鞭打或被关禁闭的惩罚，她的命运受到了女主人的威胁（18）。鞭打和其他体罚方式，见格罗兹（Glotz，1908）、莫罗（Morrow，1939：67 – 69）和我的第六章。

⑤ 房子里至少有另外一个奴隶、女佣或是年轻女孩，也许才十几岁（12），她绝不会忘记女主人的活动。欧斐勒都也承认，如果他早知道奸夫藏在屋里，他会立即让所有护卫待命（42）。这些奴隶是谁？当欧斐勒都带着证人突然闯入发现厄拉多塞时，他们为什么不在附近？或许他们在他的庄园里工作。在这段话的基础上，摩根（Morgan，1982：115）一定错误地认为他"雇用了一些男仆"。

公共性质并涉及挑战。已知的挑战未被接受并不能说明引文毫无价值。因为在记录这类信息时，它们揭露了奴隶可能知道的关于主人的事情。

本研究的证据来自 25 个诉讼案件，其中产生了 30 次挑战和 2 次拷问威胁。⑥ 在某个案例中，一位奴隶不止被威胁，而且实实在在地屈服于拷问之下，且是一次私人性质的拷问（Dem, 48.16 – 18）。25 个诉讼中，让家庭奴隶回想频率最高的词是"家仆（oiketai）"（指一群奴隶），使用了 15 次。另一个常见的称呼是"儿童（pais 或 paides）"（7 次）。然而，这些名词并不意味着家庭中作用和地位的区别，因为它们是可互换的。例如，德摩斯梯尼的秘书被同时称为"儿童"和家仆（Dem. 29. 11，17 – 18，21，55；cf. Isoc. 17.12 – 13，49）。在其他案例中，"家仆"（Oiketai）作为"侍从（therapontes）"的同义词（Lys, 7.16 – 17）。诉讼中也提到了"paides diakonoi"，作为"男孩"意思讲（Dem, 40.14）以及"pais-akolouthos"，意为"男随从"（Dem, 45.61）。而用于形容家庭女奴隶的名词并不是这般多样化。她们被一致地称为"女仆（therapainai）"（七例）。在两个案例中，一位女性被称作"雌性的人（anthropos）"，（人类）：Dem, 47.35，38 – 40，47；Lys, 4.1，8 – 9，19）。另外两个形容奴隶的更为普通的术语分别为"长着人脚的生物

---

⑥ 埃斯基涅斯（2）；安多西德（1）；安提丰（1；2；6）；德摩斯梯尼（29；30；37；40，私人拷问威胁；45；46；47；48，私人拷问发生；49；52；53；54；59）；伊塞优斯（6；8）；伊索克拉底（17）；吕库古（1）；吕西阿斯（1，私人拷问威胁；4；7）。伊塞优斯演说辞片段 2 中同样提到了拷问，但演说人是否提供或要求奴隶，以及哪些奴隶被提及尚不清楚。我没有将安提丰演说辞（1.20）中斐拉尼欧斯的情妇受到的拷问放入列表，人们通常认为她也是一名奴隶（Gernet, 1965：43，n. 2；Bushala, 1969：65，n. 1；Thur, 1977：21 – 22）。所涉及的拷问是一种惩罚的方式（Grace, 1973：27；Thur, 1977：21，n. 42）。在安提丰演说辞（5）和吕西阿斯演说辞（3）中，前者是非法使用拷问的例子，后者仅提出了拷问可被使用的建议，并没有关注拷问奴隶是为了获得反对主人的证据。在第一个案例中，受拷问的奴隶很可能是一名船员，被告被控谋杀了赫罗德斯（Ant. 5.29 – 42）。第二个案例关注的是一位普拉提亚男孩（Lys. 3.24），他是一名男妓并将情人同时卖给了纠纷双方。基于拷问的第 33 条参考文献，人们普遍相信他是一名奴隶（Gernet and Bizos, 1967.1：66，n. 2，and 74，n. 2；Thur, 1977：22，n. 43）。然而，这样的推理是迂回的，因为自由的非公民有时也会被提交受刑，至少在公共检举中如此。布沙拉（1968）记录了这样的拷问案例，对大量的学术观点进行反驳（n. 11），他认为狄奥多图斯，那位普拉提亚青年，实际上是一名自由的非公民。他的观点并非毫无价值，却没有得到卡雷的支持（1988）。挑战和暗示挑战的列表，见图尔（1977：60，注释 2）。我的列表比图尔的稍短，可以在本章附录 2 的"拷问的案例"中找到。同样可在第六章中参见自由人的拷问，包括雅典公民。

（andrapoda）"和"奴仆（douloi）"，这两个词有时用作同义词，有时用来区分自由人和奴隶或表明具有奴隶身份的个人（e. g. ，Ant. 6. 19，23，25；Dem. 49. 55；Lys. 7. 16）。⑦ 下面三个典型的例子表明奴隶所知的信息多种多样。

伊塞优斯演说辞（6）中记载的是两个年轻人索取欧克特蒙地产的继承诉讼。他们声称自己是欧克特蒙与二婚妻子卡莉佩（Callippe）所生之子。实际上，案件取决于卡莉佩的身份。她是他们的母亲吗？她真的以妻子身份住在欧克特蒙家里直到两个年轻人提出诉讼吗？有两类人可以知道答案：欧克特蒙的亲戚和他的家庭奴隶或家仆（15 - 16）。针对这些普遍性常识，更多具体的信息附加在演说结尾处。演说人列出了家庭奴隶可能知道的、关于卡莉佩的若干细节（64 - 65），他们应该知道她埋在哪里，是什么样的坟墓，也见证了欧克特蒙为纪念逝者举行的仪式及儿子们在坟前的献祭。

德摩斯梯尼演说辞（29）关注的是一个完全不同的事件，关注的是家庭奴隶或家奴（大部分被简单地称为"儿童"），为他的主人德摩斯梯尼充当抄写员（amanuensis）的角色。他的一部分职责是陪伴德摩斯梯尼参加仲裁听证会，并负责记录当事人双方和证人的证词。正因如此，他记录下了德摩斯梯尼的对手阿弗布斯的一份声明，即他承认德摩斯梯尼的一家作坊中的工头米里阿斯是自由人，老德摩斯梯尼临终之前将其解放。关于伪证指控的诉讼取决于米里阿斯的地位，因为阿弗布斯企图折磨他以寻求家庭财产分配的证据。因此，他的供认至关重要。为了证明阿弗布斯承认了米里阿斯的地位，德摩斯梯尼让他对秘书施以拷问——此为公开的挑战，在集市的中心宣示权利（11 - 12；cf. 17 - 18，55）。他指出，这个奴隶必然知道真相，因为他曾记录证词，他会认出自己所写的东西，并清楚

⑦　这些奴隶中，我没有提及安多西德演说辞（1.64）中的女仆，她已被主席团逮捕。麦克道尔（1962：79）在415中提到"委员会被授予了特殊的权力（15），这就可以解释为什么在这种情况下，一些奴隶（尤其是64中的女仆）未经主人许可就遭受拷问"。关于"家庭奴隶"的术语，见本章附录2（Cf. Carriere - Hergavault，1972：49 - 50；Wood，1988：48 - 49.）。在研究了本书中另外25个诉讼中使用的奴隶制术语（见注释27列表）后，我发现用来形容奴隶群体的词语，如"douloi"和"andrapoda"更加常见，可能还包含女性奴隶。参见，安提丰（1.6 - 12），女性奴隶同样也可能隐藏在需要受刑的长着人脚的生物（andrapoda）中。

地回忆起阿弗布斯在仲裁听证会所作证言（21）。

吕西阿斯演说辞（4）中描绘了一个与其主人或与主人们处于完全不同关系中的奴隶。她是一位曾被人们无礼地称为"雌性动物"的情妇（1，8-9，19），被两个男人共同拥有，但后来被遗忘。⑧ 据说，演说人来到对手的家中，试图夺取那女人的同时，袭击了以前的朋友。而后者宣称是女人的唯一拥有者，因此拒绝回应演说人要求对女人施以拷问的要求。实际上，他现在宣称自己已将她释放。一位奴隶式的情妇（pallake）应该怎么讲述自己的主人？演说人认为，她会说出很多。在拷问下，她会揭露自己是被共同所有还是作为一个男人的私人财产。她也会意识到是否每个男人各付一半的金额，还是由一人全部承担。其他需要解决的事情是，两人是否已经和解或是否曾是敌人，最后谁会率先出手（10-11）。

这些例子都很典型，足以用来建立起奴隶提供证据的一个大背景。总的来说，奴隶们了解的事情可以分为三大类。第一类是主人生活中发生的事件，包括国内外活动的细节。奴隶们清楚地知道每一个家庭访客、他的疾病、争吵以及参与的袭击；他们知道他不在家的原因，如访问或任职司令官，并且他在离家的活动中通常有奴隶随从的陪伴，无论是在大使馆、仲裁庭或是雅典的大街上。第二类是主人家庭中的关系，包括家族史。奴隶们明白婚姻、死亡、葬礼和此过程中的其他仪式，孩子的出身和家庭财产的分配，以及更多亲密关系，如婚外情。另外还有人们希望他们提供的关于自己和同伴奴隶的补充信息，如谁拥有他们、酬劳是多少，以及他们是否被解放。第三类是商业和财务事件。奴隶们可能会获悉金钱放在什么地方、产生的报酬、收到的材料、发生的金融交易，以及主人财产是否来源于非法活动。⑨

毫无疑问，对于主人生活的各个方面，奴隶们是了如指掌或见识广

---

⑧ 尽管演说人企图蔑视地否认抛弃情妇，将她作为色情从业者或普通妓女（9，19），但长期被两名竞争者共同占有和使用表明她扮演着情妇的角色。关于情妇、奴隶和自由人，见沃尔夫（1944：73-75）、哈里森（1968：13-15）、布沙拉（1969）、麦克道尔（1978：89-90）、西利（1984），以及亨利（1985）。

⑨ 见附录3："奴隶知道什么。"

博的，或被认定如此。

家庭和奴隶

　　一个雅典家庭中有多少隐私？回答此问题时一个需要考虑的重要因素是家庭奴隶的数量、作用及居住的位置。说到奴隶数量，法庭演说人认为每人都有一个或多个奴隶（e. g. , Dem. 45. 86；Lys. 5. 5）。尽管这种对惯例提出上诉的做法似乎值得怀疑，但它确实反映出在该事件上演说的现代水平。古代作家不仅没有留下任何与现代统计学或人口统计学类似的、富有启示意义的文本，而且他们对数据精确度的关注程度远远不够。幸运的是，各领域的现代学者都已针对个体家庭中的奴隶数量提出质疑（e. g. , Sargent, 1924：51 – 59；A. Jones, 1957：14 – 17；Ehrenberg, 1962：166 – 68；Garlan, 1988：60 – 62；Wood, 1988：44）。让我们在他们的指导下探索一下前人曾经走过的老路。首先，本章附录2 列出的演说提到家庭奴隶或家仆（oiketai）时用复数形式的词。有时他们同时提到家仆和女仆两个群体（e. g. , Is. 8. 9；Lyc. 1. 30）。奴隶规模最大的是德摩斯梯尼的父亲，一位富有的制造商，除了房子和金钱以外，还有不明数量的男女家庭奴隶，德摩斯梯尼即是从父亲处获得的继承权（Dem. 27. 46；29. 25, 38, 56）。加兰（1988：62）估算其奴隶的总数在"十人左右"（Cf. Sargent, 1924：53. ）。帕斯奥的儿子阿波罗多洛斯比德摩斯梯尼更加富有，一般都有三个随从陪伴他，激起了人们的热议（Dem. 36. 45）。总共有多少奴隶？我们不知道，可以参见迈达斯（Midias）对德摩斯梯尼的批判21. 158[10]。像西龙这样一般富有的雅典人，除了拥有一群以出租获得收入的奴隶以外，还有两个女仆和一个奴

　　[10]　在此，我没有关注"工业"方面的奴隶，如演说辞（52）或（53）中提到的磨刀匠和造床匠组成了德摩斯梯尼老一辈财产的一部分（Dem. 27. 9；Davies, 1971：126 – 30），或演说辞（120）中提到的奴隶组成了吕西阿斯和珀里马库斯兄弟的劳动力（Lys. 12. 19）。对于后者来说，他们不需要全部都成为奴隶，一部分可能是"受雇于一个或多个家庭的佣人"（Davies, 1971：589；cf. Ehrenberg, 1962：168, n. 6）。作为财产的一部分，帕斯奥也留下了一个盾牌制造厂，达维斯（1971：433 – 34）估计该厂由60—70 个奴隶组成。其他个人拥有"工业"奴隶的案例见达维斯（1981：41 – 43）。

隶女孩（andrapoda misthophorounta：Is. 8. 35；cf. Ps. Xen. Const. 1. 18；Perotti，1976）。或许后者就住在他家里，因为演说人要求对他的家仆和女仆都施以拷问（9－10，17）。另一位有钱人奥多托斯，他的三个儿子都有自己的女仆和教仆（paidagogos）——负责陪伴他们（至少是男孩）上学的奴隶（Lys. 32. 28）。很明显，家里还住着其他人。甚至像曾经是奴隶的情妇涅埃拉这样的边缘人都有奴隶，带着两名女仆从福利尼的住处逃离后（Dem. 59. 35；cf. 46），她又购买了两名女仆（120－24）。她和斯蒂芬还拥有一名男仆（servingman）（42）。"每一位雅典人都有一名或多名奴隶"这一规定中，唯一的例外是吕西阿斯演说辞（24）中贫困的残疾人，他不能获得一个奴隶来帮助自己，至少当时还不能（24.6）。

我举的这些例子并不是作为人口统计之用，因为不管时间怎样延长，都没有足够数量的列表能够表明家庭奴隶的平均值或中间值。这些数值揭示出我们同塞昆都斯（Tac. *Ann*. 14. 42－45）和小普林尼（Pliny the Younger，2. 17；5. 6）不在同一世界，他们两人都拥有成百人的奴隶。⑪ 在富有的雅典人中，拥有14—16个家庭奴隶似乎就达到极限了。享有部分公民权的外侨（metic）——哲学家亚里士多德就拥有这么多的奴隶（Diog. Laer. 5. 11－16；Westermann，1946：99）。⑫ 很难说出平均值是多少，但这个数字比起16来说，可能更接近于1。利维（E. Levy，1974：31－34）在其研究阿里斯托芬剧作中吕西阿斯的奴隶时，提到一个貌似合理的平均值。利维认为，戏剧中农民角色拥有的奴隶数量在2—5个之间，这并不是随意的，平均值应是3。且这个最小值就是利维认为的农民在实际生活中可能拥有的平均奴隶数量。我认为这个数值是

---

⑪ 塞昆都斯（Pedanius Secundus）仅在他位于城市的家庭中就有400个奴隶（Tac. *Ann*. 14. 43），而据说普林尼（Pliny）拥有超过500个奴隶（Duncan－Jones，1974：24）。诚然，后者不允许将家庭奴隶和其他奴隶分开，如农业劳动者也是家庭的一部分。然而，从普林尼的描述中可以清楚地知道，不管是他的劳伦廷别墅（2. 17），还是在托斯卡纳（Tuscany）的地产（5. 6），仅仅是维护这般规模的房子就需要大量的奴隶。

⑫ 实际上，基于服侍他的奴隶总数，亚里士多德的奴隶数肯定高于14人（15，*paides therapeuontes*）。韦斯特曼估计他可能有多达17名奴隶。那么像帕斯奥那样的"百万富翁"呢？有人猜想他家里的奴隶，或雅典其他同等富有家庭的奴隶超过了建议最大值，即14—16人。可惜的是，我们的信息来源在这方面没有提供支持。

合理的，可以被当作是一个普遍的平均值。⑬

　　奴隶在什么地方工作和睡觉？为了回答这个问题，我们有必要看看雅典人的居住条件。在过去的十几年里，考古学家在雅典挖掘出许多房子，甚至还有街道，特别是在靠近或位于雅典战神山最高法院（Areopagus）的斜坡上，以及集市附近（Graham，1974；J. Jones，1975；Wycherley，1978：236－52）。除此之外，还发现了各种独立式的乡村住房或"宅地农场"（homestead farms）（J. Jones，Graham，and Sackett，1973；Pecirka，1973；R. Osborne，1985a：22－36，190－91）。除个别例外，这些房子都由泥砖搭配瓦屋顶建成。砖都是由黏土、石膏或石灰浆制成，地板不是压实的土地、石膏、砾石、鹅卵石，就是石板（J. Jones，1975：64；Jameson，1990a：97）。总的来说，他们的房屋结构极其简单。大多数房屋都有一间男子专用房间（andron）或餐厅，以及一个由中心庭院延伸出的储藏室和厨房。另外得到确认的还有一个或多个作坊，个别情况下还有一口水井。尽管并没有证据可以证明这些房屋是否有顶层，但这种可能性也不能排除，因为两座房屋的墙都有足够的厚度来支撑这样一个顶层（J. Jones，1975：71－75；cf. Jameson，1990a：101）。很遗憾，顶层里并没有什么东西被保留下来。然而，在某些例子中，顶层可能是住所（diaiteteria）的位置，或是包含卧室的生活空间。这部分结构的缺失使人们将兴趣转到了这些特别的私人领域。另外，考古学家没有提供女性住宿区（gynaikonitis）的重建物。直到最近，他们

---

⑬　爱伦伯格（Ehrenberg，1962：168）指出："大多数家庭中，奴隶数量在3—12人间都是正常的。"但有一点必须坚持，那就是即使有人提供数据，我们的来源也不是永远可信的。例如，达维斯（1971：130）指出，德摩斯梯尼家的女仆数量不明，并没有列于财产清单上。他认为她们被包含在地产中，位于家具和珠宝条目之下（条目7）（Cf. Sargent，1924：53.）。这是否具有法律效力？可能有。但德摩斯梯尼在任何地方都没有提到她们，或者这些数不清的家仆都被他父亲当作全部财产的一部分留了下来。因此，我们不清楚她们的数量或价值。同样，我们发现西龙拥有两名女性奴隶和一名奴隶女孩（Is. 8. 35）。那么演说辞（17）中提到的地主是谁？他们是否等同于演说人（9－10）需要的家仆？当然，我们牵强地认为西龙的创收奴隶也是他的随从。或许爱伦伯格（1962：167，n. 4）认为，有时奴隶不算入财产清单的观点是正确的。相反，他们可能会被归属于家庭货物或设备（Cf. Sargent 1924：53，n. 52.）。当然，这个问题还有另外一面。我们的来源，雅典诉讼，描述了生活，并反映了财富和收入高于平均水平的雅典人的价值。他们的地位使其能够拥有3－12名奴隶，爱伦伯格认为，"这在大多数家庭是正常的"。雇工阶层是什么样的？尽管在吕西阿斯演说辞（24）中有提及，但我仍然怀疑无土地的雇工甚至都可以拥有三名奴隶，这是一般水平。

也没有推测出奴隶可能居住和睡觉的地方。为了填补这一空白，苏珊·沃克（Susan Walker，1983：85）试图从三个不同的希腊房屋出土残骸中描绘出女性空间。每一个房屋中，男子专用房间都完好区分于家庭领域。例如，在德玛房屋（Dema House）里：

> 有壁炉的房间和被确认为工作间的区域位于远离男子专用房间的地方，在工作间里发现了通向顶层的楼梯的遗迹，这表明家庭中的女性可以自由地在楼层间活动，而不离开给她们指定的地方。（Cf. Men. *Samia* 230 - 37）[14]

房屋中，女性工作的房间为厨房、壁炉、工作间、储藏室和庭院。在这里同样可以发现，不管是男奴隶还是女奴隶都忙于完成任务，帮助女主人或在她的监督下工作。

奴隶们究竟做些什么？诉讼案例和阿里斯托芬的喜剧中都描绘了相似的画面。奴隶们负责购物（Lys. 1.8；cf. Xen. Oec. 8.22）、打水（Ar. *Lys.* 330 - 31）、照看婴儿（Lys. 1.11；Ar. *Lys.* 908；Thesm. 609）、开门（Dem. 47.35）、做饭（Ar. *Wasps* 828）、传送消息（Is. 6.39；Ar. *Peace* 1146），作为搬运工（Dem. 49.51 - 52；Is. 6.42；Ar. *Achar.* 259 - 60；*Frogs* 441，521；*Eccl.* 833，867 - 68），他们一般都是在主人的使唤下跑腿打杂（Ar. *Achar.* 1174 - 77；*Clouds* 18 - 19；*Peace* 956 - 1060）。奴隶们并没有被限制在一个区域内工作，而是自由地活动，这在我们引文的很多段落中都表现出来了。例如，在德摩斯梯尼演说辞（47）中，当泰奥斐摩斯（Theophemus）和亲属前去扣押财产时，他们想要抓捕的家仆早已四处逃散（53）。一听到吵闹声，住在塔里的女仆

---

[14] 詹姆森（1990a：100，111）最近对沃克重建男女区域的事情提出挑战，认为这是主观武断的。他认为，"我们可以自信地说，女性使用她们所在区域的火、水、仓库及庭院，当男性从外玩完回家的时候，家庭中的自由女性不能使用男子专用房间"（n. 16）。参见，詹姆森（1990b：172）。詹姆森强调房屋"尤其是女性的领域"（192），这个观点是正确的。实际上，家庭工作意味着女性占据了整个屋子的中心，包括庭院（186）。整个区域都是女性的地盘，对此詹姆森认为"应从使用上界定，而不是固定地从房屋的设计上界定"（187）。同样可参见斯莫尔（Small，1991：338 - 39）对于空间使用的讨论，其目的是确保女性在开阔的家庭庭院工作，不被外人看见。直接入口（如，门童的小屋）以双数而不是单数的形式存在，考古记录对这一方面有关注。

立刻关上了与房屋相连的门（56）。⑮与此同时，相邻的奴隶从屋顶向路人呼喊求助，而另外的奴隶则跑到大街上寻求帮助。一名奴隶传唤了一位雅典公民作为证人来指证泰奥斐摩斯的恶行（60）。伊塞优斯演说辞（6）中提到了另外一个例子。当欧克特蒙去世时，他的对手必须看守奴隶，以防止他们将消息传到亲戚耳中（39）。

色诺芬在描述伊斯克玛古斯的田产时，将家庭作为生产单位，描绘出一幅美好的画面（Oec. 9.2 – 10）。除了客厅、卧室和男女住宿区，房屋内还包含了广阔的储存区以供保存产品、酒、器皿和毛毯。尽管房屋大得需要一个管家，但主人还是鼓励他年轻的妻子同奴隶一起工作，织布、做面包、晾晒衣服和床罩，以及教导和监督奴隶（10.10 – 11）。色诺芬还清楚地解释了家庭中需要进行的一些工作。最受关注的是食物和布料的生产，后者被伊娃·柯尔斯（Eva Keuls）称为"家纺业"（home textile industry）（1985：232；cf. Herfst，1922：18 – 32）。柯尔斯依靠一系列古时花瓶（vases）的帮助研究该产业。花瓶上的插画描绘出女性在室内纺纱和织造，不是单独工作，就是和其他女性一起。有时她们被一位 therapaina 监视或指导。⑯这样的插画清楚地表明女性和奴隶一起参加家庭生产工作，尽管她们并不能总是有幸生活在如伊斯克玛古斯的年轻妻子那样相对富丽堂皇的环境中。另外，正如沃克（1983：82）所说，女性的住宿区是"拥挤和沉闷的"。

---

⑮　在大量家宅农场的遗迹里发现了塔（Jones，1975：117 – 22）。培西卡（Pecirka，1973：128，n. 2）提出这些塔的一些功能："底层可以用来储存油、酒，以及作为女性工作的地方，上层用来储存粮食。"他并没有提到奴隶住在塔里的可能性。参见，R. 奥斯本（R. Osborne，1987：63 –67）及詹姆森（Jameson，1990a：101）。

⑯　例如，见柯尔斯（Keuls，1985：pls. 95，96，100c，111，220，224，233）。近来，蕾莉（Reilly，1989）质疑用来形容女主人和女佣的术语，并对她们的形象提出了新的解读。蕾莉不认为大多数场景仅有陪葬性质，认为"主题应该是女性的装饰品"，并将此作为其婚姻准备的一部分（421）。此外，她认为随从不是奴隶，因为她经常穿着和女主人相同的衣服（女士长外衣、衬衣和大长袍），且很少留带有奴隶特征的短发（416 – 17）。通过对比，我提出最后一个不同的观点。吉诺维斯（1976：328 – 29）和福克斯–吉诺维斯（1988：216 – 19，222 – 23）都认为，为了自尊和骄傲，富有的奴隶主都会有英俊且训练有素的随从。特别是负责女主人梳妆打扮的女佣，通常穿着时髦，并且熟知最新的款式。我怀疑同样的情况在雅典家庭中也存在，从而缩小了女主人和女佣在外貌上的差异。因此，我认为，独特的奴隶服装或短发没有理由成为区分与女主人最亲近的女佣和奴隶的规定。参见威廉斯（Williams，1983），解读雅典花瓶上场景时包含的问题。

色诺芬的作品也是有关奴隶就寝区（sleeping quarters）信息的来源。正如他说明的那样（9.5），为了防止地下关系和没人要的私生子，用一道上锁的大门将男女区域分开。这表明奴隶住宿区中男女有分开的卧室。至于上锁的大门，或许只有在伊斯克玛古斯那样的大奴隶主家里才比较合适。⑰ 在其他地方，上锁的大门完全没有实际用处，因为夜里有突发事件时，以及早上点灯、生火和挑水时都需要奴隶。比较实用的安排就是这样的。在《云》开篇几行写到，斯特瑞西阿得斯（Strepsiades）躺在床上，抱怨着奴隶的呼噜声（5）。例如，他让一个奴隶点灯并拿来了财务记录（18-19），而这位奴隶即刻准备完毕。奴隶睡在主人门外吗？我认为不是的。对于欧斐勒都家中的寝室安排，摩根也持相同的观点（1982）。他仿照图片，重建了一座小型结构的房屋，带有四个房间——男子专用房间、居住空间、厨房和盥洗室环绕庭院。另外，他还加上了一个假设的顶层作为女性居住区，直接建在男性住宿区上面，通过外部楼梯可以到达。摩根这样描述楼上（118）："楼上至少有两间房——里面一间，可以从外面上锁，外面一间，通向楼梯。外面的那间房可能是给女仆作为正常睡觉的地方。"⑱ 摩根的最后一个观点提得很好。这是一个合理的猜测，侍女（therapaina）睡在女主人可以呼喊的距离内，以防后者会在夜里或清晨需要帮助。尤其是当家里有小孩的时候，这样非常方便。但这实际上仅仅是奴隶全天当值的一种模式。在我看来，通常情况下至少有一名奴隶睡在主人房门附近，甚至睡在男女主人卧室里。

---

⑰　色诺芬没有提供伊斯克玛古斯的奴隶人数。尽管他们人数众多，可以同时具备法警和管家的功能，但加兰（1988：63）估计数十名奴隶可能并没有超过标准。参见加兰（1989）。这段文献表明在大房子里，女性住宿区/男子专用房间都作为奴隶的居住区。在欧斐勒都的小房子里只有女性住宿区有此功能。

⑱　摩根的重建存在一些问题。一方面如果他的意思是奴隶女孩通常睡在楼上的外屋，也就是说在女性住宿区外，我不同意这种观点，因为这将是毫无意义的。另一方面，如果他的意思是女佣睡在主人和女主人的房间外，通常是楼下，我相信这个观点是对的。在房屋中，含有夫妻常用卧房的居住区只能由男子专用房间进入，这是不大可能的。更好的安排就是将房间重建为男子专用房间。稍微分隔开，每间房都有自己的入口。这样将给楼下的女性留有更多的空间处理日常工作。同样可参见培森多（Pesando, 1987：43-67）关于古希腊房屋特点和功能的详细研究，包括对吕西阿斯演说辞（1）的完整讨论。奴隶的睡觉安排，参见詹姆森（1990a：104；1990b：191-92）。詹姆森认为鉴于房屋分隔的本质和只有小部分奴隶睡在家眷附近，大多数奴隶都是"无论何地，只要可以躺下就可以睡觉"（104）。

从我们所绘的图中可以看出，雅典的房屋非常缺乏隐私。但在那个时候提隐私的概念可能不合时宜（K. Thomas，1989）。[19] 房屋构建轻巧，没有被幽而长的走廊隔开的区域，也没有设置附间。大多数房间环绕于中心庭院周围，那里声音回荡。房子里到处都有奴隶，如工作间、厨房和女性住宿区，还有的奴隶在院子里打水灌满蓄水池，以及在前厅应门。此外，他们的工作性质要求移动。不管白天或晚上，他们为了完成任务四处走动，无奈之下便相互分享主人的秘密。从某种程度上说，他们无时无刻不在主人的监视之下。[20]（Cf. Hervagault and Mactoux，1974：66）

目前为止，我们可以将房屋内奴隶的数量、作用及位置拼凑起来了，呈现的画面也很连贯。但奇怪的是，画面接近于奴隶社会，因为记录更加完整且多样化，似乎是从奴隶和奴隶主共同的证词中描绘而来的。我指的是由尤金·吉诺维斯（Eugene Genovese，1976）和福克斯－吉诺维斯（Elizabeth Fox－Genovese，1988）重建的美国南部种植园（plantation）社会和家庭。特别相关的是福克斯－吉诺维斯关于性别和奴隶制的研究，都突出了家庭作为生产单位（productive unit）这一特征，不断地从事食物和布料的制备工作。尤其是纺织生产需要大量时间和精力的投入，因为要为房屋里的所有奴隶和相关家庭成员制

---

[19]　K. 托马斯（1989）认为，对希腊人和罗马人来说，"隐私本质上是一种消极状态，一种剥夺和驱逐的状况。私人领域的家庭、女性、孩子和奴隶完全让位于公共领域的军队和论坛"（15）。这是一种公正的陈述，承认了希腊和罗马中公共和私人。城邦和家庭之间的分离。对于隐私，我指的是这样一个概念，即托马斯认为"隐私从根本上创造了 19 世纪的资产阶级"（16）。它包括将对孤独的渴望作为一种逃避手段、可容纳众多具有特殊功能房间的家庭建筑、以及不再受他人关注的私人领域。这是托马斯（18）从诺伯特·埃利亚斯（Norbert Elias，1978）的著作中获得的两个关于隐私增加的线索。同样相关的还有维尼（Veyne，1987：72－73）对罗马私人生活的记述。维尼将罗马缺乏隐私的原因归于奴隶的存在："记住，这些人有奴隶时常陪伴和使唤，从来都不会感觉孤单。"他指出奴隶喜欢传播谣言和主人对奴隶漠不关心两个现象的存在。"诗人贺拉斯（Horace）说：'我习惯于独自行走。'读完五行诗后我们了解到，三个奴隶中的一人一直陪伴他。"我相信对雅典私人生活的研究也会得出相同的结论，尽管在家庭奴隶数量上有不同。D. 科恩（1991a：83－97）已从雅典社会的外来者角度探究了雅典隐私的某些方面。此外，见穆尔（1984：81－167）关于古雅典公共和私人生活的研究。

[20]　在维多利亚时代的英国也有雇主，他们的仆人无所不知（Horn，1975：113）。哈格特（Huggett，1977：46－49）描述道，"仆人的小道消息"是通过偶然听到对话，或主人将秘密告诉信任的奴隶而来，随之流传到厨房，甚至全屋，最后便像谣传和流言一样传播到邻近的家庭里。

作衣服。

> 最大和最富有的种植园维持着广泛而多样、复杂的纺织生产，即使他们也可能是其他进口高档纺织品的最大买家。规模越小的种植园或农场，越是可能仅仅依靠其成员制衣织布的技术……社会和经济地位起起落落，女性奴隶的纺织技术将共同领域中的家庭连接起来，也将不同的女奴隶连接起来。（Fox‒Genovese，1988：180）

女主人监督，有时甚至会参与衣服制作。此外，她们训练奴隶从事技术性工作，如纺纱和织造。她们也自己动手鞭打奴隶，因为男人一般不干预女性的领域（Fox‒Genovese，1988：140）。因此，女奴隶主的生活被牢牢地置于与奴隶一样的物理环境中。作为陪伴者，女主人和女仆间的亲密感日益增加。在很多方面，这是一件很方便的事，因为社会还不能完全接受女性独立外出或出现在公共道路上（195）。女性奴隶有机会在公共区域自由活动，通常也就成为新闻和流言的源头。

> 家佣尤其倾向于亲近家庭中跟她们一起玩耍、一起分享床铺和房间及受她们照顾的年轻女士。通过与其他家庭的仆人接触，她们经常成为知己，提供一些关于地方事务喜闻乐见的流言蜚语，尤其是那些有可能做起诉人的所作所为。（Fox‒Genovese，1988：162）

到目前为止，我们已经在熟悉的领域做了必要的修正。那么不熟悉的领域呢？同样有富有成果的对比材料，让我们能进入只有些许古代证据提示的领域，并对奴隶社会中的亲密程度和隐私限制有深入的了解。以下的例子加深了这样的理解。尤金·吉诺维斯（1976：341）指出，主人"类似于其他家庭雇工一样干活，至少有这样一个特点：他们一行动，就好像家里的仆人看不见也听不到——好像他们根本不存在一样"。当他们在餐桌旁服务或为主人驾车时，奴隶们会听到各种对话。但这并不是偷听的唯一途径。尤金·吉诺维斯（1976：342）也指出："很多东西比无知和粗心更甚，都归因于主人自己，因为家仆从来不会关门，除非有特殊的命令。"这些观察迫使我们认识到，在雅典，太多的奴隶伺候在聚会或男子专用房间内举行的座谈会的餐桌前。㉑ 在此他们彼此分享主人不留神泄露的话语。此外，通常情况下，有钱的雅典男子在上街、去军队服役或旅行时都有随从陪伴（见后续讨论）。这样的轻矛兵（akolouthoi）也无法避免听到主人的谈话。只有两个例子，但他们认为存在故意偷听的可能性。在这一点上，针对女性奴隶的惩罚，阿里斯托芬留下了一条短小但诱人的参考（*Wasps* 768 – 69）。是不是女性的品行不端？她暗地里或秘密地打开了门。这一段可表明偷听是奴隶的一种不正当行为，对主人来说不仅是烦扰的，而且也是不可接受的。㉒ 最后一个涉及隐私的例子来自福克斯 - 吉诺维斯（1988：152）。在种植园家庭，奴隶们——尤其是年轻的奴隶——通常和他们的主人或女主人睡在同一间屋子里。同样，保姆（Nurses）也需要"整夜待命，并在早上生火。女主人喜欢有年轻的仆人睡在房间的地板上，即使女仆不睡在房间里，也希望她一早出现生火"。这段话让我们想起欧斐勒都房子里寝室布置的重建（Lys. 1），并进一步加强我们的观点，即雅典奴隶在靠近主人寝室门的地方，甚至在主人和女主人寝室里睡觉。因为在夜里，当另一半在别处时，后者也有相同的需求。

简单回顾米南德作品中的奴隶的情形，将可以证实一些来源于跨文化材料的观点。因为，米南德作品中主人与奴隶的互动已远远超出了阿

㉑ 例如，见博德曼（1975：32.1，76 和253.3）。色诺芬和柏拉图的论文集中都记载了奴隶在酒会的出现以及他们的作用。他们搬桌子（Xen. 2.1）、倒酒（Xen. 2.23，26 – 27；Plato, 214a 6），以及上菜（Plato, 175b 5 – 7）。参见，卡布利亚斯举行宴会庆祝他在皮提亚竞技会中获胜（Dem. 59.33 – 34）。据在场的服务人员（diakonoi）和卡布利亚斯的奴隶们所说，涅埃拉曾和他交往。希腊宴会，见里萨拉古（Lissarrague，1990）。他在许多插图中描绘了随从工作时的场景；尤其可见注释10 和20，配有评论。奴隶们也常在这样的聚会上娱乐（Xen. 2.7 – 3.1；8.2 – 7）。然而，像妓女一样，大多数参加座谈会的表演者都很专业（Starr, 1978；Keuls, 1985：160 – 69；Lissarrague，1990：22，59 – 60）。

㉒ 《马蜂》中第768 页至769 页中有其他的解释。例如，麦克道尔（1971b：236）认为女性可以在没有得到特定许可的情况下离开房屋。

里斯托芬喜剧中描绘的相对简单且通常冷漠的关系。㉓ 在一定程度上，这是因为奴隶自身的性格被描绘得更加微妙。如今，在自己的权利范围内，他是一个聪明、好奇、爱打听的人，热衷于管闲事和揭人隐私。另外，他不再是被雇来实施主人计划的代理人，而是自己参与策划，设计迂回曲折的故事情节（Garlan，1988：17）。在此，我应该要提到阿尼西姆和达乌斯两人，分别是《公断》（Epitrepontes）和《夺发记》（Perikeiromene）中的主人公，他们是同伴奴隶和新喜剧中新角色的代表。

首先是阿尼西姆（Onesimus），一位曾研究过米南德笔下奴隶的评论员将他描述为"忠实的仆人"（MacCary，1969：289）。我们初次见到阿尼西姆是在雅典外的街道上，他正跟一位叫卡里翁（Carion）的厨师，也是一名奴隶，谈论谣言。两人正讨论的就是阿尼西姆的主人查瑞休斯（Charisius）。卡里翁向阿尼西姆询问查瑞休斯的行踪，他想知道查瑞休斯是不是真的离开了新婚妻子，跟一位名叫哈勃同珑（Habrotonon）的音乐艺人（musical entertainer），也是一名奴隶妓女，住在一起。阿尼西姆证实了事实确实如此。因此，卡里翁大喊道："我喜欢你，阿尼西姆。你同样也爱管闲事……无所不知是我的最爱……"但阿尼西姆所做的远

㉓ 阿里斯托芬作品中的奴隶沿袭了前面的刻板形象。但他表明，他正努力消除他们庸俗的舞台形象（Peace 742 – 49）。尽管如此，他笔下的奴隶相互殴打或威胁的行为仍引人发笑（e. g. ，Knights 5，64 – 70；Clouds 58；Wasps 1292 – 96；Plutus 21 – 23，1144；cf. Dover，1972：206 and see my Chapter 6）。此外，他们的身体承受着基本需求的拷问，如对食物和酒的渴望，因此他们乞讨、偷窃（e. g. ，Knights 101 – 2；Plutus 190 – 92）。在一些戏剧中，奴隶们很少说话，只执行命令（Bourriot，1974：37）。舞台上异常活跃的长期形象是《蛙》中的克桑西阿斯和《普鲁特斯》中的卡里翁，他们从很多方面预演了米南德笔下的奴隶形象（Levy，1974：46；cf. Dover，1972：207）。在阿里斯托芬的著作中，布利西阿斯（1974）觉察出奴隶在家庭和社会中地位的演变。他们从早期戏剧中"温顺的、沉默的和恭敬的"（39）到后来与主人建立起亲密关系。例如，卡里翁融入了受雇的家中，使自己成为克瑞密罗斯家庭的一员（42）。布利西阿斯相信这种转变反映了思想的变化。可能他是对的，我们可以看到这种微妙的变化在米南德的新喜剧中得到了极致的表现。后者笔下的奴隶，有的依旧保持陈旧的形象，有的超越了以往的刻板形象，揭示了人类的感情和狡诈之外的能力。然而，我不同意布利西阿斯的结论，即在 14 世纪，"奴隶被贩卖的时候带有浓厚的人情味"（43）。结论是，"奴隶与主人间的鸿沟将他们完全分开，奴隶接纳主人的家人，而家人赞赏奴隶并将其当属下贩卖"（44）。只需阅读米南德的作品《萨默斯女子》——并不是唯一——就可以了解，殴打奴隶，不管是其受威胁还是被管理，都是舞台上"乐趣"的主要来源。暴力和恶化持续成为主人和奴隶关系的基础（Cf. Finley，1980：95；Leduc，1981：283 – 84）。阿里斯托芬笔下的奴隶，见沃格特（Vogt，1974：5 – 14）。沃格特终止了对阿里斯托芬早期作品的调查，并承认"在这些喜剧中，世人眼中奴隶并不是完全的人类"（9）。后期的喜剧作品也没有让他修正这一观点。

不止传播谣言这么简单，他可是戏剧发展的关键人物。是他意识到戒指是主人的（394），并且可以用来最终确定弃儿的身份。然而，为了免受惩罚，他害怕向查瑞休斯揭露这一事实。似乎自从他告诉了主人这个坏消息——当他不在家的时候，仅有五个月身孕的妻子帕菲尔（Pamphile）就生下了一个孩子，他就不再受到主人的宠爱。因为查瑞休斯认为他搬弄是非（424－26）。[24] 而且，这则消息导致了查瑞休斯的离开。阿尼西姆并不愚蠢，他向哈勃同珑求助，两个奴隶一起讨论查瑞休斯的婚外情。阿尼西姆知晓的事情再一次成为故事的转折点。他揭露出主人将戒指遗失在一位名为"Tauropolia"女性的贺宴上，并且在那天晚上，他醉得不轻。阿尼西姆从查瑞休斯的随从口中听说了这一切（473）。最后，阿尼西姆和哈勃同珑的阴谋使人们意识到弃儿是帕菲尔的孩子，并且查瑞休斯是孩子的父亲。后文会讲到这一事件的调停。

达乌斯是完全不同的类型。据马卡里（1969：286）所说，他是一个流氓无赖（panourgos）。的确很无赖，但《夺发记》中的达乌斯也是个爱管闲事的人。他的主人穆仙指责他常常撒谎，但这并不能阻挡穆仙雇他作为间谍暗中调查其情妇格里西亚的性格，因为她最近和他的母亲住在一起。达乌斯乐意扮演侦察骑兵（kataskopos）的角色（295），并将有关格里西亚情绪和可用性的消息带回去。他的行为也没有由于穆仙母亲的控告而中止（300）。远不止如此，达乌斯还鼓励他的主人去引诱贫穷的年轻女性。实际上，如果他被信任，他就可以安排格里西亚与穆仙的母亲住在一起，因而也更加容易相处（270－74）。最终，一切都很圆满，结局也很美好，穆仙和格里西亚被证实是兄妹关系。[25]

从达乌斯和阿尼西姆的计谋中，我们可以得出什么样的结论？毕竟

---

[24]　参见戈姆和桑德巴奇（Gomme and Sundbach, 1973：326）。

[25]　参见，皮勒斯为他的主人索斯特拉图斯扮演着中间人的角色（*Dys.* 70－80）；戈塔斯（Getas），一个"火球"和经历特殊的奴隶（*Dys.* 183－84），在街上跟一个厨师八卦女主人的梦（406－19）；帕尔梅农，一个爱管闲事的人（*Samia* 300）。其他"有趣"的奴隶，见韦伯斯特（Webster, 1974：40－42）。关于奴隶面具作为种族背景标志的讨论，也可参见怀尔斯（1991：165－71）。例如，戈塔斯，色雷斯人，是一位好斗且冲动的人。然而，达乌斯，作为佛里吉亚人，却恰恰相反，甚至可能是柔弱的。换句话说，米南德笔下的奴隶的一些性格带有部分的种族刻板印象，是"受到面具上某些因素影响而固定下来"的(171)。

米南德的作品不是社会评论，而是小说。同样如此的还有简·奥斯丁（Jane Austen），她对 18 世纪英国礼仪完美无缺的描写让她的小说给那个时代的生活留下了卓越的评注。这些作品也揭示了当时的社会结构。米南德关于礼仪的新喜剧中也是如此讲述的。因此，学者会毫不犹豫地从他的喜剧中借鉴雅典社会生活的证据。例如阶级和性别，甚至是法律。[26] 一个更严重的问题是这些喜剧并没有传达出奴隶们对世界的看法，而是描写了主人的态度和思想。这些主人认为他们的奴隶是什么样的？他们相信，一旦离开奴隶，家里什么事情都不能正常进行。此外，奴隶常常被主人当作心腹，处理一些私密事项。他们狡猾、聪明，完全可以用自己的方法收集信息，尽管有时其方法是阴险的。奴隶同样也爱传播谣言，在屋里自然会相互交换主人的花边新闻，在外面也会超越家庭界限，揭人隐私和挖掘小道消息。细节可能是幻想出来的，奴隶个体是刻板的，但毫无疑问的是，米南德揭示出在雅典家庭中隐私是绝不可能存在的。不只奴隶无所不知，就连屋外人也一定会收到消息。

特殊关系

是否有奴隶跟主人的关系特别亲近？或者有谁主动接近主人，以了解其更多的私事？[27] 显然，确实有。吕西阿斯演说辞（1）中的女仆就是一个典型的例子，而她不可能是唯一的。[28] 因此，可惜的是我们从有关女主人和女佣日常事务的诉讼中获得的信息太少了。最重要的是，信息来源中关于女性生活的信息是空白的，其中也很少冒险提及受人尊敬的女性姓名（Schaps，1977）。我们必须依靠色诺芬对伊斯克玛古斯这个

㉖ 例如，范瑟姆（Fantham，1975）；麦克道尔（1982）；亨利（1985）；考斯坦（1987）。韦伯斯特（1974），同样著有"社会角色"一章。

㉗ 除了列举在注释 6 中的内容，以下诉讼案例同样可以作为研究奴隶信息的来源：埃斯基涅斯（1）；安提丰（5）；德摩斯梯尼（21；22；24；25；27；28；33；34；36；41；50；55；58）；许佩里德斯（1；3）；伊索克拉底（18；21）；吕西阿斯（3；5；6；12；13）。

㉘ 见阿里斯托芬的《特士摩》，340－41。许佩里德斯 1b（片段 1）在这方面具有提示性。演说人表明一个女人的女仆是她和试图进入房间的奸夫之间的中介。另外，如果她在这件事情中充当帮凶，那么她的奴隶会发现违背社会秩序确实很困难。不幸的是，在高度修辞的语境中，这样的谈话只是讨论的一部分。

富有家庭有点理想化的描绘，因为它几乎不算典型。虽然如此，伊斯克玛古斯对妻子的建议跟其他关于私人生活的证据一样，如花瓶图案和考古学遗迹，都指向了同一方向，即女性和奴隶生活在一起。亲密、依赖和信任必须经常培养，尽管不一定每次都会遭遇如欧斐勒都妻子及其女仆之间这般亲密关系的悲惨结局。㉙ 这同样也是从种植园世界中获得的对比性材料。

既然已经承认重建女主人和女仆间的亲密关系是不可能的，那么接下来让我们转向家庭中的第二位住户，保姆。诉讼案例再一次提供了一个单一但暗示性强的例子。德摩斯梯尼为老保姆描绘了一幅动人的画像，她不再是奴隶，而是一位自由的女性，因为当泰奥斐摩斯及其亲属强行闯入演说人的住宅，企图扣押其家具时（47.55 – 61），她也在场。受害人这样描述当时的情景：

> 我的妻子带着孩子们在院子里吃午餐。她是我的老保姆，是一位拥有着善良和忠诚灵魂，且将自由奉献给我父亲的老妇人。她获得自由后便和丈夫住在一起，但在丈夫去世后，她变成了无人照料的老妇人，于是她重新回到了我身边。对我而言，让老保姆住在她想住的地方是毫无疑问的。（55 – 56）

这家的女主人抗议泰奥斐摩斯的破坏行为，而保姆试图保护家庭里的财产，在随之而来的扭打中她受伤了，并在几天之后去世。保姆在她照管的家庭或以前照管的家庭中树立了一个受信任、信赖的角色，这样的保姆并不是唯一的。米南德提供了许多这样的例子，保姆帮助女主人并为女主人提供建议。《萨默斯女子》中的保姆和德摩斯梯尼演说辞（47）中的老妇人相似，因为她同样是一位年老的女性，在穆仙的家里服务，尽管其早已被养父德米阿斯释放（《萨摩斯女子》236 – 82）。㉚

㉙　见海罗达思（Herodas）的《第五个笑剧》（*fifth mime*），喜剧设定在三世纪的艾菲索斯。毕提娜的奴隶席迪娜（Cydilla）为了救她的同伴、同为奴隶的加斯特伦，使她免受惩罚，成功干预女主人。她显然与女主人关系亲密。

㉚　其他在米南德作品中的保姆可见：《农夫》31，190 – 91，575 – 96，被称为"西米克"（Simiche）的老保姆，尼蒙女儿的保姆；《公断》1062 – 1131索佛尼（Sophrone），帕菲尔曾经的保姆；《恨世者》208 – 38，克拉特亚的老保姆。

保姆也出现在悲剧中，"从最有利的方面看，她们是精明且有见识的，家庭中忠诚的守卫者，妻儿的知心人、建议者、可信赖的差事人"（Henderson，1987：123）。保姆们会给予女主人同情、理解、经验和最后的保护。她们甚至会被认为承担了中间人的角色。㉛ 小说中提到，铭文证实了保姆的作用，通过以建立小群墓碑的方式纪念保姆的忠诚和奉献。㉜ 我们得出的结论是，保姆占据了"非常信任"的位置（Golden，1988：457）。在家庭的中心发挥作用，她们如女主人一般，对发生的事情和家庭里的秘密都一清二楚。

我们有充分的理由，且已经意识到侍者和私人随从的存在。他们通常陪伴在主人左右，无处不在，不管是在街上、在集市上（Ant. 2. 1；Dem. 21. 158；36. 45；54. 27 – 30）、旅行（Aesch. 2. 126 – 28；Ant. 5. 24；Dem. 50. 48；Lyc. 1. 55）、服兵役（Dem. 54. 4），还是参加官方或社会功能的活动，如仲裁听证会（Dem. 45. 61）、合唱练习（Ant. 6. 22 – 23），抑或是一个研讨会（Xen. Symp. 1. 11）。奴隶随从处于一个战略性的位置，他们观察主人的习惯和偷听他的谈话，使隐私在屋外也变得跟在屋内一样难以捉摸。就像米南德《公断》中的随从，每一位贴身仆人都会亲眼看见主人的过失、醉态或其他行为（Ar. Wasps 1299 –1325；cf. Genovese，1976：343 – 44）。既然如此，他可能也并不排斥与其他家庭奴隶分享这些小故事。

如果随从对主人的亲近将他们置于特殊的位置上，那么他们也将有机会接触到作为秘书或代表的第二群奴隶的秘密信息。德摩斯梯尼的抄写员就是一个例子（Dem. 29. 11 – 12，51，55；cf. Dem. 33. 17 – 18）。商人甚至会有一名海外代表，来照料他的信件以及其他事宜（Dem. 34. 8，

㉛ 例如，见埃斯库罗斯《奠酒人》（Aeschylus，*Chor.* 731 –82）；索福克勒斯《特拉基斯妇女》（Soph.，*Trach.* 49 –63）；欧里庇得斯《美狄亚》（Eur.，*Med.* 1 –203），《希波吕托斯》（*Hipp.*），*Andr.* 802 –78。这位保姆是菲德拉（Phaedra）在《希波吕托斯》中的红颜知己，同时也是一个媒人。保姆，同样可见沃格特（1974：105 –9）。

㉜ 包括《古希腊铭文研究》II² 9112，10843，11647，12242，12387，12559，12632（?），13065，和《古雅典集市》17：186，1048。不幸的是，上述文章中没有任何一篇表明了女性的地位，不管是自由人还是奴隶，也没有说明谁设立了石碑。参见：戈尔登（1988：458），注释12；（1990：147），注释35。戈尔登已收集了广泛的关于保姆的文献。

28 - 29，41）。㉝ 银行家有信赖的助手，就像帕斯奥的奴隶基图斯（Cittus）一样，他对主人银行中的金融交易了如指掌（Isoc. 17）。福尔米翁也是如此，他最终获得了自由，并代替帕斯奥成为银行的领导人（Dem. 36；45）。尽管米里阿斯作为一名自由奴隶和他父亲工厂的工头被记录进德摩斯梯尼的演说中，我们可以合理地认为，他获得的自由是其为主人生意辛苦工作的奖励（Dem. 27.19，22；29；cf. Aeschrion in Dem. 49.22 - 24，55 - 58，62，and Antigenes in Dem. 37）。一家之主通常也有一个管家，他知道家里的钱放在什么地方，也会参加日常业务（Dem. 48.14 - 18）。在这个群体中，有一个女性被委以重任的罕见例子。奴隶奥尔斯结束了她的妓女生涯，为主人欧克特蒙管理一家位于色拉米库（Ceramicus）的经济公寓住宅。欧克特蒙经常去她那里收租金，因此在家庭和亲人中流传他俩不正当关系的负面消息（Is. 6. 19 - 21）。㉞由于两人承担共同责任，因此这样的奴隶会清楚地知道主人的财政状况、业务安排、记录和信件。

我们不能忽略另一个与主人有着特殊关系的重要的奴隶群体——情妇。不管是姜（pallakai）或是妓女（hetairai），总有女性被专门安排长期和男性住在一起。最臭名昭著和悲哀的例子就是斐拉尼欧斯（Philoneus）的情妇（Ant. 1. 14 - 20）。她跟主人很亲密，并陪伴他去希腊祭祀，之后又协助其斟倒祭酒。不知不觉中，或许正如她所说，她无意让主人将毒药一口服下，她以为那只是春药，因为主人已对她厌倦，并企

㉝ 在德摩斯梯尼演说辞（34）中，克里西帕斯的"儿童"在博斯普鲁斯海峡度过了冬季，以监督他的生意。贺瓦高和马克都（Mactoue，1974：90，n. 7）认为拉皮斯（Lampis），诉讼中的船长，也是一名奴隶。他被称为家仆（5），似乎也被包含在"paides"中（10）。他在仲裁听证会上作证，并被控告作伪证的这个事实并不能否定其奴隶的身份。在四世纪，奴隶在商业诉讼中享有司法权。因此，格尔里特（1954：154，n. 2）声明："然而，在这类事件中，只要奴隶有能力就会出来作证。"参见格尔里特（1955：162 - 63）和 E. 科恩（1973：114 - 21，尤其是注释48）。然而，拉皮斯作为奴隶的身份并没有被普遍接受，一些人相信他是自由人。该案例的参考书目，见哈里森（1968：167，注释6）。哈里森本人对拉皮斯案例的总结为"几乎明确地证明在商业案例中，至少一名奴隶可以作为纠纷一方出现"（175 - 76）。

㉞ 怀斯（1904：505 - 6）认为，奥尔斯被欧克特蒙释放，变成了他的自由女性。否则，她和自由人迪奥所生的两个儿子将会变成她的个人财产。伊塞优斯演说辞（6.49）中的观点似乎与这种观点相矛盾。

图将其送进妓院。难怪此时这个女人会感到绝望和冷落：大量其他证据似乎都有所表明，奴隶情妇经常利用自己的地位为其赢得自由。例如，两名男子中的一人前来带走他们共同拥有的情妇，并宣称已将其释放，由此希望避免将她交出去受刑（Lys. 4. 14）。阿波罗多洛斯宣称他曾释放一名妓女，并与其结婚（Dem. 36. 45）。同样，奥林匹俄多罗斯（Olympiodorus）同一名被他释放的妓女住在一起（Dem. 48. 53）。不幸的是，在最后两个案例中，尚不清楚这些被讨论的女性是否在获得自由以前就跟这些男人住在一起。最著名的例子是涅埃拉（Dem. 59. 29 – 30）。尽管她早期生活在科林斯，但与其相关的事件都让我们洞察到奴隶情妇与主人间的关系得到深化。在这个案例中，两名男子花了 30 迈纳购买了年轻貌美的涅埃拉。一番享受之后，他们准备各自结婚从而决定终止与涅埃拉的关系。然而，他们比斐拉尼欧斯更加慷慨，不希望看到前任情妇留在科林斯，并在皮条客的控制下工作。因此，他们答应只要她愿意筹集身价的 2/3 金额，便将其释放。涅埃拉筹到了等额的钱，变成了自由人。在《公断》中，米南德以涅埃拉为原型设置了一个虚构的人物哈勃同珑。查瑞休斯离开妻子后，便搬去和哈勃同珑住在一起，并将其从皮条客手中租借很长一段时间。在另一名奴隶的鼓励下，哈勃同珑希望查瑞休斯可以将她释放，如果她可以证明自己是孩子的母亲（539 – 40）。在《她憎恨的男人》中，克拉特亚，一名被俘的奴隶情妇确实被主人释放了。⑤

如涅埃拉和斐拉尼欧斯的情妇一样的女性都有很多相同的机会可以作为主人的伴侣，研究主人的行为。⑥ 只要不是"品行端正"的女人，她们都可以陪伴主人去任何地方，甚至参加酒会。当然，这种关系要比随从亲密得多。不管是情妇还是妩媚的伴侣，她们都会在主人放松和与

---

⑤ 这是基于米南德《她憎恨的人》中的新片段，P. 欧克斯 3371A（P. Oxy, 37 – 40），由 E. G. 特纳（1981：11）编写。参见康斯坦（1987：128，注释25）。

⑥ 奥伯（Ober, 1989b：149）提到了妓女、长笛吹奏者和其他表演者在酒会中出现，大概她们"在此过程中获得了吃饭聊天的机会"。奥伯没有提到向这种女性提供长期关系的可能性。

其亲密的时候听到他不小心说漏嘴的秘密。㉚

鉴于他们有可能揭露出的信息，因此，凡是有特殊责任或与主人有亲密关系的奴隶，必然成为拷问的首要目标。

所有的证据都表明，家庭中的奴隶在主人的社会控制中发挥了作用。他们的做法有二。第一，通过拷问获得秘密信息，这一举动被纳入为解决私人纠纷建立的程序中。因此，奴隶知道的事情始终是潜在的危险。主人显然将自己置身于奴隶变成告密者（informer）的危险中，但他们意识到这个危险了吗（Lys. 5.5；7.16）？奴隶的凝视，甚至他或她卑微的存在曾阻止他人的犯罪或反社会行为吗？不幸的是，我们的消息来源中并没有出现这些问题的答案。但第二种方式是，奴隶将主人置于危境中，这是较不明显的一种方式。不管是在家里跟其他奴隶，还是在外面大街上、市场上和其他家庭的奴隶，他们都乐于谈论。不需要多长的时间，奴隶间的耳语就会变成邻居和德摩斯梯尼男人们谈论的小道消息。因为谈论、流言蜚语和谣言都深深地植根于社会行为。此外，在雅典，信誉是至关重要的。因此，源起于奴隶的谣言将对主人的生活和事业造成严重的负面影响，但这是第四章的主题。毫无疑问，那一章讨论的大量谣言，来源必然是家里的奴隶。

结论　奴隶的司法拷问

邦纳（1905：27）如此评价古雅典证人的能力：

> 关于公民，他们只是有能力的证人，是完全拥有民事权利的成年男子，不属于诉讼的任何一方……因此，诉讼当事人也要排除妇女、

㉚　关于情妇，见亨利（1985），以及我的注释8。关于奴隶中的同性恋关系，同样的论证已做了必要的修正。然而，在此掌握的证据让我们很失望。我没听说男子与其奴隶的关系类同于和情妇的关系（cf. Leduc，1981：279–80）。在现存不多的有关奴隶同性恋的参考和卖淫的案例中（Aesch. 1.54–66；Lys. 3），所涉及的自由人都不是奴隶的主人。另外，许佩里德斯演说辞（3）中揭示了男性可能会被年轻奴隶清秀的外表充分吸引，于是将其从原主人手上买回（1–6, 24）。伊皮科拉特斯（Epicrates）出于迷恋，在他人劝说后买下的不仅仅是年轻人，还包括年轻人的兄弟和父亲，这绝不是唯一的例子。不幸的是，多佛（1978）在这方面不能给我们提供帮助。霍尔柏林（Halperin, 1990）也一样。

儿童和奴隶……这些规则可和普通法相媲美，后者也排除了代表本人
一方提供的证据、丈夫和妻子相互作证的证据以及儿童的证据。如有
儿童出现，将由法官询问，因为儿童并不理解誓言的本质和作用。

将女性和儿童的司法能力进行比较，邦纳的做法并没有错。和奴隶
一样，女性没有合法的人格，且长期受控于监护人的权威。[38] 如果被要
求作证，她只能通过宣誓的方式，在监护人的允许下，施行法庭职权以
外的行为（Harrison，1971：136 – 37，150 – 51）。[39] 这个程序和为奴隶
设计的程序是相似的，奴隶也生活在"家长"的权力之下。挑战是必要
的，可以为宣誓和拷问创造条件。另外，法庭上不会出现这一群体，也
没有完全意义上的证人。这些程序背后是否潜藏着对家庭忠诚和秘密获
取亲密关系信息方式的关注？很难说是什么促使了这些程序的建立，甚
至是什么时候建立的。[40] 它们代表的是国家进入家庭私人世界的入口。
但它并不是强制性的入口，仍然尊重监护人的权威。当监护人的责任出
现在公共领域时，他必须默认该入口。实际上，在可接受范围内的挑战
给那些无权处理自己事务的人提供了一定程度的司法能力。

正如我们来源信息中表明的，很多人都拒绝了挑战。在有关拷问的
案例中，现代学者指出制度的不合理和不明确，这一点就连雅典人自己
也觉得很反感，以此来解释拒绝挑战的行为（e. g. , Ehrenberg，1962：
187；Harrison，1971：147；Todd，1990a：33）。[41] 目前还不清楚雅典人

---

[38] 对女性而言，禁止夫妻间配偶的证词是没有问题的（Doggett，1987：3，citing Black-
stone，1785；cf. 116 – 22 on spouse's testimony［配偶的证词］）。一个雅典女性从来不会通过婚
姻完全融入丈夫的家庭中，从而变成"同一身体，同一血肉"（Doggett，1987：43，citing Brac-
ton，1878，originally 1250）。她仍然是娘家的成员。

[39] 女性的誓言，见德摩斯梯尼：29.26, 33, 56（提交却被拒绝）；39.3 – 4；40.10 – 11
（在仲裁员面前宣誓）；55.27（挑战被拒）；伊塞优斯12.9（在仲裁庭提交）。同样可参见第二
章。

[40] 见第二章，宣誓和挑战的"古老"特点（Gernet，1955：103 – 19）及女性出席仲裁听
证会。随着国家的产生和制度化司法系统的发展，私人仲裁的一些程序逐渐具体化。例如，宣
誓是女性在公共和私人仲裁听证会中执行的。我怀疑，奴隶的拷问也从"私人管理"的范围移
到仲裁听证会中，正式行使制裁用途。参见格瑞斯（1973：16 和 27，注释 13）。

[41] 芬利（1980：94）蔑视这样的观点，也嘲笑"拷问很少被真正地使用"这一意见
（Ehrenberg，1962：187；cf. Thur，1977：314 – 15；Todd，1990a：33 – 36）。对于奴隶本身，
芬利认为"制度化的程序于意料之中将会降低和破坏他的人性，因此将他和不是财产的人类区
分开来。体罚和拷问构成了这样的一个程序"（95）。参见杜布瓦（1991：33）。

是否认为拷问是不合理的，甚至对拷问的态度是明确的不信任。对于拷问的评论通常是正面的，雅典人认为由拷问获得的证词优于自由人提供的证词。[42] 例如，一位演说人提到：

> 受拷问的奴隶们因为个人的利益原因将自己牵涉其中，尽管他们完全意识到这意味着死亡。然而，当他们因为主人的原因受到拷问时，他们自然会觉得非常敌对。他们宁愿忍受折磨，而不是受连带责任，为其赢得释放的机会。（Lys. 7.35）

那么为什么个人会拒绝接受挑战呢？拒绝贡献奴隶的人和不愿交出奴隶受刑的人在数量上实际上是相等的（见附录2）。很简单，一方面，很多人不愿将他们的案子寄托在奴隶的身体上和他们经受折磨的力量上（Dem. 37.41）。另一方面，也有人认为奴隶通常都会站在主人一边，因为他们害怕不这样做的后果（Isoc. 17.55；Lyc. 1.29；Lys. 4.16）。实际的动机也是可能的。奴隶知道很多事情：如果愿意，他们可以说出真相。他们同样也是宝贵的财产，尤其是掌握专业知识和技能的奴隶。最终，伦理或感情因素可能会影响个人的决定，包括拒绝将家庭成员交给拷问者。但这些都只是猜测。事实上，无论拒绝是否被接受，司法拷问制度的存在就是对家庭隐私和完整性的潜在威胁。

附录1　拷问

鉴于图尔著有关于司法拷问制度的权威著作（1977），我们没有必要详述拷问奴隶涉及的实际程序。同时，哈里森（1971：147 – 50）的记述作为一般用途已经足够。接下来的记述仅仅是对本章中其他部分的描述加以修饰，以供参考。

---

[42] 这样的评论包括：安提丰（1.8 – 10；6.25）；德摩斯梯尼（29.15；30.37；47.8；49. 56 – 58，62；59.122）；伊塞优斯（8.12 – 13）；伊索克拉底（17.53 – 54）；吕库古（1.32）；吕西阿斯（4.14；7.35）。安提丰演说辞（5.31 – 32）中表达出了相反的消极观点，而埃斯基涅斯演说辞（2.128）中和德摩斯梯尼演说辞（37.41）中的演说人不希望将他们的案子寄托在奴隶的证词上。吕西阿斯演说辞（4）中则是矛盾的，演说人挑战对手，要求其交出共同情妇受刑，但却否认自家奴隶提供的证词。

　　正如我们提到的一样，个人不可能被迫提供他的奴隶，让其接受拷问，这种行为必须是自愿的。争端的参与者通过向对手下挑战的方式提起诉讼，要求后者要么拷问奴隶，要么交出自己的奴隶。这是个非常公开的行为，两个案例都发生在雅典人口最密集的集市（Dem. 29. 11 - 12；59. 123）。而这个行为也更加频繁地发生在仲裁听证会上，即大家一直在寻找一种非正式的和解方式（Dem. 29. 19 - 20，31 - 32；47. 12；49. 55；54. 27 - 29）。即使发起人发现对手在家或在其他地方，他通常会确认有证人在场（Dem. 30. 36；54. 28；Lys. 7. 34）。另外，挑战的仪式涉及抵押和提供担保人。例如，一位演说人描绘了如下一场相当仓促的挑战（Dem. 37. 42）："'我向你发起挑战。''我接受。''将你的戒指给我作为抵押。''拿去。''谁是你的担保人？''该人在此。'"不幸的是，演说人如此匆忙以至于没有获取协议的副本，而通常情况下这是诉讼的一部分。至于挑战的要点，就是双方就拷问一事达成一致意见，即如果奴隶的证词看似能证明被告有罪，谁来执行，用什么样的方式，刑罚是什么，以及事件能否和解，然后达成协议的条款被写下来，并密封起来（Dem. 37. 40）。我们有一个关于挑战的现存例子，其中部分值得模拟：

　　　　阿波罗多洛斯因为涅埃拉的诉讼向斯蒂芬提出挑战……条款如下：他准备拷问涅埃拉的女仆，即瑞塔（Thratta）和珂卡莱（Coccaline），以这种方式接受审问……谢丽斯（Xennis）和德若西斯（Drosis）两位女士对涅埃拉的孩子有准确的了解……如果她们承认这些孩子是涅埃拉的，依据法律涅埃拉将被卖为奴，而她的孩子们将被冠上外国人的身份；但如果她们承认孩子不是涅埃拉的，而是其他雅典妇女所生，我将撤销反对涅埃拉的行为，如果这些女性因任何形式的拷问受伤，我将对她们的伤害做出赔偿。（Dem. 59. 124）

　　因为诉讼程序本身非法，所以不能在法庭进行（Dem. 45. 16；Gernet，1955：112；1957：206，n. 2）。然而，拷问是在众目睽睽之下进行的，而非镜头中。其中一个地点是普通法庭（Heliaea），为欧里德（Oeneid）和衣莱西特（Erechtheid）部落举行仲裁庭审会的地方。人们将奴隶领来并交出受刑（Dem. 47. 12），被吸引来的人群站在旁边听。另一个执行拷问的公共场所是集市附近的赫淮斯托斯圣所（the sanctuary of Hephaestus）（Isoc. 17. 15）。什么事情将在公共拷问下被泄露出来，我们并不肯定，还没有实际的描述可以参考。然而，整个诉讼中散布着足够多的线索，让我们至少可以重建一部分程序。当双方当事人及其担保人、证人聚集后，挑战就公开进行，拷问也依据相应的条款执行（Dem. 37. 42）。一方面，双方当事人也可能亲自执行拷问。例如，当其他人被授权执行拷问时，一位当事人可能会写下引导某一奴隶的问题（Ant. 1. 10）。如果有人认为奴隶在撒谎，他可以要求使用进一步的拷问以诱出真相（Ant. 5. 32 - 35）。另一方面，双方当事人可以将拷问的执行权交给拷问官（official torturer or basanistes）。这种官员的任务是拷问奴隶，直到他们认为奴隶说的都是实话为止（Isoc. 17. 15）。拷问官也会被要求确定受刑奴隶是否具备被拷问的价值（Dem. 37. 40）。

用来拷问奴隶的方法包括鞭打（the whip）（Isoc. 17. 15）和滚轮（the wheel）（Ant. 5. 40；Dem. 29. 40）。[43]

拷问制度的基本特点是值得强调的。首先，虽然程序是司法的，但从某种意义上说它是被政府当局纵容且在其保护下执行的。它也是非法的，因为不在法庭内进行，致力于以不诉诸法庭的途径自己达成和解。其次，这是一个公共行为，在众多目击者，甚至人群在场的情况下，在专门为此目的设计的区域里进行。司法拷问试图作为陪审团审判的代替形式，有一点私人仲裁的味道。或者这是海德兰（Headlam）于 1893 和 1894 年提出的观点。然而，这个观点却很少被接受（See, e. g., C. Thompson, 1894；Bonner, 1905：72；Harrison, 1971：148, n. 1；Thur, 1977：205 -

---

[43]　滚轮及其结构和使用，见《基于文献和文物的古希腊及古罗马词典》（DS s. v. rota），图 5960 和图 5961，以及特拉西威克（Turasiewicz, 1963：78 - 80）。动词 "strebloun"，意为"在滚轮或刑架上拉伸"，可与轮子连用（Ar. Lys. 846；Plutus 875），也可独立使用（e. g., And. 1. 44；Ant. 5. 32；Dem. 29. 12；Din. 1. 63；Isoc. 17. 15；Lys. 13. 54；Ar. Clouds 620；Plut. Phocion 35. 1）以表明滚轮的应用（cf. And. 1. 43；Ant. 1. 20；Ar. Peace 452）。吕西阿斯（1. 18），鞭打的威胁，以及阿里斯托芬的《蛙》（615 - 25）中列出了更多拷问的方法，当其被公开使用时无疑会被夸大，尽管也许不是私下使用（cf. duBois, 1991：29 - 31）。

7；Todd，1990a：33 – 35.）。最近，麦哈迪（Mirhady，1991a；1991b）恢复了海德兰的位置，认为宣誓的挑战和拷问的挑战都可以被看作陪审法庭前的较量。他的观点基于亚里士多德的《修辞学》（1377a 8 – b 11）和帕鲁克斯的作品（Pollux，8.62），对我来说是无可辩驳的。因此，在任何现存诉讼中，没有因挑战引起的拷问进入过法庭。

附录 2　拷问的案例

演说	奴隶的名称	挑战	提供/要求
埃斯基涅斯，2. 126 – 28	家仆（oiketai）		
	长着人脚的生物（andrapoda）	127	提供
安多西德，1. 22	侍从（therapontes）		
	长着人脚的生物（andrapoda）	22	提供
安多西德，1. 64	"儿童"（pais）	？	提供
安提丰，1. 6 – 12	长着人脚的生物（andrapoda）	6	要求
安提丰，2. 4. 8	奴仆（douloi/doulai）	4. 8	提供
安提丰，6. 23 – 26	奴仆（douloi）		
	（参见 27：侍从 therapontes）	23	提供
德摩斯梯尼，29. 11 – 12,	"儿童"（pais）		
14，17 – 18，21，55	家仆（oiketes）	12 – 21	提供
德摩斯梯尼，29. 25，56	女仆（therapainai）	25	提供
德摩斯梯尼，29. 38，56	家仆（oiketai）		
	奴仆（douloi）	38	提供
德摩斯梯尼，30. 27 – 30	家仆（oiketes）	27	提供
德摩斯梯尼，30. 35 – 36	女仆（therapainai）	36	要求
德摩斯梯尼，37. 26 – 27	家仆（oiketai）	26 – 27	要求
德摩斯梯尼，37. 40 – 43	家仆（oiketes）		
	儿童（pais）	40 – 43（2）	要求/提供
德摩斯梯尼，40. 14 – 15	"男孩"（paides diakonoi）	私人拷问威胁	
德摩斯梯尼，45. 61	男随从（pais akolouthos）	61	要求
德摩斯梯尼，46. 21	女仆（therapainai）	21	要求

德摩斯梯尼，47.5 – 17，35 – 40	人类（anthropos）（女性）	5 和 11（2）	要求/提供
德摩斯梯尼，48.14 – 18	家仆（oiketes）	私人拷问	
德摩斯梯尼，49.22 – 24，31，55 – 58，62	侍者（akolouthos）家仆（oiketes）	55	要求
德摩斯梯尼，52.22	家仆（oikeioi）	22	？
德摩斯梯尼，53.22 – 25	长着人脚的生物（andrapoda）	22（2）	提供/要求
德摩斯梯尼，54.27 – 30	"儿童"（paides）家仆（oiketai）	27	提供
德摩斯梯尼，59.120 – 125	女仆（therapainai）	124	要求
伊塞优斯，6.16	侍从（therapontes）	16	提供
伊塞优斯，6.16	家仆（oiketai）	16	要求
伊塞优斯，8.9 – 13，28 – 29	家仆/女仆（oiketai/therapainai）（参见 17：侍从 therapontes）	10	要求
伊索克拉底，17.11 – 17，21 – 22，49，53 – 55	"儿童"（pais）家仆（oiketes）	12 – 15	要求
吕库古，1.28 – 35	家仆/女仆（oiketai/therapainai）	28	要求
吕西阿斯，1.16 – 18	女仆（therapaina）	私人拷问威胁	
吕西阿斯，4.10 – 17	人类（anthropos）（女性）	15	要求
吕西阿斯，4.15 – 16	家仆（oiketai）	15	提供
吕西阿斯，7.34 – 38	侍从（therapontes）（参见 17：家仆 oiketai）	34	提供

附录3　奴隶知道什么

主人生活中发生的事情

客人/访问者：安提丰，6.19 – 27；德摩斯梯尼，47.5 – 17，52.22；

吕西阿斯，4.10 – 11，15

疾病：安多西德，1.64

争吵：吕西阿斯，4.10－11，15

袭击：德摩斯梯尼，47.5－17，35－40，54.27－30；吕西阿斯．
　　 4.10－11，15

缺席：

　　访问：安多西德，1.22

　　作为三排桨战船舰长：德摩斯梯尼，46.21

　　从雅典逃亡：吕库古，1.28－35

　　和随从一起

　　　　在使馆：埃斯基涅斯，2.126－28（关于就寝安排）

　　　　参加仲裁：德摩斯梯尼，29.11－12，17－18，21，55
　　　　（关于对手的证词）；45.61（关于盗贼的证
　　　　词）

　　　　街上：德摩斯梯尼，54.27－30（关于袭击）

谋杀：安提丰，6.19－27

主人家庭中的关系

婚姻：德摩斯梯尼，30.27，30，35－36，59.120－24；伊塞优斯，
　　 6.15－16；8.9－11，28－29

死亡：德摩斯梯尼，46.21

过渡仪式：伊塞优斯，6.64－65，8.9－11，28－29

嫁妆：伊塞优斯，8.9－11

住宅：伊塞优斯，6.15－16，8.9－11，28－29

孩子的出身：德摩斯梯尼，59.120－24

财产：德摩斯梯尼，40.15（配置）；吕库古，1.28－35（买卖）；
　　 吕西阿斯，7.16，34－36（房产状况）

亲密关系：安提丰，1.9（夫妻关系）；吕西阿斯，1（婚外情）

奴隶地位：

　　买卖或所有制：德摩斯梯尼，53.22－25；吕库古，1.28－35；
　　　　吕西阿斯，4.10

报酬产生：吕西阿斯，4.10

解放奴隶：德摩斯梯尼，29.25，56

生意和财政事宜

家里的金钱：德摩斯梯尼，48.14 – 18

生意活动：德摩斯梯尼，29.38

收到的财产：德摩斯梯尼，30.35 – 36

收到的货物和金钱：德摩斯梯尼，49.22 – 24，55 – 58；参见 51

银行交易：伊索克拉底，17

财产的没收和损害：德摩斯梯尼，37.27，40 – 43

第四章 名望的政治意义：谣言作为社会构建的手段

谣言：其本质和传播

　　古典学者虽已投入很多精力，但对谣言这一现象一直缺乏关注。①这点很遗憾，因为谣言可以透射出很多社会问题。或许这就是一小群从事谣言研究的人类学家的观点。有一个命题尤其占据了讨论的主导地位，即谣言并不是一种无关大局的表达方式，它有自己的社会和文化规则（Gluckman，1963：308 - 14；du Boulay，1974：205）。作为一种"文化形式"（cultural form）（Spacks，1985：15），谣言是对特定社区及包括社区在内更大范围中的规范、价值和意识形态的表达。我强调社区，是因为谣言作为口语交际的一种方式，活跃在联系紧密、经验分享的地方，以及一些隐私、亲密关系、重要事件都要通过共同的小道消息来传播的地方，如邻里间（Elias，1974：xxviii；du Boulay，1974：207 - 8）。矛盾的是，从第二层意义上看，社区也很重要，即隐私作为主体可能很重要，但谣言需要一个有效的公共环境。因为谣言与名誉相关。在确立群体共同价值的同时，谣言对那些轻视社会或社区公认规则的人采取了

---

　　① 在凤凰出版社（Hunter，1990：44）中，我开始谈及有关谣言的文章，这一论述在大卫·科恩的《法律、性和社会》（1991a）一书出版后被证明无效。除此以外，我还提到的有多佛（1974：30 - 33；1989：45 - 52）、奥伯（1989b：148 - 51）、考克斯（1989）和温克勒（1990：58 - 66）。我选择让这个论述能继续站得住脚，是因为本章实际上是前述文章的重印，只做了微小的修改，并且其内容由大量未在此提及的参考著作进行扩充，其中有科恩的著作。关于后者，见注释43。

批判、嘲笑或辱骂的方式。因此，谣言是用于社会控制的手段，通过它的约束确保符合某些规则（Campbell，1964：312 – 15；du Boulay，1976：394 – 96）。但即使破坏了名誉，谣言也能发挥积极作用，即"维持社区感和保持最高价值。因为，尽管谣言来源于内部不同群体间的竞争和敌对，但它还是依赖全部社区共同价值和共享历史的表现"（du Boulay，1974：210 – 11；cf. Gluckman，1963：308；Campbell，1964：314）。

　　那么，我们应怎样定义谣言？一种定义是谣言包含"作出道德判断"的陈述（Paine，1967：281）。这种观点很恰当，但太模糊。因为，这样的陈述范围太宽泛，包括从无意义的闲聊、无恶意的谈话，法国人称为 bavarder（聊天），到对立的 mauvaise langue（坏的语言）、"流露恶意的话"，或故意辱骂、伤害（Bailey，1971：1；Blaxter，1971：122 – 24；Spacks，1985：4 – 6）。[2] 在研究中，谣言意味着谈论他人——隐性道德判断——意味着评判、诽谤或辱骂。因此，谣言更接近"流露恶意的话"，斯派克斯（Spacks，1985：4）这样描述道：

　　　　它和名誉相关，传播着与活动相关的真实、半真半假和虚假的信息，有时是关于别人的动机和感受。通常传播谣言的人都有重要目的（可能是无意识的），以损害竞争者或敌人的方式操纵名誉，深化其政治和社会抱负，以削弱他人的方式满足其嫉妒和愤怒，产生对权力的即刻满足感，尽管谈话者不承认有这样的意图。[3]

　　芬利（M. I. Finley，1973：17）为古雅典中谣言如何传播提供了线索：

　　　　数量小，集中群居，典型的地中海式露天生活，雅典人采取的是一种熟人社会（face – to – face society）的模式，有点类似我们在

---

　　② 以下著作也为谣言提供参考：赫彭斯托尔（Heppenstall，1971）；S. 哈丁（Harding，1975）；肯纳（Kenna，1976）；坦特瑞（Tentori，1976）；吉尔摩（Gilmore，1987b：53 – 76）。

　　③ 参见吉尔摩的评论（1987b：59），他将谣言描写为意在损害其对象的"口头攻击"。我忽略了帕克斯提出的谣言的第二种模式，"只在亲密关系中存在。发生在私下、闲暇时和相互信任的情况下，通常不超过二人或三人之间"（1985：5）。在古雅典，这样的谣言不可能被记录下来，因为我们找到的谣言都体现在公共发言中。研究中，"谣言"（scandal）这个词同义于恶意的谣言，或败坏名声的言论，而"诽谤"（slander）是指污蔑或中伤，有些内容是虚假的，为了故意破坏他人名声而传播。

大学社区里，但或许它在城市规模上如何运作还是未知，更别说国家规模。

"熟人社会"这一说法并不源于芬利，它由彼得·拉斯莱特（Peter Laslett）在 1956 年的文章中创造，直到 1970 年早期还经常用来形容小社区的生活，尤其是工业化前的小社区。④ 芬利对该词的用法受到了罗宾·奥斯本（Robin Osborne）的批判（1985a：64 - 65；cf. Ober，1989b：31 - 33）。奥斯本认为将该词用于整个雅典社会是"荒谬的"（absurd），即使他承认"在思考小群体本质上"该词确实有一些价值（89）。他将所有雅典人的总人际网和局部人际网区分开来，其中最重要的就是郡（deme）。在我看来，奥斯本将社区作为社会的熟人单元是一个正确的选择。因为根据奥斯本（1985a：44）本人的记载，郡可以自治，并且在规模上较小，平均人口为每郡 120 名成年男性。因此，在这样自治的小单位中，不管是乡村还是市区，都类似于人类学家所称的社区。同样，在他们看来，社区精神是强大的，因为"郡内民众（demes-men）觉得他们之间连接着一条特殊的纽带"（R. Osborne，1985a：42；cf. Whitehead，1986a：230 - 34）。戴维·怀特海（David Whitehead，1986a：226，231）调查了这条纽带，总结道"即使在最大的郡，大多数的成员都必须通过见面，才能知道对方的姓名，或认识彼此"。另外，他同时引用诉讼和阿里斯托芬的喜剧来支持自己的观点，郡内民众和邻居被认为是同义词，因此他们在两个群体中的诉讼中普遍作为证人。汉弗莱斯（1985：340 - 45）关于证人的研究记载了郡内民众和邻居出庭作证的发生率。这样的证词表明邻居明显知道，例如，财产已从家里转移（Dem. 47. 60 - 61），或者战争时期个人离开雅典（Lyc. 1. 19 - 20；cf. Dem. 43. 70；55. 21；Lys. 17. 8）。此外，他们熟知私人性质的事情，有能力证明某一女性举止似为妓女（Is. 3. 13 - 15）。同样，郡内民众也

---

④ 拉斯莱特（Laslett，1956：163）认为雅典城邦可能是熟人社会的最好例子，他的观点基于公民的数量"从来不超过 10000 人"，以及希腊思想家，如亚里士多德的设想"每个公民都能了解其他公民"。芬利（1983：28 - 29）在后来的著作中回归到"熟人城邦"概念上，这一次他能清楚地表明城邦"仍是熟人社会，因为其生活方式是居住于乡村和各个城市区域"（28，n. 9；cf. 82 - 83）。

能够证明婚姻状况（Is. 6. 10 – 11），并且能证实或否认女性是否拥有合法地位（Is. 3. 80；8. 18 – 20）。在讨论这些证词时，汉弗莱斯（1985：340）指出，"邻居熟知彼此的事是理所应当的"。换句话说，在传播谣言这方面，郡跟其他的小社区没什么两样，谣言都是从最近的邻居开始传播，在他们那里没有什么事可以保密（Lys. 17. 8；Dover，1968：168 – 70）。

　　闲谈不只发生在当地街坊邻里中。人们同样也聚集在中央公共区域交流信息和散布谣言，例如，在集市、作坊以及小零售店里（Dem. 24. 15；Hyp. 4. 21；Isoc. 18. 9；Lys. 24. 20）。虽然一些"住所"各处不同地方，但大多数似乎都在集市内或附近（Dem. 21. 104；25. 82；*Lys.* 24. 20；Ar. *Clouds* 1003；Men. *Kith.* 64 – 65）。最受欢迎的地点是理发店和香料店（Dem. 25. 52；Lys. 23. 3；24. 20；cf. Ar. *Knights* 1375 – 76；*Birds* 1441；*Plutus* 338；Men. *Samia* 510；Ober，1989b：148 – 49）。常被提到的地点包括鞋匠店（Lys. 24. 20）、花圈市场（Ar. *Eccl.* 302）和拱廊（Men. *Samia* 511）（Cf. Millett，1990：190）⑤。通过这些聚会，人们闲聊，一张满载信息和谣言的交际网延伸到城邦的各个地方。吕西阿斯演说辞（23）《反对潘克里昂》（*Against Pancleon*）中以图表形式描绘了谣言传播的途径。被告宣称是德赛利亚郡（the deme of Decelea）的一员，于是在对他的追寻中，演说人来到了聚集众多德赛利亚人的荷马士（the Herms）旁的理发店。在那里，他的打探却无济于事。由于潘克里昂也声称自己是普拉提亚人（Plataean），演说人也去了新鲜奶酪市场，在那里普拉提亚人每月聚集一次。但普拉提亚人也否认认识潘克里昂，尽管他们中有人提到一名逃跑的奴隶很符合描述。对一些人来说，这种谣言意味着全市范围内的声名狼藉。提马库斯（Timarchus）就是其中的一人，整个城市都流传着关于他的"话题"（pheme：Aesch. 1. 48，130）。同样声名狼藉的是德摩斯梯尼（Aesch. 1. 131）。在讨论这两人的名誉时，埃斯基涅斯描述了"pheme"的作用："依附于人们的生活和行为，

---

　　⑤ 其中一些地方也是苏格拉底常去的。可以肯定，他绝对是一个多嘴的人，但他提出的谈话多多少少都高于谣言的水平。色诺芬描述了他与尤希迪莫斯在集市附近的马具店内的讨论（Mem. 4. 2. 1，8）。他也曾在鞋匠西蒙的车间内开庭（Diog. Laer. 2. 122）。

谈话自发且被准确无误地传播到城市各处，就像送信人将人们大量私密行为的细节向公众宣布"（127）（Cf. Ant. 1. 30；Dem. 21. 80；49. 14；Lys. 10. 23；Ar. *Plutus* 377 – 78；Men. *Samia* 510 – 13）。鉴于全市谣言圈（gossip circuit）的效能，诉讼中的演说人经常设想，或假装设想，在他们的听众中有熟知的如提马库斯和他同伴一般声名狼藉的当地人。⑥

刚才描绘的公共区域就是男人常去的地方，也是他们传播谣言的地方。那么，女人又是怎样的呢？在几乎所有的当代人类学报告中，女性都是谣言的主要传播者。但这并不否认男人不会传播谣言，而是表明女性生活成为人们关注的焦点（Elias，1974：xxvii）。例如，杜布雷（1974：204 – 5）在《对希腊山村的描绘》（*Portrait of a Greek Mountain Village*）中提到，位于阿姆贝利（Ambeli）的村庄里，大部分的谣言都发生于私人家中。有时，谣言由男人在咖啡店里起头，这种讨论一般是针对某个问题发表一种判断。但人们认为男人对商业、经济学和政治的兴趣远远超出谣言。"男人也会说闲话，但女人被认为除了说闲话，什么事都不做。"（205）——因此，人们普遍相信男人善于"社交的"、"和善的"及"无私的"谈话，而女人则投身于恶意诽谤和"人身攻击"（Bailey，1971：1）。⑦古雅典女性的生活环境和阿姆贝利近似，那里的女性通常只与亲属和邻居交往。但雅典女性是不是郡内谣言的传播

⑥ 例如，埃斯基涅斯（1. 44 – 45，53，55 – 56，69，116，130，158）；参见，德摩斯梯尼（19. 199 – 200，226，21. 149，54. 34，59. 30）；迪纳尔库斯（2. 8）；伊塞优斯（3. 40；6. 19）。参见，奥伯（1989b：149）。要重现这些男性萦绕的氛围或重建他们的谈话几乎是不可能的。然而，赫兹菲尔德（1985：52，152 – 57）对类似的男性保护区——克里特人咖啡馆的描述具有暗示性。不管是在谈话中、游戏中，或是报告的功绩中，"男人们忙于持续不断的斗争，以从彼此身上获得不稳定且短暂的好处"（1）。吉尔塞南（Gilsenan，1976）探讨了位于黎巴嫩北部一座村庄里男性行为表现的方式，包括闲谈、吹牛、开玩笑、炫耀和撒谎，所有的这一切都是在对地位的敏锐意识和对荣誉的强烈要求下进行的。

⑦ 参见，布拉特（Blaeter，1971）；斯派克斯（1985：38 – 46）；吉尔摩（1987b：63 – 64）。吉尔摩将这种观点称为经不起审查的"典型的男性沙文主义式诽谤"。斯派克斯也对"女性和琐细或恶意谈论他人之间存在自然的，或至少是社会化的联系"（38）这一广泛传播的假设提出了有益的修正。她认为，某些女性的谣言成为一种抵抗甚至颠覆男性权力的方式（44 – 45）。这一观念共享于寻求相互支持的女性中，是"从属人员"间的团结方式（5）。参见，S. 哈丁（1975）。鉴于我们信息来源的本质，不可能记录下这类谣言。另外，以该视角研究戏剧中的女性可能会为"是什么使她们参与亲密的时刻或谈话"提供一些暗示。例如，D. 科恩（1991a：154）认为，对女性过多地散布谣言和拜访他人的谴责，在戏剧中是"司空见惯"的。他也提供了一些实例。

者呢？基于对比性证据，无论我们的预期是什么样的，消息来源中都很少指责女性是说闲话或坏话的人。⑧另外，有迹象表明女性被认为是说话成瘾的人（e. g.，Eur. *Hipp.* 384；Ar. *Eccl.* 120；Ar. *Thesm.* 393；and Menander's misogynist fragment 581. 15）。⑨那么我们可以说，雅典女性和阿姆贝利的女性一样，都有自我表达和交流的情感需要。她们同样有机会像邻居一样交换个人和家庭信息及观点，也有影响名誉的相同能力。因为女性也有一张熟人关系网，其中大部分是邻居（D. Cohen，1989：8 – 9；1991a：149 – 54）。如果不是如此，阿里斯托芬的三部喜剧《吕西斯忒拉忒》、《特士摩》和《公民大会妇女》就毫无意义。然而，这些剧本其中之一清楚地表明女性拜访朋友（*Eccl.* 348 – 49 and 526 – 30）。另外，德摩斯梯尼演说辞（55.24 – 25）中记录了在农村和郡内女性跟其他人分享家庭问题的事情。⑩在丰收女神节（Thesmophoria）和终年节（Scirophoria）这样一年一度的节日里，女性会大量聚集，而不仅限于邻里间（Parke，1977：82 – 88，156 – 62；Burkert，1985：230，242 – 46；Winkler，1990：188 – 209），而葬礼和婚礼是作为哀悼和典礼的聚集时间（Alexiou，1974：4 – 23；Garland，1985：23 – 34；Just，1989：110 – 11）。

---

⑧ 一个例外的谣言是，女性在雅典四处传播希波尼卡斯家中有"恶魔"，并暗示是其儿子卡里亚，因而受到控告（And. 1.130）。需要注意的是，这是一位年老的女性奴隶，在厄拉多塞前任情妇的命令下，带来了其妻子勾引欧斐勒都（Lys. 1. 15 – 17）的消息。在此，谣言肯定起到了某种作用。参见，德摩斯梯尼，25. 57。奥伯（1989b：149）认为经常出现在酒会上的妓女和艺人，"可能是各阶级间谣言传播的渠道"。

⑨ 参见，D. 科恩（1991a：154，161 – 62）。动词"lalein"用来形容男性或女性的谈话或闲聊，意思接近法语"bavarder"。亚里士多德提供了很多例子：《阿卡拉人》21；《骑士》348；《马蜂》1135；《蛙》751（cf. 752，katalalein）；《公民大会妇女》，120，302，1058；参见德摩斯梯尼，21. 118；米南德，《萨摩斯女子》512 和《割发》320。"Lalos"，喋喋不休或多嘴，也可见阿里斯托芬：《和平》653；《特士摩》393；米南德片段581. 15；埃斯基涅斯2. 49中的"lalia"。

⑩ 参见，坦特瑞（Tentori，1976），一个关于当代意大利马泰拉（Matera）的家庭生活的记述。尽管女性"尽可能少地，且只在必要时才会出门"，但在由8—10个家庭组成的邻里间，她们"可以自由出入，相互闲聊彼此都很熟知的谣言"。这种模式也符合雅典的生活。D. 科恩（1989）记录了"众多典型的传统地中海社会的活动"经常需要女性走出家门（Cf. D. Cohen，1991a：150 – 54）。在他的著作中，科恩区分了文化理想和社会实践之间的差异。他也认为阿里斯托芬的作品是研究女性日常生活的一个很好的来源（165）。另外，阿里斯托芬描绘的女性世界与诉讼中呈现的富有生活又是不同的。参见，德·圣·克鲁瓦（de Ste. Croix，1970：278）和贾思特（1989：105 – 25）。

另一个传播谣言的群体由家庭奴隶组成。阿里斯托芬在《蛙》中讽刺了爱管闲事的奴隶，引人发笑。该奴隶以偷听主人谈话并向外传播为乐（750－53）。卑微的好事者的形象，并不为阿里斯托芬一人所独有，在米南德的作品中同样有涉及（*Epi.* 424－27，473；*Dys.* 406－19；*Peri.* 320）。很可能，这类故事告诉我们更多的是主人阶级的恐惧，而非真实生活。由于奴隶对家里的一切无所不知，因此主人也会感到害怕。同时，奴隶活动于公共场合，购物、办事以及同其他奴隶相互抱怨和交换谣言。很难相信在这种方式下，谣言不会从一个家庭传到另一个家庭，也很难想象剧作家在写作时会脱离这样的现实情况。在某种情况下，他们的描写都得到了现实生活中实例的验证。在德摩斯梯尼演说辞（50）中，某些奴隶将主人隐瞒的信息传播给外人，即主人船上的水手（48）。但不幸的是，这些都只是诱导性的暗示，没有更多的线索。⑪

一定程度上，在探究古雅典城邦中谣言传播方式这一问题上，我们已经陷入死胡同。对于谣言发生的地点，我们能够以相当程度的自信加以陈述，但谣言圈是如何确切地工作仍是一个需要思考的问题。不像人类学家，我们不能以相关观察者的身份监听什么是纯粹而简单的谈话。幸运的是，以文学作为媒体，谣言已被保存于著作中。我指的是雅典诉讼案例，该类著作以独特的视角记录了雅典谣言的本质。因为，法庭演说中充满了谣言和辱骂，各种材料经撰写后被呈现给法庭，并有意公开损害名誉。法庭上的谣言是传播过程中的最终产品，故事"透过多重意识传播"（Spacks，1985：9；Gilmore，1987b：75）。相应地，无论起源如何，谣言都能在演说中获得一种有效的传播媒介。在此，私事被详细地曝光给公众。毫无疑问，不管是陪审员还是旁观者，他们都会将这些令人兴奋的、富有争议的或对家庭很重要的消息（Aesch. 1. 186－87；Dem. 59. 110－11）传递给朋友和熟人。因此，法庭成为将谣言传播给整个城市的渠道。

雅典公共生活中有一个奇怪的事实是，法庭规定允许演说人污蔑诽谤。例如，辱骂（Name－calling）就很司空见惯。下面列出了迪纳尔库

---

⑪ 记录了家庭奴隶和主人亲密关系的证据，见第三章。

斯（Dinarchus）在他的第一部演说中描写德摩斯梯尼的一些辱骂性词语，用以控告这位著名的修辞学家：猛兽（10）、斯基泰人（15）、佣工（28）、贼（41）、"罪犯"（77）、行骗者（92）。⑫ 显然，在雅典法律下诽谤的定义使我们忽略了大多数在法庭上会被视为诽谤和辱骂的行为。⑬从另一方面看，该类损害对手名誉的材料似乎经常与产生纠纷的主要问题无关。演说人深挖对手的过去和现在，找出其不被接受的行为，企图分散陪审团的注意力。但这些材料是否真的毫不相关？修辞指南中，关于进行理论性辩护有一个惯例，那就是每一个演说都会有一部分内容关注演说人自己或对手的性格。例如，亚里士多德鼓励法庭演说人在陈述中增加对自己良好品质或对手恶劣品格的描述（Rhet. 1417a）。此外，在列出的可用于辩论的三种证据中，他宣称演说人的品德"比他在演说中呈现的其他任何东西都重要"（1356a）。换句话说，人们不仅将被告和起诉人的生活与个性视为相关的，而且对于辩论而言也是必不可少的。因此，埃斯基涅斯在演说辞（1.153）中向陪审团建议，不应将证人的证词作为判断一个人的方式，而应从他的日常生活中加以观察，包括他的习惯和交往者。这种建议并不是唯一的（cf. Dem. 52.1；54.38；Hyp. 1.14；4.23；Ober，1989b：126 – 27）。因此，演说人常常被要求提供大量有关对手生活方式的细节，从而对比自己的积极成就。在大多数案件里，演说人有关对手的言论都是在"做出道德判断"，或被我们定义为谣言。

---

⑫　参见，德摩斯梯尼（37.15；58.49）；吕西阿斯（30.21）。也可见埃斯基涅斯（1；2）；德摩斯梯尼（18；19；21）。辱骂性的文字无处不在。

⑬　（麦克道尔，1978：126 – 30）是对口头诽谤最好的记述。规定禁止使用诽谤和辱骂性语言的法律可追溯到梭伦（Plut. *Solon* 21.1），尽管并非都在四世纪大规模发生。一般说来，特定类型的诽谤是禁止的。例如，说哈尔莫狄欧斯（Harmodius）和阿里斯托吉顿的坏话（Hyp. 2.3）、诽谤死者（Dem. 20.104；40.49）、给市场上从事商业活动的公民找碴儿（Dem. 57.30）；或滥用明确禁止的词汇，如"谋杀犯"或"殴打父亲的人"（Lys. 10.6 – 8 and passim），这些都是非法的。涉及诽谤的诉讼是 *dike kakegorias*，该案中必须证明哪一处诽谤是真实发生的，否则就是违法的（Dem. 21.32，81；54.17 – 18；Lys. 10.2，12，22；cf. Dem. 23.50）。如果有人被判诽谤罪，将被处罚金 500 德拉克马（Isoc. 20.3；Lys. 10.12）。在法庭上说出辱骂性言语可能不会被起诉，或至少没有因辱骂被起诉的现存案例。（Cf. Dover，1989：49.）另外，当面辱骂他人是非法的。德摩斯梯尼赢得了对米帝阿斯的诽谤诉讼，控诉理由是米帝阿斯以辱骂的方式跟德摩斯梯尼及其母亲、姐妹说话（Dem. 21.79 – 81）。

就算修辞理论中有关生活和性格的材料都具有正当理由，其也很少是出于体面的目的。演说人通常使用谣言和辱骂作为一种法庭策略。因此，法庭演说中充斥着不同强烈程度的表示谣言、诽谤和辱骂的词语。包括：kakologein（或 kakos legein），中伤或污蔑；blasphemein（或 blasphemias legein），诽谤或诋毁；logopoiein，捏造故事。⑭ 除了辱骂，控诉对手发假誓（perjury）或拍马屁（sycophancy），也是一种为人所接受的行为。⑮ 所有的这些行为都可以概括为一个意思，即中伤、诽谤或失实陈述。相反，控告对手的中伤行为也很普遍。⑯ 许佩里德斯演说辞（1.8-10）中首先描述了演说人的优势，迫使被告提出无关且分散陪审团注意力的指控（cf. Hyp. 4.10；Lyc. 1.11-13；Lys. 19.5-6）。正是这一策略使法庭演说中充满了谣言。

既然伪证和谎言常常被援引于诉讼中，那么问题来了，我们如何知道自己面对的是事实？并不知道。当我们面对一种流动的口语交际形式

---

⑭ "blasphemia"及其同源词的例子，见埃斯基涅斯（1.122，167）；德摩斯梯尼（22.21；25.26，45，52，85，91，94；36.61；38.26；40.49；41.20；57.1，11，33，42；58.58）；迪纳尔库斯（1.5，12）；伊塞优斯（2.43）；伊索克拉底（16.23）。同义词"kakologein"出现在德摩斯梯尼（25.94；36.61）；吕西阿斯（8.5）。"kakos legein"出现在德摩斯梯尼（20.104；38.26）；吕西阿斯（8.16）。"logopoiein"出现在安多西德（1.54）；吕西阿斯（16.11；22.14）。参见，"logopoios"的使用，"造谣者"，见德摩斯梯尼（24，15）及普鲁塔克（Nicias 30）。"Kakos akouein"，意为说坏话，可见安提丰（5.75）；德摩斯梯尼（37.37）；吕西阿斯（10.11）。个人也可能会是"periboxtos"，"声名狼藉的"（Lys. 3.30），或一个事件是"诽谤性的"（Dem. 40.11）。需要注意的是，埃斯基涅斯在他的第一部演说中描述了"pheme"的活动（1.127；see earlier），将这类"谈话"或"谣言"和诽谤或污蔑区分开来（2.145）。对他来说，"pheme"是一种积极的力量。另一个常用的辱骂性动词为"loidoria"（loidorein），例如可见，德摩斯梯尼（25.36；26.19；40.49；54.18；57.17）；迪纳尔库斯（1.99）；许佩里德斯（1.9）；伊索克拉底（16.22）；吕西阿斯（8，5；9.9）。尽管"loidoria"及其同源词可指诽谤或污蔑，但它通常用来形容当面使用辱骂性词语。在之前的例子中，我并没有试图提供一个包含这些词语的详细列表。

⑮ 对谎言和伪证的指控，见德摩斯梯尼（21.119，139；36.42；37.21；39.18；42.29；49.66-67；52.1）；许佩里德斯（1.11）；伊塞优斯（9.19，24；11.20，23，36，47）；伊索克拉底（18.4，57）。对谄媚的指控出现在埃斯基涅斯（1）；德摩斯梯尼（21.103，116；36；37；38.3，16，20；39.2，26，34；55；57；58）；伊塞优斯（11.13，31）；伊索克拉底（18）；吕库古（1.31）；吕西阿斯（13.67）。这些列表并不详尽。关于谄媚，现可见 R. 奥斯本（1990）和哈维（1990）；关于贿赂，也是一个常见的罪名，见哈维（1985）。

⑯ 一些例子为安提丰（5.79；6.7）；德摩斯梯尼（48.55；57.30，36，52）；迪纳尔库斯（1.54）；许佩里德斯（1.14）；吕库古（1.11，149）；吕西阿斯（9.1，3，18-19）。诽谤中伤的手法也被修辞学家广泛用于集会中，见修昔底德（3.42.2-3）。

时，如谣言，是无法知晓真相的。因为所有的谣言都"象征着虚构"（Spacks，1985：4；Gilmore，1987b：65）。谣言在人人相传的过程中被稍加改变，根据"熟人模式"（familiar patterns）塑造其内容以符合"既建结构"（established structures）（Spacks，1985：14）。因此，即使证人能证实谣言的真实性，且他们常常也是这么做的，但他们的证词仍有部分是虚构的。我认为这不是一个严重的问题，因为我们并不是试图发现"真正的"事实，而是要了解谣言的本质，将其看作对社会和文化规范的反映（cf. Dover，1989：46）。

在这些材料中，我选择忽略没有实质内容的辱骂，如谩骂和对伪证或拍马屁的指控。最重要的是，我也不会专注于这些包含在陈述中的指控或辩护的细节。⑰我反而会选择那些至少在表面看起来"无关紧要"或更次于主要问题的材料，针对对手私生活、性格、背景或交往者的指控，以及不为别的目的，只为在陪审团面前诋毁其名誉的材料。

雅典诉讼中的谣言

在此，我提议将几个有关雅典谣言的具体实例纳入考虑范围。第一个例子取自德摩斯梯尼演说辞（36），该演说以福尔米翁的名义被发表，通过特殊的答辩形式试图阻碍其继子阿波罗多洛斯继承 20 塔兰特的诉讼。谣言攻击的目标是阿波罗多洛斯，其礼拜记录遭到演说人的攻击，还声称他仅仅花费很少一部分在公共服务上，而他却继承父亲帕斯奥的巨额财富（36 – 41）。实际上，我们都知道此番攻击是故意误导，因为，阿波罗多洛斯拥有杰出的礼拜记录，包括多次担任战船司令官职位（tri-erarchies）（Dem. 50；53. 4 – 5；*IG* II^2 1609. 83，89；1612. 110；Davies，1971：440 – 42）。尽管如此，演说人可以利用这种谣言将阿波罗多洛斯放任自己一时兴致时的贪婪和对公众缺乏慷慨的施予进行对比。随后演说人攻击阿波罗多洛斯的生活方式，并声称他穿着女人气的衣服，有两

---

⑰　一个例外是为入职审查进行的诉讼，审查一名男性的一生及事业。换句话说，我没有试图以旁白来对事实进行判断。在这种选择上，我一向持保守态度。因此，可以清楚地辨别出其他人在这项诉讼上都比我爱散布谣言。

个情妇，常常带着三名随从在城里闲逛（44－45）。谣言中揭露的人物俨然是一个败家子，如果他设法得到福尔米翁的血汗钱，将不会将其用在利于全城的建设上，而是自己挥霍光。

第二个例子取自伊塞优斯演说辞（3.37）中反对尼哥蒂姆（Nicodemus）作伪证的诉讼。其目的在于证明尼哥蒂姆在发誓将妹妹许配给皮洛士时，提供了伪证。演说人试图损害尼哥蒂姆的手法之一，就是质疑他的叔叔是否会与那样一个人的姐妹结婚，该人在一桩正式法律诉讼中（a graphe xenias）被自己氏族的一位成员控告剥夺公民权利。因为，尽管尼哥蒂姆胜诉了，并被公认为雅典公民，但他仅赢得了四票。因此，演说人对尼哥蒂姆的身份提出挑战，认为其与皮洛士的关系，及该事件整体真实性未必存在。伊塞优斯演说辞（7）提供了第三个案例，该案例源于一个家庭的私人历史。忒拉叙洛斯（Thrasylus）极力争辩其成为阿波罗多洛斯养子的程序是合法的。他被迫为自己辩护以反对阿波罗多洛斯表姐妹的索赔。因此，他试图提出基于其过去的记录，她不可能对阿波罗多洛斯履行责任，以此观点来削弱对手。因为她和她的姐妹已经继承了一位兄弟的房产，而两人却都没有过继一位儿子给兄弟的家庭。就此，演说人用了"羞耻"一词，描绘这个没有继承人的家庭。更糟的是，这个原可以支持战船司令官职（trierarchy）的家庭由此不复存在（31－32；cf.44－45）。换句话说，他对对手的攻击从不能履行家庭责任转变为使其不能履行社会责任。

吕西阿斯演说辞（3）涉及的为一桩伤害起诉辩护，从其目的来看，可归于另一种谣言。演说人讲述了他与一名年轻的男妓（male prostitute）不愉快的婚外情，之所以说不愉快是因为他有一位名叫西蒙（Simon）的情敌。演说人声称在两人之间存在麻烦，甚至是暴行，对此西蒙负有责任。他忍受的这一切都让其感到羞耻，不想让人们知道像他这样年纪的人还会跟一个男孩有染（3－4）。羞耻感使他逃避公民同胞（fellow citizens）的评价，他们可能会认为他是一个十足的傻瓜，才会如此容忍西蒙的挑衅。因为，他知道尽管自己拥有好公民的名声，但城里那些嫉妒他的人还是会嘲笑他（9）。总之，因为他不想因此遭受恶名，并没有起诉西蒙，尽管他可以这么做（30）。

　　这些都是谣言的随机运用。但谣言还能在攻击个人的一生和性格中发挥良好作用。我选来探讨的例子来自埃斯基涅斯演说辞（1），该案例是对提马库斯的漫长攻击，也是辱骂和诽谤的代表作。该案例基于梭伦（Solon）提出的法律条款：禁止过着可耻生活的男性在公共场合发言（27－28）。该法律要求演讲家、公共演说人或"政治家"经历公开的资格审查，是否属于以下任一群体：虐待父母的人，没有服兵役或扔弃盾牌的人，卖淫的人，⑱ 或挥霍遗产的人（28－31）。如果这些群体中有人发言，任何人可以在此挑战他，要求他接受审查。如果被陪审团裁定罪名成立，被告将会被剥夺公民权利（2，32，64，81；Dem. 19. 257，284；Harrison，1971：204－5）。演说人提出，提马库斯过着违反相关法律的可耻生活，要检查被告的生活以及性格（3，8）。此外，他还暗示，判断一个人最重要的方法是通过他的习惯、同伴、生活方式、管理家庭的方式，而不是基于证人的证言来决定（90，153）。名誉很重要，换句话说，被告名誉不佳，更别说背负公众恶名，所有雅典人都在谈论他及其同伴（20，44，48，53，55，130）。

　　《反对提马库斯》的言论中充斥着对名声的诽谤（e. g.，3，26，33，40－42，54－55）。同时，这些言论也被一些丰富生动的细节激活，没有自己的逻辑，但分为多个类别。而提马库斯的恶习包括嗜好昂贵的膳食和赌场，喜爱长笛演奏女和妓女的陪伴（42），他的奢侈值得特别注意，因为这一点驱使他吞噬掉自己的财产（95－96）。他挥霍了一切，仅剩下一些可供礼拜仪式用的财富。除了是一个败家子，提马库斯还跟雅典的其他败类交往，这些人大部分都像他一样堕落（41－42，52－57，67，111，131，171，194）。但这些恶习只是主要控告的一个前奏，提马库斯还向一个又一个男人出卖身体。正因如此，提马库斯加重了对亲戚的虐待。他拒绝给母亲提供一小块土地作为墓地，尽管母亲深深恳求。他拒绝继续帮助长年受家庭资助的叔父，司菲都斯（Sphettus）的阿里诺图斯（Arignotus），使其穷困潦倒。最终，埃斯基涅斯以贿赂、

---

　　⑱　关于卖淫的法律，可进一步参见德摩斯梯尼（22. 21，29－30，73，77）。也可见哈里森（1971：171－72）；多佛（1978：20－23）；温克勒（Winkler，1990：54－64）；海普林（Halperin，1990：94－98）；D. 科恩（1991a：175－76）。

诋毁、买官、贪污和作伪证等罪名向提马库斯提出指控（107，110－15）。针对部分指控，演说人可以传唤证人（e. g.，50，99－100，104，115），但并非全部。在此案中，他的辩论质量值得考虑，因为他没有传唤任何与提马库斯卖淫相关的证人。作为替代，他采用了一些带有可能性的旁证和论据，使他的主要指控都基于传闻和谣言。像这样的案例，站在现代的角度来看，证据似乎并不总是必要的，并且肯定也不总是现成的。相反，检举人依赖谣言（cf. Dover，1978：22，39－40）。

这种攻击不是无辜之举，埃斯基涅斯有自己的动机，出于其政治本性，他想让提马库斯被剥夺公民权（disfranchised）。⑲ 因此，他掌握了一系列的故事和轶事来追溯提马库斯的年轻时期，并使这些故事符合演说人审查法律中阐述的四条规则中的三条。诉讼对有关提马库斯的闲话和谣言有放大作用，并且给予致命的打击。但风险很高，而这些风险不再是邻居或社区人的嘲笑，也不是来自那些闲逛于集市及周围的人的奚落，而是提马库斯作为公民的权利及其政治生涯。因为，如果失去公民权利，提马库斯在与埃斯基涅斯的政治斗争中就会是一个失败者。我们可以将那些谣言称为政治诽谤。

之前讨论的演说包含了诉讼里所覆盖的谣言和诽谤中的大部分重要话题，不管是在扩充式的攻击谣言中，还是在单独的抱怨中。在雅典，个人生活方面的谣言以以下几个方面为目标：公共消费水平，如礼拜仪式（liturgies）和捐税（eisphorai）；军事服役质量；对待亲属的方式，尤其是父母；管理遗产的方式；同伴的本质；私生活及个人行为，尤其是性习俗方面；性格、作为公民的地位；"犯罪"记录。⑳ 部分问题触及非常敏感的领域。毕竟，那些在战争中表现懦弱、对父母恶意相待的人，或挥霍无度的人都将面临起诉。一旦罪名成立，他们将失去公民权利（atimia）。另外，所有的这些事件都会引起政治对手的重视，并被用

---

⑲ 关于该案件的背景，见多佛（1978：19－20）。参见，海普林（1990：94－95）。温克勒（1990：56－61）探讨将埃斯基涅斯演说辞（1）作为"重装备步兵对滥交者意识形态"的例子。他认为这样的形象只适用于"管理公共事务"的公民组织的"突出代表"（59）。

⑳ 诉讼中谣言的例子见本章附录。

于政治诽谤中。[21]

谣言和公民

对提马库斯的控诉引起了资格审查（dokimasia）的问题，作为一种刻画雅典生活的"集体审查"（collective scrutiny）（Whitehead，1986a：33）的实例，该制度值得进一步关注。[22] 然而，对公共演说人的审查仅仅只是鼓励性的，但对治安法官、即将入伍的年轻人和新公民的审查却是强制性的。在此，我们只关注第一类人。审查治安法官主要源自亚里士多德的《宪法》（AP 45.3；55.2 - 4），其中制定了用于审查执政官（archons）和城市议员（bouleutai）的程序。不同于大多数的治安法官接受陪审法庭的审查，即将入职的五百人议事会（boule）成员被前辈审查，只有在被拒收时可以上诉并面见陪审团。执政官也接受五百人议事会审查，但对他们而言规则更加严格，不管是否被五百人议事会拒收，他们都将面对陪审法庭的二级审查（second dokimasia）（cf. Dem. 20.90）。[23] 除了亚里士多德的演说辞之外，我们还幸运地有吕西阿斯的四篇演说辞（16、25、26 和 31），这四篇均是为了审查潜在治安法官，在陪审法庭前发布。其中一篇关注的是执政官（archonship），其他三篇关注的是五百人议事会的成员资格。

入职审查目的在于确保治安法官有从事公职的法律资格（Harrison，1971：201）。例如，他们必须是声誉良好的雅典公民，且到了合适的年纪。[24]

---

[21]　考克斯（Cox，1989）探讨了五世纪和四世纪中政治诽谤的典型案例。其中的受害人为西蒙及其儿子，伯里克利（Pericles）和亚西比德（Alcibiades）。四世纪的政治诽谤，见 P. 哈丁（1987）。

[22]　为入职审查提供参考的著作包括哈里森（1971：200 - 207）；罗德斯（1972：171 - 78；1981：542 - 43；612，614 - 19）；麦克道尔（1978：167 - 69）；J. 罗伯特（1982：14 - 15）；阿德莱（1983）。怀特海（1986a：116）认为某人于郡内任职前也需要接受审查。然而，证据少有，只来源于哈利穆斯（Halimus）（Dem. 57.25，46，67）。

[23]　鉴于只有当公民大会拒绝候选人时才能上诉至陪审法庭，我同意罗德斯（1981：542 - 43）的观点（Cf. Rhodes，1972：178；MacDowell，1978：168）。相反观点可见邦纳和史密斯（1938：243 - 44），以及哈里森（1971：202 - 3）。

[24]　阿德莱（Adeleye，1983：296 - 97）列出了具体公共官员必须满足的其他要求。例如，雅典娜的司库必须为五百桶户（AP 47.1），而执政官理论上无论如何都要属于最初的三个财产阶级之一（AP 7.4；MacDowell，1978：167；Rhodes，1981：145 - 46，551）。

然而，在他们的辩护中，候选人通常会公开更多的关于自己的事情，甚至有时会展现自己的"整个职业生涯"（Rhodes，1981：472），试图显示自己是"优秀且爱国的"公民（MacDowell，1978：168；cf. Adeleye，1983：296）。至于入职审查的程序，亚里士多德描写得相当精确。候选人会被问及一系列关于其背景和资历的问题，为了回答这些问题，他可以召唤证人。一旦候选人呈现证词，听证会就可以公开提出异议。在这一点上，任何人都可以提交有关候选人生活和事业的证据，而这些证据将对其入职产生不利影响。之后，候选人可以回复控告人。当所有程序完成以后，接下来的问题在于选举，在五百人议事会上举手表决，以及在法庭中投票（Rhodes，1981：619）。

候选人认为他们在提供平生记录时是合法化的，因此在入职审查中为自己辩护，这一点并不奇怪（Lys. 16. 9）。作为一种传统，跟正式的法律资历相比，首席治安法官会更加深入地调查个人生活方面的一类问题。同样，亚里士多德也已记录下了这些问题（*AP* 55. 3 – 4；cf. Dem. 57. 66 – 70；Din. 2. 17 – 18；Xen. *Mem.* 2. 2. 13）。大部分是为了确保双方候选人都是雅典公民，且探出他是否属于一个胞族（phratry）（Rhodes，1981：511，618）。他也会被问及是否善待父母、是否对城市尽到财政义务、是否服过兵役。[25] 不管个人的法律资历多么无可挑剔，仍鼓励反对者提出此三个问题，以发掘候选者在生活中的负面私人信息。但他并不需要费多大力气去深入打探某人与父母的关系、对城市的财政贡献或履行兵役情况等一切他所需的信息，因为这些问题最初都在引发谣言的信息中。

吕西阿斯的演说由辩护（16；25）和控告（26；31）两部分组成，为我们提供了一些关于入职审查引证，这类辩论的想法，尽管这四篇演说以三十僭主（the Thirty）统治时期的个人事业和行为为焦点，非常特别。[26]

---

　　[25]　虽然所有的公职候选人都面临入职审查（*AP* 55. 2；Aesch. 3. 14 – 15），但亚里士多德只记录了与执政官审查相关的问题。学者普遍认为也会向其他官员提出类似的问题。例如，见哈里森（1971：202 – 3）；麦克道尔（1978：168）；阿德莱（1983：296，注释4）。
　　[26]　阿德莱（1983；301 – 5）探讨了与特赦 403/2 相关的四篇演说，认为入职审查中不会任意地取消资格："只有被证明参与过三十僭主统治暴行的候选人容易被取消资格（302）。"关于特赦，见亚里士多德，《雅典政制》39；安多西德，1. 90；色诺芬，《希腊志》2. 4. 38 – 43；参见，罗德斯（1981：462 – 72）；克伦茨（Krentz，1982：102 – 8）；施特劳斯（1987：89 – 94）。

因此他们更多地关注公共活动。然而，暴露出来的私人生活的细节非常有趣。例如，年轻的曼提修斯（Mantitheus）被控在三十僭主统治下服役于骑兵队（cavalry），他不仅通过答辩为自己辩护，还通过给予姐妹嫁妆、慷慨与兄弟分享遗产的事实来证明自己不是一个惹是生非的人，且迄今为止从来没有做过任何与法庭系统有关的事（Lys. 16. 10 – 12）。他也没有跟雅典的上流社会有过交往。⑳ 这些个人细节都是通过服役记录和以市政为名义的支出追踪到的。总体来看，他的辩护不仅回答了首席治安法官惯常提出的问题，还触及其一生（cf. Lys. 26. 3）。吕西阿斯演说辞（31）记录了一桩公诉案件，指控菲隆在三十僭主统治时期背叛城市，变成了奥洛浦斯（Oropus）享有部分公民权的外侨，事实上在战争期间却逃离了。演说人还称菲隆的母亲拒绝在其死后将财产交给儿子，而是信托于一个甚至连亲戚都不是的男子，希望确保能有一场漂亮的葬礼（20 – 22）。演说人暗示，菲隆虐待母亲，并强迫母亲接受他试图从其死亡中获利这一事实。虽然收到钱财的男子以证人身份出现，使案件有证据支持，但这些都仍是基于谣言的指控。这类控告由入职审查中的问题引出，鼓励反对者找出候选人与父母关系中的反常现象。

我的论点是：许多引起谣言和诽谤的问题，都正巧落入入职审查提问的这些范畴。因此，入职审查就像一个集合了讽刺、谣言、传闻和谣言的储存库，谣言本身和制度结构之间产生了紧密的联系（Cf. Winkler，1990：54 – 61）。如果有人发布代表官方的言论，他必须小心一点，因为此番言论很有可能会出现在其入职审查的时候。这样，入职审查也成为谣言传播的方式之一。五百人议事会或法庭的同行，以及出席五百人议事会的旁观者和旁听者（Rhodes，1972：33）都可以对个人的私生活提供相关细节。即使这些细节是积极的，如曼提修斯提出的这些，他们也会允许他人提出更多隐私方面的细节，如家庭的亲密关系。但如果指控完全是消极的呢？埃斯基涅斯对提马库斯的描绘来源于大量使人兴奋

---

⑳ 显然，有关于曼提修斯的谣言被传开，因为他说谣言是从他已经与其撇清关系的年轻人那里传出的（11），见他的致歉 18 – 20。关于不关心政治的人的抗辩，见雷特纳（Lateiner，1982）的评论，他引用了演说 7、9、12、17、20 和 21。参见卡特（Cater，1986：103 – 11），演说中"富有的寂静主义者"。卡特将吕西阿斯演说辞（26）增添到雷特纳的列表中。

的谣言。这些谣言从其年少时期就开始被传播，每个人都津津乐道，并且在他输掉官司时，为其所经历的不幸又增添了几分不安和嘲弄。另外，像菲隆一样的人如果胜诉并进入公民大会又会怎么样呢？恐怕将很难平息有关自己和母亲的指控。无论是否为谣言，入职审查中揭露的信息都会长期萦绕。例如，迪纳尔库斯演说辞（2）的演说人提交了一份从审查中获取的证据，由此证明他的对手阿里斯托吉顿不仅虐待父亲，还过着无赖的生活。他没有提供证人，仅仅提到入职审查中建立的事实（2.10）。换句话说，这种"集体审查"不仅鼓励深入调查个人私生活的行为，还将此类控诉集合在一起，其中只有部分得到了证人的支持。一旦传播开来，这些材料中的任何一份都能在将来的诉讼中对目标人造成危害。

尽管入职审查是一个特例，但在惯例上并没有使标准的法庭演说改变太大。因为演说人不遗余力地描述对手，似乎掌握了其所有的特征，这样反而会受到陪审团的蔑视。这些特征与"良好且爱国的"公民所有的特征鲜有密切联系（MacDowell，1978：168），这种描述通常被对手运用。不管怎样，雅典陪审法庭背景下的良好爱国公民是什么意思？迪纳尔库斯在简述这些能够使陪审团宽恕人的品质时，提供了一条线索。此人应该性格温和，有良好的血统，于私于公都提供了大量的优质服务（cf. Lys. 30.1）。其他的演说辞提供了更全面的描述，其中，吕西阿斯演说辞（19）是为一位父亲辩护的一篇颂词，针对的是控诉后者从其女婿处取得并占有财产。演说人将极其富有的父亲描绘成一位正直且具有公德心的典范。在长达50年的寿命中，他慷慨地将9塔兰特和2000德拉克马给予同胞，组织合唱团，装备三层桨座战船，以及为国库做了很多其他的贡献（eisphorai）（57－58；cf. 9）。他通过私人捐款的形式为公众慷慨解囊，帮助朋友为其女儿和姐妹筹得嫁妆、赎金和葬礼的基金（59）。他饲养的马匹在国际竞赛中获胜也给整个城市带来了荣誉（63）。这样的演说辞不是唯一的。吕西阿斯演说辞（18）的演说人以同样的方式进行辩论，他以远古祖先的辉煌和慷慨为基础，恳求得到怜悯（1，7，21，23），而吕西阿斯演说辞（20）在这些话题中增添了一个杰出的军事生涯（23－25）。（Cf. Lys. 16；21；Isoc. 16）

对优秀爱国公民的性格、成就和期望的兴趣，并没有对另外一些反面品质的兴趣那么大。然而，吕西阿斯演说辞（14）阐明了如何让陪审团在其脑海中将两者联系起来。考虑到对手可能会被宣告无罪，因为他已表现出自己是一名杰出且有用的公民，因此演说人认为陪审团应该基于其他活动而判他死刑。他建议：

> 你们默认那些描述他们自己优秀品质和讲述祖先公共服务的辩护言语。那么当然，当他们暴露出因反对你而做出的许多不道德行为，以及他们的祖先早已造成的许多恶行时，你们听取这些控告是合理的。（14.24；cf. Lys. 30.1）

演说人遵循这一信条，为对手建立一个刻板印象，通常与优秀、爱国的公民形象恰恰相反。在下文中，我选取了这样一个例证，这是一个将负面特质归咎于对手的例证。问题不在于这些归因是真是假，或者它们是否用作分散陪审团注意的完全偏离的手段。总体来说，它们触及雅典人对个人行为、公共道德和公民期望等问题的心态。

我的例子选自于伊塞优斯演说辞（5），狄开奥根尼二世（Dicaeogenes II）的地产纠纷。该案例同时涉及遗嘱和养子狄开奥根尼三世（Dicaeogenes III），他长期跟养父的姐妹处于法律纠纷中，并且是演说人的主要目标。后者对狄开奥根尼的每一条描绘几乎都相应于好公民的形象，好公民是他为儿子的辩护（Lys. 19）。狄开奥根尼是典型的"坏"公民。因为他虽然很富有，但当涉及城市、亲属和朋友的时候，他却是最不慷慨的一个。十年来，他收入 80 锭，但礼拜仪式仅由三个合唱队组成，因此他没有获得奖赏。他既没有担任过三层桨战船舰长，也没有对城市有过财政贡献。更糟糕的是，他的名字被公开刻在集市的一列名单上，而该名单上记录了所有没有兑现承诺在战争中给城市捐款的人（35-38）。狄开奥根尼的个人行为与其公共表现相配。他欺骗或不赡养对其负有法律责任的亲近家庭成员（39；cf. 9-11）。此外，他的母亲指责其行为可耻，以致演说人在陪审团面前也只字不提。至于朋友，他也欺骗了很多（40）。狄开奥根尼的可耻行为不胜枚举，包括从来不赎回战俘（44），也不服兵役（46）。伊塞优斯演说辞（5）提及与其他许多诉讼相似的案例，演说人以埃斯基涅斯的题为《反对提马库斯》的讲话向对手开展了进一步攻击，仅在细节上做了必要修改（See，e. g. ，Aesch. 2；Dem. 18；19；21；25 – 26；39；Din. 1；Is. 4；Lys. 14. ）。此外，与坏公民的刻板印象相关的言论版本众多（e. g. ，Dem. 36；45；Is. 11；Lys. 6；21）。不管是全部还是部分，负面刻板印象的重现可被看作谣言和诽谤中许多重要话题的混合体。

刚才描述的对于好坏公民冲突性的刻板印象是公民意识形态的一部分，它们用作判断是不是合适行为的一种概念。换句话说，这些刻板印象反映并维持了现状，也支撑了"产权即强权"（property – power）的普遍概念（Davies，1971：xviii；1981：88 – 131）。因为在定位什么样的公民才是优秀的和高尚的时，人们认为其财富足以为城市提供持续且慷慨的贡献，也可为不太富有的亲友提供资助。人们还认为，优秀的祖先及父母和远房亲属都应当因曾经的捐款和成就被给予荣耀和纪念。这些描述表达出了精英的世界观，无论出身或财富，都表明了他们向往的品质和希望向陪审团展示的成就，或相反地，向陪审团展示有同伴背离公认的规范。即使这只是一个概念，但这样的世界观已被大多数雅典人所接受，会影响到他们"对精英来说，什么才是自然且正确"的观念。他们也会默认或试图顺应现实，从而呼应精英观并支撑其在领导力中的地位和优先权。反过来，人们期望精英成员透露其富有程度，并展示出把财产贡献于国家的风度。此外，如果他们有贵族理想，他们必须遵守城邦中平等主义的民族精神（Ober，1989b：291）。因此，他们试图证明自己理应得到陪审团的感激，正如反对对手一样，因为自己和家庭代表城市给予的服务和慷慨。总之，好坏公民的刻板印象是陪审团认可下精英竞争演说的一部分。谣言是他们用于竞争的一种武器。㉘

㉘ 讨论过思想意识的人有阿尔都塞（Althusser，1971：121 – 73）；卡尔顿（Carlton，1977）；拉莱（Larrain，1979）；吉登斯（Giddens，1979）；芬利（Finley，1983：122 – 41）；洛劳（Loraux，1986）；奥伯（Ober，1989b：38 – 43）；伊格尔顿（Eagleton，1991）。还要感谢达维斯（Davies，1981：92 – 96），尤其是 93 页的注释 9。参见（奥伯，1989b：226 – 33，245 –47）。经营间的竞争，见（康纳，1971）；（达维斯，1971；1981）；（怀特海，1983）。

谣言和女性

正如我们看到的，亲属关系通常是谣言的一个话题。尤其是未能对亲属实现义务会激起敌意，因此其成为集体规范所规避的一种行为。[29]这样的义务中，最必不可少的是尊重和赡养父母。因此，虐待父母高居家庭言行失检的榜首，围绕其产生的谣言也最多。[30] 反过来，关于父母的谣言为探究谣言与女性问题打开了有用的开口。因为除了母亲，没有人能引发这么多的谣言用来反对一个人（Henderson，1987：112 - 13）。[31] 就虐待而言，父亲和母亲的控诉几乎一样多。但抛开相似点，谣言中也存在分歧。涉及父亲的一个案例中，相等地强调了他的雅典人身份和其过去的不道德行为或"犯罪"记录，然而在涉及母亲的案例中，演说人忧虑最多的问题是她的雅典人身份。[32] 这样的谣言有很多形式，可以宣称这个女人是奴隶，或是已被释放的奴隶、外国人，或是带有可疑血统的贫穷女工人。最熟悉的例子便是德摩斯梯尼，他不得不承认在母系一方他是斯基泰人的控诉（Aesch. 2. 78，93，180；3. 172；

---

[29]　虐待亲属的文献见附录。有关亲属的谣言还涉及家庭争吵（Is. 6. 39 - 42；9. 17 - 18），犯罪或近亲的违法行为（Dem. 25. 79 - 80；58. 27 - 28；Lys. 13. 65 - 66），以及祖先所犯错误（Lys. 14. 39 - 42）。

[30]　公共诉讼保护父母免受虐待或穷困，任何人都可以提起公共诉讼以反映他们看到的罪犯。对这种不法行为的惩罚为剥夺公民权（Arist. AP 56. 6；Aesch. 1. 28；Dem. 24. 103，107；Hyp. 4. 6；Is. 8. 32；Lys. 13. 91；Harrison，1968：77 - 78）。

[31]　他的父亲引发了大量的谣言。关于姐妹的谣言案例有四个，其中两个涉及虐待（Dem. 24. 202 - 3；25. 55；Is. 8. 40 - 43）和乱伦（Lys. 14. 28）；关于妻子的谣言案例有两个（Aesch. 2. 149；And. 1. 125；Dem. 21. 158）；关于岳母的谣言案例有两个（And. 1. 124 - 28；Dem. 45. 70）。

[32]　关于虐待母亲，见埃斯基涅斯（1. 99）；德摩斯梯尼（25. 55）；伊塞优斯（5. 39）；吕西阿斯（31. 21 - 23）。关于虐待父亲，见安多西德（1. 19）；德摩斯梯尼（24. 201；25. 54）；迪纳尔库斯（2. 8，11，14，20）；伊塞优斯（4. 19）；吕西阿斯（13. 91）。关于母亲地位，见埃斯基涅斯（2. 78，93，180；3. 172）；德摩斯梯尼（18. 129 - 31；19. 281；21. 149 - 50；25. 65；57. 30 - 37，40 - 45）；迪纳尔库斯（1. 15）。关于父亲地位，见德摩斯梯尼（18. 129 - 31，258；19. 281；23. 213；57. 18）；吕西阿斯（13. 64；30. 2，30）。关于父亲的违法行为/"犯罪"记录，见德摩斯梯尼（22. 33 - 34，56，58，68；24. 125，127，168；25. 65，77；58. 19 - 20）；迪纳尔库斯（2. 8，11，14，20）；吕西阿斯（14. 30 - 38）。关于母亲的违法行为"犯罪"记录，见德摩斯梯尼（25. 65）。

Din. 1. 15；Dover，1974：32；P. Harding，1987）。㉝ 记录下来的最好的例子是欧西休斯（Euxitheus），其为德摩斯梯尼演说辞（57）中的演说人，在重新审核公民名册（*diapsephismos*）（346/45）中被郡内民众剥夺了公民权。据称，他的母亲是外国人，甚至是一名奴隶，有证据表明她在市场里贩卖丝带，并多年以保姆的身份工作（30 – 37 和 40 – 45）。㉞ 还有一种形式的诽谤是女性作为妓女或同居妻子居住，由此她的孩子是非法的，不能充分享有雅典公民的权利。例如，当对手说服陪审团相信她是妓女的女儿，是一名私生子时，皮洛士的女儿菲尔就失去了继承父亲地产的权利（Is. 3）。㉟

　　为什么演说人要选择一名对手的母亲来予以攻击？很大可能是基于针对女性的谣言很难被反驳的事实。女孩的出生是否会被记录于氏族内部尚不清楚，但肯定的是她们的名字不会被记在公民名单上的任何地方。㊱ 她们作为雅典公民女儿的合法性认证取决于仪式，如出生、订婚和婚宴或 gamelia（将女方介绍给男方氏族）时父亲的认可（Dem. 57.40 – 43；Is. 3. 30；8. 9，14 – 20；Gould，1980：40 – 42；Golden，1985b）。所有这些仪式都要得到证人的证实，但没有书面记录。因此，当欧西休斯想要反驳对自己和母亲的指控时，他召集了一众双方亲属代表他出庭作证。欧西休斯有着令人羡慕的地位，因为他有大量拥护他的民众、族人（phrateres）和纯雅典血统的公民（gennetai）（Dem. 57；Whitehead，1986a：296 – 301；cf. Humphreys，1986：60 – 62）。但这类控诉出现时，情况并非总是如此。例如，德摩斯梯尼的母亲在爱尔兰的殖民地（Milesian colony）长大，其母亲可能曾是一名雅典的当地女性，而她的父亲居

　　㉝　参见，德摩斯梯尼对埃斯基涅斯父母的攻击（18. 129 – 31，258 – 62；19. 199 – 200，281；cf. Dover，1974：30 – 32，and P. Harding，1987）。

　　㉞　欧西休斯的父亲由于自己的外国口音引起了陪审团的注意，也不能幸免（57. 18）。

　　㉟　参见，关于普兰贡（Dem. 39. 3 – 4，26；40. 2，8 – 11，27，51）和克利西亚（And. 1. 124 – 28）的谣言。

　　㊱　伊塞优斯演说辞（3）的演说人表明，皮洛士也可以通过把女儿引入胞族来保证她的合法性，但实际上他并未这样做（73，75 – 76，79）。古尔德（Gould，1980：41 – 42）拒绝将这一可能性作为一般程序，他认为在这种情况下只能上诉，因为菲尔被宣称为女继承人。另一相反观点见戈尔登（1985b）的研究，他认为雅典女性经常与胞族交往，并且按照习惯，婴儿在出生时就被引荐给了胞族。

龙（Gylon）选择逃离了雅典，而不是接受叛国罪审判（Aesch. 2. 171；Gernet，1918：186 – 87；Davies，1971：121 – 22；Hunter，1989b）。因此，她的祖先在雅典并不是大家熟悉的人物，而母亲一方的先人又确实难以追寻。总之，因为女性很少公开露面，只有亲属、熟人和邻居才知道她们现在或曾经的生活。至少这一类人，加上家庭奴隶，通常可以证明她们的合法性和活动。总而言之，诽谤一个人的母亲是一种有效的攻击方式，可在陪审团的脑中种下怀疑的种子，并迫使对手花费宝贵的时间来反驳控诉。

在前面诽谤母亲的案例中，值得注意的一点是女性并不是直接目标，她仅仅是别人用来反对其儿子的一个工具。实际上，这也是大多数有关女性谣言的特征。多数情况下，这样的谣言关系到男人的性习俗。例如，男人和妓女及/或长笛演奏女（flute girls）交往的控诉一再发生。男人习惯性勾引女性的指控也时有发生。[37] 然而，在极少的案例中曾提及具体的女性，奥尔斯（Is. 6）、涅埃拉和她的女儿菲诺（Phano）（Dem. 59）、皮洛士公认的前妻（Is. 3）以及克利西亚（Chrysilla）（And. 1. 124 – 28）除外。这样的女性大多都对自己的权利没有真实兴趣，她们不是非公民就是雅典风月场中的无名居民。

对受攻击的个人及家庭来说，关于女性的谣言有直接的破坏性影响，参考伊塞优斯演说辞（3）。因为缺少案例作为辩护，因此不可能判断死者皮洛士是否和菲尔的母亲基于合法婚姻生活在一起，而其地产正在审议之中。皮洛士叔叔的证词表明菲尔的母亲确实如此，他们的女儿菲尔也的确被认作合法子女加以考虑（29 – 34）。从消极的一面看，一组陪审员已相信该案例无效，宣告她的丈夫及监护人谢诺克里斯在为妻子索取地产时提供伪证。用什么说服了他们？除了举出不合法婚姻和从没离婚的论证，演说人还指控菲尔的母亲是一名妓女，且"受任何人支

---

　　[37]　例如，见埃斯基涅斯（1. 42，75，107，115）；德摩斯梯尼（36. 45；45. 79；48. 53 – 55；59）；许佩里德斯（1. 12）；伊塞优斯（3. 10 – 16；6. 19 – 21，29，55；8. 44）；吕西阿斯（1. 16 – 17；13. 68；14. 25）。阿波罗多洛斯诽谤母亲阿契普（Dem. 45. 27，39，84；46. 21），矛头直指她和福尔米翁，这是关于近亲谣言的一个罕有案例。以乱伦和非法性作为政治诽谤的主题，见考克斯（1989）。

配"（11，15）。他的证词包括邻居和其他熟人的谣言和誓言。他们讲述了皮洛士"妻子"在场时的每个争吵、喧闹的聚会和胡乱的行为（13－14）。因此，人们就相信这个女人是一名妓女。那么，她是吗？很难说。但可以肯定的是，她的不良行为造成了可怕的后果，她的女儿丧失继承权，并被公认为是得到 1000 德拉克马遗产的杂种。㊳

伊塞优斯演说辞（6）揭示了一个相似的案例。人们公认的欧克特蒙的儿子们在索取过世兄弟的地产时，其经历的困难来源于对手提供的关于欧克特蒙本人的诽谤性传言。故事基于他与奥尔斯的亲密交往，而奥尔斯曾是一名妓女，也是一名奴隶。据称，在欧克特蒙年老的时候，他们住在一起。受她影响，欧克特蒙将其两子之一引入自己的氏族，当作自己的孩子（18－21）。实际上，奥尔斯本身是个臭名昭著的人物，陪审团熟知她是因为其参加了奴隶和声名狼藉的女性禁入的仪式（49－50）。她的名字和生活作风立刻引起了陪审团的注意，给该案件带来了不利影响。可是，关于另外两个所生男孩的合法性问题仍然存在强大的争议，这两个孩子是欧克特蒙与一名叫卡莉佩的女性二婚所得（Wyse，1904：503－4；Davies，1971：563）。不过，谣言也有影响。人们勉强答应让欧克特蒙的儿子进入氏族，从大量家庭财产中只分给他一小部分土地（22－23）。由此可见，男人在生命的关键时刻与一些独立且遭受恶名的奴隶交往，家中产生的丑闻会威胁到孩子的权利和地位（cf. Sealey，1984：125－26）。

除了涉及地位和性习俗（sexual mores）的案例以外，女性谣言的传播形式更加世俗，也更加可预测。普兰贡的案例就具有例证性。一位来自富裕家庭引人注目的女性，尽管家庭没落了（Davies，1971：365－67），但作为马提阿斯的情妇，她以高贵的品位闻名，自立并时髦地跟两个儿子生活在一起（Dem. 39.26；40.9，27，51）。她也被认作是狡猾的，哄骗马提阿斯当着公共仲裁员的面承认那两个儿子是自己的孩子

㊳　关于杂种，见哈里森（1968：67）；麦克道尔（1976）；罗德斯（1978）；C. 帕特森（1981：31，注释20；1990）。西利（1984：124－25）认为菲尔是"永久和正规婚姻"的结晶，或 pallakia。因此，她的权利很难建立。

（Dem. 39. 3 − 4；40. 2，8 − 11）。^㊴ 指责女性奢侈或诡计多端的控诉也曾发生（Dem. 21. 158；Is. 2. 1，19 − 20，25，38；8. 36）。其中一个案例中（Is. 2），演说人答辩称他的姐妹作为墨涅克勒斯（Menecles）的前妻，已说服墨涅克勒斯将自己选作养子。举示的证据基于墨涅克勒斯（他是一位老人）和妻子的年龄差距，以及双方离婚前后的亲密关系，有充分细节却无法获得证实。这类谣言并非微不足道，因为女性影响男人选择养子是非法的行为，无论是遗嘱还是当事人活着时（*inter vivos*）（cf. Dem. 46. 14；48. 56；Hyp. 5. 17；Harrison，1968：85）。^㊵ 因此，作为墨涅克勒斯的儿子，演说人陷入了丧失地产和姓名的危险中。其他关于女性的谣言包括她们未能对亲属承担义务（Is. 7. 31 − 32，42，44 − 45）和性行为失检（Dem. 45. 27，39，84；46. 21）。

诚然，这些案例中直接以女性为目标的谣言仅有两例（Dem. 45/46；Is. 7）。其余的都是以男性主人公为目标，他们曾与言行失检的女性亲属或情人交往。密谋、施加不当影响、未能对亲属尽责或奢侈构成了会给陪审团带来负面影响力的女性行为。哪怕是一丝通奸的迹象都会引起真正的危险，使后代子孙的合法性受到质疑，并暗示其作恶者从事非法行为。另外，一些演说人纠结言行失检的某些细节（Dem. 39/40；Is. 2；8），这点足以将女性本身置于突出位置，并为雅典流传的谣言提供了证据。他们揭示了一些领域，其中女性需要谨慎，或也可挑起对抗，制造一些有关邻居和社区的同类语言。

涉及女性谣言的案例通常与两个问题有关：性习俗和作为雅典人的身份。这样的谣言引发许多问题，包括雅典人多久会有一次"艺人"（entertainers）的陪伴，如长笛吹奏女、情妇和妓女，以及这种情况有多严重。她们大多数都是奴隶或外国人，且都是雅典社会的边缘阶层。同样易受质疑的是母亲的清白，因为这个问题比较隐蔽。她的父母双方是

㊴　普兰贡是马提阿斯的第一任妻子，也是其长子玻俄特斯的母亲。他与她离婚后，跟波利阿拉图斯的女儿再婚。然而，当后者去世后，"他继续与普兰贡交往"（Davies，1971：367）。这时，第二个儿子出生了（Cf. Rudhardt，1962；Sealey，1984：123 − 24；and Humphreys，1989：182 − 85）。关于普兰贡更多的情况，见第一章和第二章。

㊵　女性的影响甚至会更加麻烦，如果她是妓女或如奥尔斯一般声名狼藉（Is. 6. 21，48；cf. Dem. 48. 53 − 55；59. 56）。

否都是雅典人？她是否正式订婚和结婚了？这两个问题背后潜藏着由谣言触发的对合法性的广泛关注。这种谣言起源于人们对外人处心积虑进入"继嗣群"（descent group）的恐惧（Davies，1977）。需要永远保持警惕且言简意赅地说，社区——郡内民众和邻居——是阻止这种可能性的第一道防线。社区的谣言是防止非法关系的一种方式，或至少能确保任何后人最终不会出现问题。

埃斯基涅斯指出（1.127），谣言将个人生活的私人细节公之于世。他指的是男人的言语，尤其是公共生活中的男人。但他的陈述也同样适用于女性。在品行端正的公民的案例中，谣言代表了公共道德通往家庭私人世界的入口。可以确信的是女性本身没有法律能力，或不是公众人物，但如果父亲、丈夫或兄弟违反了标准，他们的责任将受到社区的愤怒反对和嘲笑。尽管这样的言论本身肯定会针对女性，但我们的资料来源显示，大多还是通过与亲密男性亲属的传言和丑闻来达到目的。因此，女性就使男性在其氏族、亲密伙伴，甚至在更大的城市政治竞技场中蒙羞。为了保持荣誉，男人对自己及亲属都负有责任，以确保在他的监护权下女性的行为得体。外界对女性的谈论越少越好（cf. Thuc. 2. 45. 2）。这可能部分解释了为什么女性会被尽可能地局限在家庭中，至少在理论上是如此（cf. Tentori，1976：282；Dubisch，1986：200）。因此，不管直接还是间接，谣言都是确保雅典女性符合社会标准的有力武器。

结　论

约西亚·奥伯（1989b：148）在《民主制雅典中的大众与精英》一书中提到了谣言"在一个缺乏有组织的新闻传媒的社会中"的重要性，他强调谣言的一个功能是帮助信息流动。当然，谣言也有另一个重要的功能，即约束个人行为，由此保证社区行为符合恰当的标准。这里我们可以详述。自从多兹（Dodds，1951）对非理性的开创性研究后，人们广泛认为雅典有一种"耻感文化"（shame - culture），对"人们会怎么说"的焦虑深深地植根于社会中（Adkins，1960：48）。[41] "在这样的社会里，任何让人遭受同伴轻视或嘲笑的事情都会让他感到'丢脸'，这种感觉是难以忍受的（Dodds，1951：18；cf. Gouldner，1965：81 - 86；Dover，1974：236 - 42）。"[42] 然而，谣言本身的目的和影响就是将目标人物交予公众嘲弄。或正如坎贝尔（1964：315）所说："谣言及其后果、嘲弄，在一定程度上是外部约束，用以支撑个人行为、自尊和羞耻感等内部约束。"这样，谣言作为一种社会控制的形式，使不符常规或越轨的行为不被接受。它深植于社区的思想和社会实践中，监视着人们生活中最细小的部分（Cf. Cohen，1991a：85 - 86，90）。但当它用于评判和嘲弄时，也是"对一种价值的重述"（Campbell，1964：314）。因为批判别人也就暗示了某些脱离常规的行为的理想标准。这一发现适用于谣言早已深入个人生活的雅典。在谣言中，涉及家庭和亲属的价值观尤为突出。因此，言论将人们私人生活的细节带入公众的视线中是为了检验和谴责。相反，谣言深入家庭隐私中是为了发现不遵循社区标准的女性。这样一来，谣言象征着家庭和社区，家庭和城邦的衔接点，它是城邦生活规则影响家庭成员的众多途径之一。

　　谣言在古雅典有着特殊的力量，民主体系中的许多程序能加强言论、嘲弄和批判的原动力。例如，参与就是向所有人开放的一项特权。对于声誉良好的成年男性公民而言，参与意味着定期掌握国家众多官职之一长达一年时间。但要享受这种责任，他必须首先成为一名合格的公民，其行为也要与公民的身份相配。入职审查中的公共监督可以确保任职者有胜任的资格。陪审法庭同样关注突出的性格和行为问题。似乎各个阶层的雅典人民都被鼓励去窥探和调查，以了解邻居正在做什么及做

---

　　[41]　虽然阿德金斯（1960）探讨了荷马史诗的价值，但他认为对"面子"和"他人之言"的关注是贯穿于五世纪中"希腊道德情状的固有特征，常见于所有男人（及女人）"。演说中的证词表明这种关注一直持续到四世纪。

　　[42]　荣辱观还没有被引入解释性范畴，而是作为一种社会特征。在这样的社会里，"对民意的敏感度"很敏锐，且这种观点能"判断名誉"（Gilmore，1987a：3）。对荣辱和谣言的恰当解释取决于研究对象的特点。我希望自己已经为古雅典明确了一些特点。吉尔摩的作品集值得当代人重新讨论并在评估荣辱观时借鉴。关于雅典荣辱的详细讨论，现可见 D. 科恩（1991a），尤其是 79 - 83，139 - 44，183 - 86。

过什么。对于大多数生活在熟人社区里的雅典人来说，要获得这样的信息只需付出很小的努力，因为他们和邻近居民都保持着亲密往来。这类信息可能仅作为闲话使用，或用作某一目的，即法庭中证人的部分证词，或入职审查中的部分反对理由。谣言的形式和内容都是通过这样的方式来进行社会性建构，以适应制度结构。因此，虽然跟其他小社区相比，雅典城内流传的谣言并非激烈和无所不知，但它却深深地嵌入了制度内，进而更具目的性和潜在的破坏性。

人类学家指出，谣言也可用于保护精英，加强共同价值观和行为准则（Gluckman，1963）。同时，它也可以把过分追求卓越的人和未能遵守规范的人拉近，以确保精英成员的平等性。一般情况下，对雅典精英成员来说，这个观点是正确的，因为谣言是他们与他人竞争时使用的武器之一。因此，在诉讼中，谣言往往能在需求上达到一种思想境界，使精英公开认同值得感恩的好公民形象。不幸的是，现存的绝大多数诉讼案例是由精英成员所写，和/或为精英成员而写的（Ober，1989b：45）。因此，没有任何管理机构的证据可以表明，下层社会的成员是否也在上诉时利用对手的谣言来迷惑陪审团。在诉讼中采用谣言是不是为有钱的委托人写稿的演说人崇尚的惯用手法（Ober，1989b：150）？它是否在法庭上被广泛使用？这些都很难说清楚。我们可以确信的是，精英们自己总是采用谣言，迫使同伴遵守适于社区和城邦的行为标准。在法庭和公民大会的广大观众前说出谣言，可以使下层社会成员判断其正确性或其他个人行为，进而对精英施加一些控制（Ober，1989b）。

但谣言比精英的影响更大。它通过邻居和郡内民众的小道消息流传到当地人常去的地方，流传到乡村广场和雅典的集市。这表明没有人能免于批判和嘲弄。引发谣言的问题来自私人和公共行为的各个方面，也指向同一方向。不管是无事可做还是恶意为之，谈论他人都是社会行为中根深蒂固的一部分（cf. Campbell，1964：314）。除精英以外，谣言描绘的画面、公布的标准和强加的道德观都有助于保护继嗣群，反对外来者。因为通过相互批判，雅典人对外宣称雅典人应是什么样的。从而，谣言帮助他们维持地位，成为被奴隶和外来人围绕的精英。⑬

附录　诉讼中的谣言

以下是诉讼中谣言最常见的主题：

私人服务： 德摩斯梯尼，21. 151 – 57，160 – 62，25. 78，36. 41 –
42，38. 25，42. 22 – 23，45. 66；54. 44；迪纳尔库斯，1. 69 –
70；伊塞优斯，4. 29，5. 36 – 38，44 – 45，11. 47；吕西阿斯，
6. 48 - 49，21. 20

军事服役： 埃斯基涅斯，2. 79；德摩斯梯尼，21. 148，163 – 174，
39. 16 – 17；伊塞优斯，4. 29，5. 46；伊索克拉底，18. 48；吕
库古，1. 19；吕西阿斯，3. 45，6. 46 – 47，13. 77 – 79，31. 9，
27 – 29

对待亲属： 埃斯基涅斯，1. 102 – 4；德摩斯梯尼，21. 130，24. 127，
202 – 3，25. 55；45. 70；伊塞优斯，5. 9 – 11，39，7. 31，42，
44 – 45，8. 37，40 – 43，9. 16 – 18，11. 37 – 38

---

⑬　D. 科恩最近的著作（1991a）关注古雅典道德的实施。大部分内容是关于名誉政治和
"有效控制社会的常见知识"（90）。因此，他也关注谣言及其对民意"作为有力的强制力"的
社会产生的影响（97）。比我更加详细，他还描述了雅典社区的"熟人"本质，邻居不仅是困
难中的资源，也是谣言的源头。同样可见他对女性和谣言的评论（154，161 – 62），以及对女
性谣言的评论（61，143）。科恩和我都在同一个理论框架内工作，利用对比材料来定义、假设
和解释。不过，基于社会人类学家（e. g.，Davis，1973；1977；du Boulay，1974；Herzfeld，
1985；Gilmore，1987b）对当代地中海社会生活的记叙，科恩比我研究得更深入，且建立了模
型。他随后将模型应用于雅典社会实践的模式中，取得了优异的成果。时刻记着科恩的工作，
让我来回应菲利普·哈丁（1991）针对我文章中谣言的部分提出的批评。或许我能理解他的愤
怒，因为我没有将他作为研究该主题的前人之一。但他 1987 年的文章《四世纪雅典的修辞和
政治》从没真正地直面谣言本身的问题，而是局限于各样主题内相当模糊的"流行偏见"
（29，32，33），他认为这仅是雅典演说人的惯用伎俩。无论是哈丁，还是我，都不是发现这些
主题的第一人，至少我从没这样声称过（See，e. g.，Dover，1974；Ober，1989b）。事实上，
演说中的政治抨击已吸引了一代又一代的学者。哈丁和我的不同在于处理这些主题的方法。像
科恩一样，我的方法是对比和提问，并且我希望这些内容不管过去还是将来都不要出现在哈丁
的脑海中。因此，我不会拯救自己或他于"花时间"阅读这篇文章的"大量的麻烦"中
（1991：148）。实际上，我非常了解这篇文章。尽管主题共同，但传统方法使它完全变成描述
性文章，且涉谣言的部分出现错误。因为哈丁在设计主题时只当它们无价值，不需认真考
虑，就此搁置（31）。他没有将它们同道德的实施或更宽泛的社会控制联系起来。

其他出现频率较低的主题是：虐待朋友（e. g.，Aesch. 2. 22，55；Dem. 25. 56 – 58；Is. 5. 40；Lys. 6. 23），发伪誓（e. g.，Aesch. 1. 115；Dem. 49. 66 –67；54. 39；Din. 1. 46），以及不诚实或其他公共官职中不可被接受的行为（e. g.，Aesch. 1. 107 – 15；Dem. 21. 173 – 74；24；57. 59 –60；Isoc. 17. 33 –34；Lys. 30. 2）。自然还有许多其他随意使用的谣言，其主题没有重复出现，因此我没有记录下来。

第五章 古雅典警务：私人
主动性及其局限

警务的多样性

关于古代世界的政治事务，芬利（1983：18）提出了以下关于国家内部运作的问题："为了制定规则，城邦国家（city－state）必须以什么样的力量在众多行为领域执行决策？"正如他所指出："古代城邦没有警察，只有数量相对较少的公共奴隶供不同的治安法官支配……有组织的警察部门是 19 世纪的产物（cf. MacDowell，1978：62；Rhodes，1984：125）。"[1] 芬利也指出雅典城没有军队"可以承担大规模警察的职务"。武装部队是一种民兵组织（citizen militia），一般只用来对抗外部威胁。那么，发生重大的紧急事件时会怎么样？芬利（21）回答了这一问题，以（415）中采用的仿效毁损荷马士和亵渎圣礼（the Mysteries）的方法为例："所有政府机关都被卷入调查和处罚，普通公民都被动员起来告发和监督。"在一个虚拟的"警报"中，公民大会把全部权力授予五百人议事会；由此，后者得到了特设问询委员会的支持，随即开展了广泛的调查活动（And. 1. 11－15）。他们豁免告密者，签发传票，进行逮捕，

---

① 参见尼佩尔（Nippel，1984），关于"共和国公共秩序的基本原则"的讨论（20）。尼佩尔分析了各种罗马地方官员的职能，以及元老院终极议决的使用。后者是"公民在共和国濒临危险时，使用自救这一不可剥夺的权利的一种表现"（26）。正如雅典一样，罗马在这时也没有"专门的执法机关"（20）。参见特里和哈迪根（1982）。

并施行处决。② 当这种歇斯底里愈演愈烈时，海外密谋推翻政府的谣言就会四下流传。由于害怕城邦被出卖给外部敌人，五百人议事会便命令将军动员雅典公民备战（And. 1. 45）。这是安多西德（Andocides）在《圣礼》中的描述，其中许多细节得到了修昔底德（Thucydides，6. 27 - 28，60 - 61）的证实，他也记录了公民在忒修斯神庙（the temple of Theseus）内带着武装入睡的痛苦和事实（61. 2）。③

如果这一回答代表特别的情形，那么"普通"警务的需求是什么？以下雅典诉讼案例表明，经常发生的争论都得到了解决，暴力事件被平息了，暴徒也被逮捕了，并没有受到当权者的干预。仔细思考来自吕西阿斯演说辞（3）的证据，诉讼产生的原因是两名男子因一名为狄奥多图斯（Theodotus）的男妓而相互嫉妒争吵，而这名年轻的普拉塔亚人很可能是一名奴隶。④ 演说人描绘了对手西蒙曾多次试图从他身边夺取这名男孩，一次是突然闯入他家，而另一次是在街上攻击两人。在后一次事件中（11 - 19），男孩逃到了附近的商店避难，大声呼叫旁观者对此见证。但都是徒劳，因为西蒙及其党羽攻击了店主和其他试图保护他的人们。当攻击者遇到演说人时，这场战斗又重新开始了，两人在附近的街上奔逃着。在场的人再一次进行调停（18）。⑤ 超过 200 人见证了该事件的发生（27），其中一些人为辩护方作证。在这个事件中，令人印象深刻的是西蒙在"简易判决"（rough justice）时向朋友求援将情人绑架，据说他早已支付服务费，因此这一切都是按照契约行事的（22）。虽然暴力事件引发的后果是严重且长期的，但当权者一方并没有干预。

---

② 注意轮值执政团的积极作用，五百人议事会成员中的 50 人作为公民大会的常务委员会。他们将名字出现在公民大会前的第一个奴隶作为一名可能的告密者（And. 1. 11 - 12）。随后他们在房屋内逮捕女仆，该房屋曾被阴谋者作为总部（64）。这些女仆可能受到拷打。五百人议事会被授予的特殊权力可以解释为什么不经过女仆主人的同意而进行拷问（MacDowell，1962：79）。参见阿里斯托芬，《特士摩》929 - 46。

③ 关于该事件更深入的探讨，见罗德斯（1972：186 - 88）。

④ 关于狄奥多图斯，见第三章，注释 6。

⑤ 旁观者是"那些碰巧在现场的人"，参见吕西阿斯演说辞（3. 15，18）中的 paragenomenoi，以及（7）中的早期事件。请注意，在大多数碰巧遇见的案例中，都会有一群人前来救援（16）。更多关于旁观者的信息可见随后的讨论。

相反，是旁观者采取积极行动试图保护年轻人，并使这场战斗停止。⑥

吕西阿斯演说辞（23）让我们更进一步了解维护治安的过程。这一案件关注搜寻某诉讼中的被告，演说人认为这名叫潘克里昂的男子是享有部分公民权的外侨，而非普拉塔亚人。⑦ 于是他当着官员的面传唤了这名男子。当演说人游荡于雅典大街和广场中，开始调查潘克里昂身份的时候，偶然看到潘克里昂被一名叫尼科美德的人当作奴隶逮捕了（9-11）。于是争吵开始了，直到那些陪伴潘克里昂的人承诺隔天和尼科美德的兄弟一起返回才结束，而尼科美德的兄弟会证明潘克里昂是自由人。并且，他们提供担保人以保证他们的返回。鉴于其与潘克里昂的纠纷，演说人这次和目击者也一起返回。尼科美德的兄弟没有出现，因此争论重新开始。刚好在此阶段，出现了尼科美德的对手，一名女性，她声称潘克里昂是自己的奴隶，不允许尼科美德将其带走。但是，如果有任何人愿意维护潘克里昂的自由人身份，双方都准备放弃索求。⑧ 同时，潘克里昂被朋友迅速带走，每个人都空手而归。由此可再一次看出，当个人参与严重的争吵时，并不会引起当权者一方的干预。演说人也不愿将官员带入其与对手的对抗中。尽管潘克里昂的逮捕纯属私事，但他在面对挑战时尝试证明了自己的身份。换句话说，雅典个人有知识和自信自发参与街上的一系列复杂的法律程序，包括试图逮捕涉嫌逃逸的男子，接受

---

⑥ 演说人和被告都是他，不受怀疑。继街上打架之后，他和西蒙私下解决了争端，并支付其300德拉克马，后者声称这是男孩的价钱（Lys. 3. 25；cf. Gernet and Bizos, 1967. 1：72，n. 3，and 73，n. 1）。然而，这次相遇的细节和旁观者的干涉似乎是准确的，已被多名目击者证实。

⑦ 当他们的城市被底比斯于427年摧毁，普拉得安斯人逃亡至雅典，在那里他们成为名誉公民。德摩斯梯尼记录了将普拉得安斯人散布于郡和部落并封他们为全权公民的法令。他们的后人在雅典都享有充分权利（Dem. 59. 104-6；cf. Isoc. 12. 94）。为了使这些普拉得安斯人能够证明自己身份的永久性，这些被法令赋予公民权的人的名字被刻在雅典卫城的台柱上。关于该法令的探讨，见M. 奥斯本（1981-82：D1）。奥斯本不同意修昔底德认为这种身份是在519年授予给他们的观点（3. 55. 3，63. 2，68. 5）。然而，吕西阿斯演说辞（23）的演说人没有表明他是否在寻找潘克里昂时查阅了这个石柱。（碑文证据在诉讼中的使用，见随后的讨论）

⑧ 参见，埃斯基涅斯（1. 62，66）；德摩斯梯尼（58. 19-21；59. 40，45）；伊塞优斯（片段 xviii，xix）；伊索克拉底（17. 14）。也可见哈尔伯克拉提昂（Harpocration），s. v. exaireseos 诉讼。哈里森（1968：178-79）描述这个程序如给那些所谓的奴隶带来自由的"象征性行为"，"主人奴役奴隶的反向运动"。"当主人起诉'维护者'——奴隶的朋友时，实际的法律程序就开始了：后者在官员面前提供担保，保证所谓的奴隶会出现在法庭上。"参见，格尔里特（1955：164-67）。

担保人，调用目击者，以及支持嫌疑人的兄弟提出正式辩护。

简要看看德摩斯梯尼演说辞（59.37 - 40），我们就会理解吕西阿斯演说辞（23）中描述的某一类诉讼程序及结论。演说辞（59.37 - 40）关注的是妓女涅埃拉和前任情人福利尼间的纠纷，后者是雅典人，曾在科林斯帮她赎回自由。涅埃拉从福利尼的家逃至麦加拉（Megara），短暂逗留后又回到雅典和斯蒂芬住在一起。现在她是一名享有部分公民权的外侨，并由斯蒂芬作为她的保护者（prostates）。⑨ 福利尼有理由对她的"报答"方式感到愤怒，尤其当她带走其部分财产时。得知涅埃拉和斯蒂芬住在一起后，福利尼召集了一群青年男人，试图把她从斯蒂芬家中绑架出来。他声称涅埃拉是他的奴隶，以此为自己的行为辩护。斯蒂芬的反应则是维护她的自由。因此，斯蒂芬被要求向官员提供担保人，直到诉讼澄清涅埃拉的身份，并解决财物被偷一事。但针对此事从未有过诉讼。相反，在朋友的催促下，他将事件提交给私人仲裁，并在庭外获得解决。⑩ 在该事件中，值得注意的是福利尼没有向负责诉讼的行政官员（polemarch）或任何公职人员寻求帮助。他自己掌握整个事件，组织一小伙朋友企图强行抓住涅埃拉。这是一种纯粹的个人行为，以斯蒂芬主张涅埃拉的自由而告终。福利尼被迫承认程序的合法性，并接受担保。整个事件几乎在没有官方介入的情况下进行，亲属和朋友在各个阶段都积极提供帮助和建议。

以上三个例子的共同之处是他们诉诸"自救"（self - help）。当事人擅自以这样或那样的方式使用武力回应受到的进攻，或寻求法律认可的权利（Gulliver，1963：220，284；Lintott，1968：22；1982：14）。⑪ 不管是

---

⑨　关于保护者，见哈尔伯克拉提昂（s. v. *prostates* 和 *aprostasiou*）；苏达斯（s. v. *nemein prostaten*）；哈里森（1968：189 - 93）；高瑟（1972：126 - 36）；怀特海（1977：89 - 92）；罗德斯（1981：654 - 57）。我同意哈里森和高瑟的观点，保护者在外侨的生活中发挥着持续的作用。该制度毕竟是一种极好的社会控制方法：每一位登记过的外侨的性格和活动都至少被一名雅典公民知晓。相反，外侨如果受到挑战，也会有一个证明身份的准确方式，如涅埃拉。

⑩　关于仲裁，见第二章。

⑪　关于自救，也参考格尔里特（1924：281 - 85）；卡尔霍恩（1927：62 - 71）；邦纳和史密斯（1930：11 - 22）；沃尔夫（1946）；雷特（1968）；费希尔（1976）；汉森（1976）。以上来源，大部分处于发展中，荷马作为第一人从探索"私人力量的自由使用"到"以法律的形式实施私人纠纷的社会控制"（Wolff，1946：34）。沃尔夫（49）认为，即使在古典希腊时代，司法判决也不会只执行原告的强制执行权，而不创造。渐渐地发展到后期，执行死刑中的纯粹自救被公共控制所限制，并最终被国家官员影响下的实践所替代。

执行合约，还是逮捕奴隶，相关个体都要实施合法行为。此外，他们的行为纯属个人决策的结果，其中一些人的行为相当程度上出自自发。在这方面，这些例子中的行为不同于其他诉诸自救的行为，后者不算是单纯的个人行为，而是由治安法官或政府部门授权个人后施行的。德摩斯梯尼演说辞（47）中的两个事件将说明这类自救行为。

第一个事件（47.18–38）是，前任三层桨战船司令官泰奥斐摩斯未能将部分国有海军装备送还给原先制造它们的造船所时，他的名字因此被写入国家债务人名单中（the debtors to the state）（22）。后来，强迫泰奥斐摩斯交出所有装备的任务落到了新入职的三层桨战船司令官，也就是本次诉讼的起诉人身上。⑫ 诉诸自救之前，后者多次尝试在街上亲自接近泰奥斐摩斯以获得装备，但都是枉然。他也采用起诉的方式，赢得了法庭要求返还装备的命令。当他仍未说服泰奥斐摩斯的时候，五百人议事会通过了法令，命令新入职的三层桨战船司令官"以任何可行的方式"来"恢复"国家财产，事情就这样结束了（33）。有法令在手，演说人在公共奴隶的陪同下进入泰奥斐摩斯的房子。泰奥斐摩斯拒绝遵守法令，并气势汹汹地对其进行威胁和辱骂，司令官派奴隶出去寻找目击者以见证整个过程（35–36）。最终，当所有的争论失败后，演说人开始没收财产作为担保，并攻击应门的奴隶。泰奥斐摩斯对此进行干预，阻止没收，于是演说人开始采取行动，进屋扣押其他财产。一场殴斗就此爆发，演说人不得不空手离开（38）。

这一片段涉及的暴力事件导致了进一步的法律争斗，对泰奥斐摩斯的袭击指控也被暂时搁置。该案件中，演说人败诉，因其对泰奥斐摩斯

---

⑫ 演说人也是捐助团中管理财政的官员（Dem. 47.22）。捐助团首先成立于378/77年，是雅典有钱人的团体，他们作为共同捐助者，代替了以前负责礼拜仪式的私人三层桨战船司令官（Jordan，1975：73–89；Hansen，1991：113–14）。乔丹（1975：88–89）认为，就该项职能而言，演说人负责捐助团中之前使用者未结清余账的装备。纯属偶然，他曾是一名远航的三层桨战船司令官。这个说法有道理，由于之前的种种改变，战船捐献事实上已经变得不那么私人化了（Gernet，1957：196）。无论他的权威如何，演说人都被鼓励从事"原始的和基本的"个人"私人法律"行为（Gernet，1957：196）。至于其他提及的官员，如epimeletai ton neorion或造船厂的监事，以及apostoleis（Dem. 47.21，26–27，33，37），见乔丹（1975：30–35，54–55）。

造成损失而欠下了债（47. 49 – 51；cf. 64）。[13] 他要求延期还债，并认为这是理所应当的。然而同时，泰奥斐摩斯开始行使权利扣押财产，带着兄弟和妹夫，来到演说人乡下的房中，没收了他的财产（52 – 66）。由于演说人当时并不在场，没收财产的行为就当着其妻儿的面进行。但泰奥斐摩斯及其兄弟对一位试图阻止他们的老保姆造成了致命伤害，因而这次没收财产的行动再次涉及暴力事件。因为邻居家的奴隶在街上召集行人前来见证了整个没收过程，路人也再次发挥了作用。[14] 其中一位邻居还阻止了三人强行拖走演说人的儿子，这些人误以为其儿子是奴隶。第二天，心烦意乱的债务人在众多目击者在场的情况下，来到泰奥斐摩斯面前，付给他所欠金额。正当他们谈判的时候，泰奥斐摩斯的兄弟艾文格斯（Evergus）返回演说人乡下的房中没收了更多财产（64 – 65）。

我详细地叙述了这两个事件，是因为它们揭示了诉诸自救中一些有趣的特质。在此，个人不参与诉讼使其诉求得到回应，却在治安法官的命令之下自行解决，好像该行为是法庭判决的结果，或是为了遵循公共法令。实际上，他们变成了执法人员。这样的行为既不是自发的，也不是纯粹私人的，而是受命于法律和法令，表明了雅典国家既无官僚机构——例如法警——也无警察去实施某些法律决策，这些法律决策有部分与其需求有关。相反，个人与任何亲属或/及朋友一起行动，后者会说服并帮助前者。在这种情况下，证人很关键，旁观者往往不可能被召集在一起来承担这样的角色。当国家自身的财产处于争议中时，公共奴隶就被单独作为一种权力的象征，见证整个过程。[15] 他也向公民提供一切援助，试图扣押财产。在此，自救绝不是变化无常的，而是制度化的。此外，演说人的观点表明，在扣押这种行为里，习惯起着支配的作用（80 – 81）。例如，人们不应该在主人不在家的时候进入房屋，当着

---

　　[13]　他在德摩斯梯尼演说辞（47. 51）中谈到"katadike"或损害。之后，他补充提到"epobelia"和"prytaneia"，"所有流向国家的费用都需要陪审员支付，但败诉方必须向对手偿还他自己欠的费用"（Harrison，1971：93；cf. 184 and Gernet，1957：199 and 220，n. 3）。

　　[14]　有"路人"意思的词是 pariontes（Dem. 47. 60；cf. 36）。

　　[15]　乔丹（1975：60）认为这里提到的"hyperetes"是一种辅助 epimeletai ton neorion 的公共奴隶。这种奴隶的官方名称是 demosioi hoi en tois neoriois，参见《古希腊铭文研究》II[2] 1631. 197，381。

他人父母或妻儿的面没收财产也是不对的。人们必须确保所没收的物品真正属于负债人，而不是别人。当然，暴力是不值得讨论的。但如果这些事件都是典型的，那么暴力在许多情况下想必是不可避免的。

在整个讨论中，我都使用"自救"这个术语来描述个人私下展开并行使的诉讼程序。事实上，"自救"这个词让人产生了一些不安，它一般和篡夺武力或诉诸暴力联系起来。当然，武力或暴力在这里描述的所有程序中并不是必要特征。例如，扣押的过程只是象征性地主张武力，就像拯救某人于奴隶制中。这些都是合法的行为，前者是法庭判决赋予的合法性，后者是与身份地位相关的诉讼。（Cf. Lintott，1982：22.）。在我看来，我们需要一个应用更广泛的术语，可以包含个人行使的整个诉讼程序，严格来说，即使他们没有用到自救。我建议将"私人主动性"这一术语使用于下面的讨论中。

雅典司法系统

在转向探讨警务问题之前，让我们先弄清楚雅典司法系统的一些问题。位于该系统中心的是私人起诉。[16] 不言而喻，任何人受到人身伤害后都有责任以自己的名义发起诉讼。这就是私人诉讼或自诉（dike idia）。公共诉讼（dike demosia）与之不同，任何完全拥有权利的公民都可以发起诉讼。尽管这样的诉讼通常被简称为公诉（graphai），但实际上它们包括各种具体的程序，如明证（endeixis），phasis，或检举告发（eisangelia）。另外，公私诉讼的区别并不完全对应于民事和刑事的现代划分方式。因此，谋杀的"罪名"无论如何都不是合法的，也不是公众首要关注的：死者的近亲会以自诉的形式起诉谋杀犯。一般来说，公诉的形式有两种。一种是 graphe kakoseos，以保护孤儿、女继承人和年老

---

⑯　关于私人起诉的实践和诉讼分类见格罗兹（1904）；卡尔霍恩（1927）；雷特（1968：264－67）；哈里森（1971：74－78）；麦克道尔（1978：53－66）；罗德斯（1981：159－60）；和 R. 奥斯本（1985b）。麦克道尔（1978：61－62）指出，某些与规则不符的案件是"志愿者"带来的公共诉讼。例如，当一名官员，如营造官或将军，发现在其职责范围内的违反行为时，他就是罪犯的起诉人。更多关于这类官员的信息见第六章。

父母等个人，这些人没有合法的地位，不能为自己发起诉讼程序。正如格罗兹（Glotz）所指（1904：371），国家变成了他们的保护者。另一种数量更多的公诉关注的是反社区的犯罪，如叛国、在战争中懦弱以及通奸。两种公诉中，任何人都有权起诉被指控的罪犯。

无论对错，雅典人将公共诉讼制度归功于梭伦。亚里士多德（AP 9.1）认为，梭伦以"允许任何志愿者代表被冤枉的人（ho boulomenos）寻求报应（timorein）"这种方式改变雅典宪法。自愿起诉和惩罚是雅典法律程序的两项基本原则，因为雅典没有法定的公共起诉程序。此外，这些原则不仅适用于诉讼，还适用于其他法律程序，如入职审查和述职检查。例如，在入职审查中，庭审会向反对者公开候选人的行为，其规则为任何人都可以展示证据以表明为什么该候选人不能供职（AP 55.2 – 4；Rhodes，1981：619）。同样，地方法官在法庭上审查以后，述职检查者（euthynoi）或审查人会坐在每一个部落的市场里，位于与部落齐名的英雄雕像旁，给志愿者提供控告机会。⑰ 这个术语极度类似于梭伦提出的"如果有人自愿"，他可以提出控告。如果控告看似有正当理由，将会被呈送至适合的权力机构。在一些严重的控告或公诉（graphe）案件中，被告要接受法庭的进一步检查（AP 48.4 – 5；Rhodes，1981：561 – 64）。这两个例子就是基于私人主动性的自愿起诉原则的实例。

是什么促使个人起诉？就私人起诉而言，答案很简单，"人们常常因自身遭受的伤害而寻求补偿"。而在公诉中，其动机较难预测，因为从理论上来说，无论如何公诉人都不会是受伤的一方。或许人们认为雅典人普遍共享柏拉图（Plato）的观点，即"当有人冤枉国家的时候，所有人都会遭受伤害"（Laws，768a）。因此，柏拉图对"向权力机构告发别人犯罪行为"的人给予最高赞美（Laws，730d）。但希望每一个人都展现出对集体的关心肯定是不现实的。毕竟，如果公诉未能赢得陪审团一方的足够支持，仅获得五分之一的选票，那么公诉人需要支付1000

---

⑰ 凯尼恩（Kenyon）的回归被看作在"部落集会的场合"或"市场时间内"。和罗德斯一样，我更倾向于后者（1981：561）。

德拉克马（Dem. 21. 47；25. 83，87；58. 6；Hyp. 4. 34）。⑱ 而且，即使起诉成功，他也陷入了危险之中，因为被击败的对手成为他及其家人和亲属永远的敌人。因此，发起公诉带来的危险可能会使发起人望而却步。

这个问题的其中之一解决办法是为成功诉讼者提供金钱奖励，雅典在众多诉讼中采用的权宜之计，包括 apographe, phasis, 和 graphe xenias（Harrison，1971：211 – 21；MacDowell，1978：62；R. Osborne，1985b：44 – 48）。⑲ 不幸的是，为解决问题而鼓励恶意起诉，因而对奖励的期望导致了另一问题的产生。被称为"谄媚者"的专业告密者的过度增加，使雅典的司法系统负担很重。这种现象的盛行通常被解释为因奖励而存在（e. g.，Lofberg，1917：26 – 32；MacDowell，1978：62）。然而，最近，R. 奥斯本（1985b：48）总结道："我们得到的证据不能证明恶意诉讼或特殊问题是由起诉者得到奖励的行为引起的。"（Cf. R. Osborne，1990）他考虑了所分析案例背后折射出的其他动机。在他提出的特定案例中，奥斯本可能是对的，但毫无疑问，谄媚者在雅典十分活跃，其牺牲他人以充实自己。然而，起诉行为只是他们采取的一种策略；另一种策略是利用诉讼威胁受害人，或者干预述职检查（euthynai）或入职审查（dokimasia），以此敲诈勒索受害人（Lofberg，1917：32 – 48；Harvey，1990：111 – 12）。

参考文献中的"谄媚"（sycophancy）多种多样，跟亚里士多德和柏拉图提到的完全不同，诉讼也不例外（Lofberg，1917：19 – 25；Harvey，1990：119 – 21）。后者提到"谄媚者"（sycophant）这个词仅仅是为了

---

⑱　他被禁止在未来带来同类型的诉讼，因此被剥夺了部分荣誉（MacDowell，1978：64）。哈里森（1971：83）认为，在支付罚金以前，他是完全没有荣誉的。在公共诉讼中，告发是独特的方式，在不惩罚起诉者的条件下沿用到 330 年（Harrison，51；MacDowell，64）。关于告发，见我之后的讨论。

⑲　奖励如下：apographe，报上名册，国家通过出售没收财产而获得的金钱总量的四分之三（Dem. 53. 1 – 2；Harrison，1971：211 – 17；MacDowell，1978：62，166；R. Osborne，1985b：44 – 47）；phasis，被告支付罚金的一半（Dem. 58. 13；Harrison，1971：218 – 21；MacDowell，1978：62，158 – 59；IG II² 412. 7 – 9；Coinage Decree，lines 28 – 29 in Stroud，1974：158）；graphe xenias，出售罪犯被没收的财产获得的金钱的三分之一，如果犯人是陌生人，将其贩卖为奴（Dem. 59. 16，52；MacDowell，1978：62）。

在陪审团中挑起对抗。因此，演说人经常指控对手的恶意控诉，同时小心谨慎地否认自己的行为。㉒ 这一事实单独为挑事者表现出的动机做出了评价。正如罗夫伯格（1917：21）所指："起诉者不断试图说服陪审员，他们因个人动机而提起诉讼。这是由于他们担心自己会被当作谄媚者，或至少被认为是过分爱打官司的人。"起诉者通常以个人的正当理由作为讲话的开端来发起诉讼。不管是否有效，他们宣称的动机都值得认真考虑。至少，他们允许我们探究关于诉讼的来源和起因，及其背后的敌意等一些常见的心理状态。他们还以辩解书为例，说明向授权评估动机和观点的陪审团表达意见时需谨慎。

为获得陪审团认同而采用的一项策略是将处罚敌人时个人的满足感和利他主义结合起来，这种利他通常表现出为城市做贡献。一个极好的例子是埃斯基涅斯演说辞（1.1－2）。起诉者，埃斯基涅斯本人，首先向陪审团声称自己是一名"安静"的男子，从来没有以诉讼的方式折磨他人获罪（Cf. Carter, 1986.）。然而，当他发现被告提马库斯破坏城市，并使自己成为其恶意诉讼的受害者时，他觉得如果不能捍卫城市、法律和自己，将是可耻的。在与陪审团建立联系后，他引出一个普遍观点，公共诉讼通常是"个人仇恨纠正公民恶行"（cf. Dem. 21.8；24.8；Lys. 7.20）。用来描述城市好处的陈词滥调并不总是必需的，尤其是当个人仇恨强烈或可以如此表现出来时。因为雅典人通常毫无顾忌地向敌人表达敌意，甚至是仇恨（e. g., Dem. 53.1－3，15；54.33；58.49，52；59.1，14－15；Lys. 7.20；13.1；15.12；cf. Dover, 1974：182）。

㉒　关于诉讼中谄媚的参考不胜枚举。在许多演说中，这样的控告几乎都有一个主题（e. g., Dem. 55；57；58；Isoc. 18；21；Lys. 7）。关于活跃的谄媚者例子包括阿利斯托吉通（Dem. 25；26；Din. 2），斯蒂芬（Dem. 59）和阿格拉图斯特（Lys. 13）。这些人和其他职业告密人见罗夫伯格（1917：73－85），关于 testimonia 的完整列表见哈维（1990：119－21）。恶意诉讼是非常严重的问题，第六部团期的公民大会每年一次对投诉谄媚行为的案件进行听证（AP 43.5）。由于罗夫伯格的经典研究出版于 1917 年，已非常过时，所以在这个主题上应有更多的著作。R. 奥斯本（1990）和哈维（1990）最新的文章在重新评估谄媚的证据和定义上很有价值，他们对谄媚原因的不同总结值得关注。数据分析的典型要提到海（Hay, 1989），他在1750 年至 1850 年间对恶意诉讼进行研究，认为公共起诉人的缺乏也在雅典引起了众多这类恶意诉讼的滥用。研究中，海试图"建立关于恶意使用法律的机会、动机，以及可能性的讨论"（354）。

毕竟，世仇并不罕见，仇恨往往由父亲传给儿子（e. g.，Dem. 21；57；58；Is. 9. 20；Lys. 13. 42；14. 2；32. 22）。因此，演说人为起诉者时列举的可能动机如嫉妒、谄媚（例如金钱）、复仇（Lys. 24. 2），其中最后一个是起诉者最常用的表达。实际上，复仇不仅仅是被雅典人接受的，甚至是被鼓励的，因为人们普遍认为不向敌人寻仇是很令人感到耻辱的（Dem. 59. 12；Lys. 10. 3）。这种态度与希腊文学作品中司空见惯的论调有着密切的联系：尽力帮助朋友，伤害敌人（e. g.，Eur. Medea 807 –10；Ar. Birds 420 – 21；Thuc. 7. 68. 1；Plato，Rep. 332a – 336a；Xen. Mem. 2. 6. 35；cf. Dover，1974：180 – 84；Strauss，1987：33）。这是吕西阿斯提出的一个对付祖辈敌人的大胆假设（15. 12；cf. Lys. 9. 20）。德摩斯梯尼甚至认为复仇和起诉同样都是人们期望中敌人和受害者均会做出的反应。

为了区分公共起诉与个人动机，详细地分析一些宣称复仇的案例是有益的。我们从吕西阿斯演说辞（13）入手，这是一个针对某个前奴隶的诉讼案例，据说该奴隶在三十僭主统治时期告发过许多公民并致其死亡，其中一人便是演说人的姐夫狄俄尼索多罗（Dionysodorus）。正如埃斯基涅斯一样，他将自己的起诉动机和对陪审团义不容辞的义务结合起来——两个案例都是如此，既为亲属复仇，又为其他人复仇（13. 1）。演说人为了强调他的复仇，描述了狄俄尼索多罗在狱中的最后几小时。在狱中，狄俄尼索多罗召唤自己怀孕的妻子，并通过她要求他的兄弟，他的妻弟，即演说人，甚至是他们未出生的孩子都向凶手、前奴隶阿格拉图斯（Agoratus）报仇（13. 39 – 42）。

德摩斯梯尼演说辞（53）是一个誊写本，同样以复仇为动机。然而，该案件中的起诉者阿波罗多洛斯公开声明他不是恶意起诉，而是针对被告的伤害和侮辱做出反应发起诉讼。因此，他的职责就是复仇（53. 1）。为了证明他的观点，他做出了让人注目的行为，向国家出让部分因赢得诉讼而属于他的财产。正如他所指："对我来说，只要能复仇就足够了(2)。"伊庇哈雷斯（Epichares）在德摩斯梯尼演说辞（58）开篇表达出同样的意图。他复仇的动机继承于父亲，父亲被剥夺公民权全是由对手狄奥奎尼斯（Theocrines）造成的。因为父亲去世后，伊庇哈雷斯仍要继承父亲成为无资格的公民，所以父亲鼓励他在仍然享有起诉权利的时候复仇（58.1 - 2，57 - 59）。最终，德摩斯梯尼演说辞（59）是狄奥尼斯图斯（Theomnestus）及其姐夫发起的，同样，阿波罗多洛斯反对斯蒂芬也是以复仇作为名义上的动机。因此，最初的演说人狄奥尼斯图斯一开始即诉说他和家庭所遭受的、来自斯蒂芬的无理对待，家庭甚至都处于被剥夺的危险中。为了他们的利益，他和阿波罗多洛斯一起复仇（59.1；cf. 8，15，126）。为了证明自己的观点，他描述了自身所承受的社会压力，各方的人们敦促他复仇，否则他就会被当作懦夫（11 - 12）。㉑

　　前面的例子生动地说明了在雅典自愿起诉的操作方式。向作恶者寻求报复（AP 9.1）并不总是与个人无关的职责。反击敌人通常会深深地触动人们。在某些案例中，虽然对伤害的叙述源自家庭和亲属，但其结果是起诉者另有动机，即受家人鼓励寻求报复，否则就会丢面子。显然，人们希望这样的伤害可以给陪审团产生深刻的影响。值得注意的是，案例中四位经历麻烦事的起诉者引证了各自被告人早期发起的诉讼。其中三个案例都是恶意起诉指控（Dem. 58.2，12，27，37，62 - 63，65；59.39，41，43 - 44，68；Lys. 13.67，76）。在第四个案例中，起诉者采用谨慎的处理方式，提前拒绝了这样的指控（53.1 - 2）。这些案例表明私人敌意是公共起诉的主要动机，就像个人经常利用法庭来向敌人寻求报复。这是"在一个没有实际警察部门的社区，将罪犯绳之以法"的方式之一（MacDowell，1978：62）。

　　㉑　其他关于复仇的案例包括安提丰（2.4.2，11；4.3.1；5.80，88）；德摩斯梯尼（47.70；58.52）；迪纳尔库斯（1.52）；吕库古（1.141）；吕西阿斯（1.4，30，40，42；3.39；7.16，20；9.14；24.2；25.15；29.6）（Cf. Thonissen，1875：68 - 73.）。这绝不是一个详尽的列表。在每一个案例中都使用了动词"timorein"的某些形式。我们非常渴望得到关于复仇的主要著作。特瑞斯通（Treston）的《丰尼》（Poine，1923）虽已过时，但关注了"雅典复仇制度的起源，本质和演变"（422），并专注于杀人罪和古代时期。然而，在五世纪，复仇的冲动相当难以理解，历史学家和悲剧家在演说中利用大量参考进行证明。但是，复仇被引证为个人和政治行为的动机。它也可以作为国家间的敌意和战争的一种解释。

执法中的私人主动性/自救

至此，我们已从大规模突发事件和个人事件两个方面考察了雅典警务，从中发现，恶棍会遭到搜寻，有时会被逮捕。在所有案例中我们都没有发现一个有组织的警察部门，也就是没有训练有素且专业的特种团队致力于强化法律和确保公共秩序。相反，大部分类似功能都掌握在普通公民手中。就此，明确"警务"这一术语中我们理解的暗含功能是非常必要的（cf. Nippel, 1984; 1988）。为了分离这些功能，我需参照一些英国历史学家的著作，他们研究过现代警务的出现，其"在很大程度上被广泛认作英国的发明物"（Hay and Snyder, 1989: 3）。[22] 这些历史学家也倾注大量心血研究了过渡时期的社会和思想变化，即英国城市和农村在"出现警察以前"，17 世纪和 18 世纪的治安方式。就我们的目的而言，尤其有价值的是道格拉斯·黑（Douglas Hay）和弗兰西斯·斯奈德（Francis Snyder）的作品，他们探讨了 1829 年前，旧政权中的警务和起诉情况，分离了"执法的三个重要方面"（1989: 18）：拘捕、调查和起诉。这三项任务在 19 世纪以前是受害人一方的责任，在此之后则归于新的势力所管辖。在某种程度上，受害人一方会得到教区警员、城镇警卫或当地治安法官的帮助。在这一时期，许多私人起诉协会成立，以保护其成员为目的，通过一些基本的行动来阻止犯罪，例如定期巡逻。在警察制度化以前，换句话说，私人主动性是英国司法系统的根本。因此，当提到起诉时，整套程序都是由个人来完成的。他/她尤其需要提供担保，执行基本程序，确保庭审中证人的参与，以及介绍案件（25 – 26）。

接下来，我将不会直接提及英美司法系统中的类似之处，尽管它们

㉒ 关于英国警务的参考文献包括克里奇利（Critchley, 1972）；菲利普斯（Philips, 1980）；赖特森（Wrightson, 1980）；舒伯特（Shubert, 1981）；黑（Hay, 1989）；黑和斯奈德（Hay and Snyder, 1989）；斯托奇（Storch, 1989）。

对我而言都是非常重要的。㉓相反，我将采用黑和斯奈德的"执法的三个重要方面"作为最小且合理的因素，这让我们能够对雅典的情形提出系统性的问题。由此，它们也将作为警务的工作定义。我将从以下问题入手：谁调查和收集证据，并呈交法庭？谁逮捕罪犯？谁对起诉和惩罚罪犯中一系列的程序负责？

调　查

雅典诉讼中，谁收集证据以及谁做侦查工作？答案很简单，当事人，他独自一人负责将案件呈交给陪审团。在做这项工作时，他面临许多繁重的任务：寻找相关法律法规；征集证人；当需要特殊搜寻时，运用侦探的技能；向对手发出公开挑战，要求其提供或接收奴隶以施行酷刑，如果他认为这种证词对案件很重要。让我们依次看看这四个方面。

法律法规

诉讼里引用了大量由当事人本人呈交给法庭的成文法律法规（See, e. g. , Dem. 43；59；Lys. 1.）。在五世纪及四世纪早期，引用这些法规时需大声向陪审团朗读。378 年或 377 年后，它们被以书面形式上交（Calhoun, 1919b；Harrison, 1971：134；Humphreys, 1985：321；Todd, 1990a：29）。选择法律法规是一项严肃的工作，首先，因为法律法规会对个人的案件及当事人对赔偿的期望产生影响；其次，引用不存在的法律是严重的违法行为，实际上严重到，任何这样做的人都会面临死刑（Dem. 26. 24；cf. And. 1. 85 – 86）。

雅典的法律规范非常分散，被刻在公共场所常见的石碑上。例如，梭伦和德拉科（Draco）的法律（修订于403/2）被刻于集市和皇家柱廊上（the Stoa Basileios）（And. 1. 82 – 85）；在位于雅典战神山的最高法院，人们可以发现关于通奸的法律（Lys. 1. 30）；而反对颠覆民主的法

㉓　两个系统都与斯坦（1984：37）描述为"对抗"的诉讼模式相符，当在严密的规则程序下，一方的证据与另一方针锋相对时，双方"在法官和陪审团前对峙"。

律则被刻在议事厅前（And. 1. 95；cf. Lyc. 1. 124 – 26）。㉔虽然在雅典四处走动，并草草记下这些似乎与个人诉讼相关的法律非常简单，但在五世纪末的时候出现了另一种替代方式。409 年到 405 间，官方国家档案馆建立于母神之庙（Metroon）——众神之母（the Mother of the Gods）的神殿（Aesch. 3. 187；Dem. 19. 129；25. 70，99；Din. 1. 86；*IG* II²583. 5 – 7；Wycherley，1957：150 – 60；Harrison，1971：134 – 35；Boegehold，1972；Posner，1972：97 – 114；W. Harris，1989：77；R. Thomas，1989：38 – 40）。从此，雅典各处公开展示的法律和其他关于公共奴隶的公共文件一起被归档于档案馆中（Dem. 19. 129；cf. IG II²583. 6 – 8）。㉕

德摩斯梯尼演说辞（54）关注了一个攻击行动（dike aikeias），为当事人如何引用法律提供了一些见解。起诉人阿里斯顿（Ariston）向亲友寻求建议，他们为他提供了很多方法。例如，他可以让对手作为"偷衣贼"㉖被拘捕或告发他在 graphe hybreos 下使用暴力。但由于建议者过分担心其采取的行动会给这个年轻且缺乏经验的起诉人带来诸多困难，他们建议了一个简单的攻击指控。结果，阿里斯顿在面见陪审团前就自行做了一些研究。他简要阐述了攻击行动的细节，以防止敌意和暴力逐渐升级为谋杀（17 – 19）。演讲到一半的时候，他呈交了包含于证据中的法律条款（24）。他提供的法律主要关于狂妄自大和"偷盗衣物"的

㉔ 其他法律的位置，见麦克道尔（1978：45）。

㉕ R. 托马斯（1989：38，n. 72）认为档案的主要内容是法令。四世纪末，档案还包含法令的复制本。我同意伯格霍尔德（Boegehold，1972：30）认定的中央档案馆建立的时间。伯格霍尔德也不赞同，在 403 年或 402 年前展示在公共石碑、青铜或木桩上的文本是唯一的官方文件这一观点。他认为尽管一些记录以这种方式被保存下来，但还有其他记录掌握在不同地方法官和官员手中，散布在城邦内外（29）。坎普（Camp，1986：91）引用《古希腊铭文研究》I³ 27 作为五世纪时记录保存于议事厅的证据。参见波斯纳（Posner，1972：106 – 7）和 R. 托马斯（1989：39 – 40）的评论，他们和伯格霍尔德（1972：28）一样举出安多西德演说辞（2. 23）来证明，在 409 年或 408 年左右档案仍保存于议事厅。409 年到 405 年间，五百人议事会搬到新的议事厅后，档案被遗留下来。随后，该建筑被称为母神之庙。

㉖ 我从字面上翻译"lopodytai"一词是以 54. 8 – 9 和 32 为基础，阿里斯顿描述了攻击者撕掉他的外衣（宽松长衫或披风），让他"裸体"。参见，D. 科恩（1983：80 – 83），其他来源中对该词的字面解释。他认为，这种犯罪以使用武力或暴力为特征，用一个现代的对等词可表示为"拦路抢劫"。

行为。因为他希望陪审团明白，其对手应该被指控这两项罪名之一，尽管实际上对手是因攻击被起诉的。该案件很有价值，因为它揭示了当事人从事的研究、其必须做出的选择，以及从亲友处获取的建议。显然，这种私人主动性需要当事人具有较高水平的读写能力和一定的组织技巧。

证　人

让我们重新回到吕西阿斯演说辞（23）中，看看侦查在征集证人时发挥作用的典型方式。为了搜寻对手潘克里昂，起诉人走到多个集会点，包括理发店和奶酪市场。每到一个地点，他都会遇到给他提供有关潘克里昂身份和线索的人，并与他们交谈。其中，一些人是迪西利亚人（Dece-leans），他认定的宗族成员；而另一些人是普拉塔亚人，他也声称与他们有亲近关系。许多作为证人出现的人都是以这种方式被找到的（23.4，8）。安提丰演说辞（6）讲述的是一个谋杀案例，其中更加精确地描述了个人调查控诉的任务。被告是一位诗班赞助者（choregos），因被指控谋杀一名年轻的歌舞艺人，而向他的对手菲洛克拉特（Philocrates）提出挑战（6.23－24）。他敦促对手召集尽可能多的证人，并亲自面对这些在案件发生时在场的人。他必须向这些人提出质疑。此外，由于这些出现在谋杀现场的人中还有奴隶，他也声明愿意交出自己的奴隶，由菲洛克拉特拷问。对于不属于他的奴隶，他答应寻找其主人并获得其准许。换句话说，在进入法庭以前，个人需要征集并审问证人。他诱出的证词将构成证据被呈交给陪审团，不管是以口头还是书面的形式（Cf. Is. 3. 19－22.）。演说人也会暗示，众所周知，在很多案件中（例如，谋杀、伤人或不敬），由地方法官和不受欢迎的陪审团充当裁判员，传唤亚略巴古的成员在审讯前作为证人（Dem. 54. 28；Isoc. Lys. 7. 22）。㉗

㉗　作证和见证的所有方面，见汉弗莱斯（1985）。邦纳（1905）关于证据的著作也值得参考，如托德（1990a）的著作一样。

侦查工作

侦查工作多种多样。除了追踪失踪的嫌疑犯（Lys. 23），还包括搜索谋杀犯的线索（Ant. 5. 29），搜查房屋以便发现被盗物品（Is. 6. 41 – 42），或在以"财产交换"㉘ 闻名于世的程序中评估对方的财产（Dem. 42）。在最后一项工作内容中，一旦某人接受挑战交换财产，他的朋友及亲属需作为证人来证实诉讼当事人在挪动对手财产时的所见。现存的记载是一个关于农场的案件，演说人（立法机关的议长）仔细查看房屋的情况，评估农产品的供给情况，要求停止销售木材（5 – 9），并一直寻找能够表明财产受到限制的界桩（用石头制作的标记）。此外，他还用封条封上了房屋并加派守卫看守，以确保该房屋在他检查后所有财产保持原样且没有丢失。㉙

另一种形式的侦查工作在一定程度上相当于搜查对手的"记录"。

㉘ 财产交换（antidosis），是古希腊古典时代后期著名的教育家伊索克拉底（Isocrates，公元前 436 – 338 年）晚期的重要作品《换物》（也有的译为《论财产交换》）中提出的概念，公元前 392 年，伊索克拉底在雅典吕克昂附近创设第一所修辞学园，也是古希腊最著名的学园之一。这个学园既是他通过课程演习、演讲词写作和模拟公共集会讲话培养他所说的好公民（kaloi kagathoi，古希腊文为"καλοι κἀγαθοι"，英文意思为"The Beautiful and the Good"）的地方，也是他就雅典和希腊事务发表见解的地方，在这里他主要教授修辞学和雄辩术，以培养演说家为己任。在他的指导下，许多学生成为演说家、政治家。伊索克拉底提出，"财产交换"是一种与"公益捐助（liturgy）"相关的司法程序，即当某人被选定承担公益捐助时，他可以自己承担该项费用，也可以主张由另外一个，比自己更富有的人来承担。如果第二个人同意，则由其承担；如果不同意，他可以提出将自己的财产与第二个人的财产互换，然后用换来的财产承担。"公益捐助"是每个雅典公民无法逃避的义务，因此，一旦被指定承担某项公共支出，要么以自己的财物，要么以换来的财物承担该捐助义务；只要被他人提起换物诉讼，当事人在法庭上辩护的重点一般并不在于证明自己并不更富有，而在于证明自己富有公益心，自己对雅典做了多少贡献，自己的财富来源多么正当等问题，以获得公众的感激并为自己获得好的名声。《论财产交换》分为五个部分，第一部分是开篇（1 – 28），说明为什么写作这篇辩论文章，为什么以这种与法庭辩论稍有不同的方式写作这部著作；第二部分（29 – 51）是对诉讼焦点的陈述和自己的初步辩护；第三部分（52 – 138）是通过自己的言论和教学行为进行辩护；第四部分（139 – 309）是通过对修辞术的特性、它与哲学的关联以及它与雅典特性的关联，在更高的理论层次上为自己辩护；第五部分（310 – 326）是结束语。整部作品都围绕对自己的指控进行模拟法庭辩护。参见百度网站：http：//baike. baidu. com/view/390938. htm 及维基百科网站：https：//en. wikipedia. org/wiki/Isocrates 以及胡传胜："伊索克拉底的申辩——《换物》解析"（《政法思想史》2013 年第 2 期第 1 – 16 页）。——译者注

㉙ 《换物》，见哈里森（1971：236 – 38）；麦克道尔（1978：162 – 64）；加布里埃尔森（Gabrielsen，1987）。参见，德摩斯梯尼（21.79）和吕西阿斯（4.1）。

像法律法规一样，一些不光彩的人的名字会被公开展示，包括欠国家债的人和叛国者。前者的名字被刻在雅典卫城上（Dem. 25. 4，70，99；37. 6，22；58. 16，20，48，50 – 51；Boegehold，1972：26；Hansen，1976：93），而后者的名字被刻在议事厅中（Lyc. 1. 117 – 18，124 – 26）。㉚ 三层桨战船的司令官未能归还齿轮时，他们的名字也被公开展示于造船所（Dem. 47. 18，22；Boegehold，1972：25；Jordan，1975：31）。个人可以查阅这些名单，而不只是诋毁对手的名誉。例如，公共债务人没有公民权，他们是被剥夺公民权的人。因此，这些揭示其姓名的铭文是一种强有力的社会控制手段，而那些查阅名单的人是在行使一种私人警务义务，因为每个人都可以挑战任何无法行使其权利的人。公共场合中也展示了很多正面积极的记录。例如，以 427 条法令确立为雅典公民的普拉提亚人的名字被刻在雅典卫城上（Dem. 59. 104 – 6），与其一同被刻在雅典卫城上的还有在 401/0 年，为恢复民主发挥作用而受到相同奖励的外邦人（M. Osborne，1981 – 82：D6；cf. Lys. 13. 72）。诉讼当事人可以展示一本关于这类铭文的著作，以及其他各种"铭文"证据。

㉚　吕库古（1. 124 – 26）中指的是议事厅中的一块石碑，上面刻有民主国家的叛徒和颠覆者的名字。他接着探讨了 401 年颁布的、用来反对颠覆民主政权的 Demophantus 法令。根据他的描述，该法令记录于议事厅的石碑上。事实上，石碑位于议事厅前方（And. 1. 95；MacDowell，1978：176）。据推测，法令和人名都刻在相同的石碑上。参见，伊索克拉底（16. 9）。债务人的名字被记录在雅典卫城的雅典娜神殿中的木板或白板上（Dem. 25. 70）。伯格霍尔德（1972：26 – 27）认为这些记录中包括一种特殊的、独立的且不同于母神之庙的档案，虽然如此，但其仍是雅典人可接触到的。sanides（s. sanis）或 leukomata 是涂有灰泥的木板，用在公共场所展示临时消息。因为当偿还债务后记录其上的债务人很容易被擦干净，所以这种木板很适合用来记录债务人的名字（Dem. 58. 50 – 52）。关于 sanides 的其他用法，例如见，《雅典政制》47. 2：提交给五百人议事会的税收记录；德摩斯梯尼，24. 23：由个人提议，公民大会考虑的法律；埃斯基涅斯，3. 38 – 39：司法执政官发现法律需要修正。参见《雅典政制》（48. 4）；安多西德（1. 83）；吕西阿斯（9. 6；26. 10）；《古希腊铭文研究》I³ 476. 188 – 89；《古希腊铭文研究》II² 1237. 62 – 63。罗德斯（1981：555）提出用来描述暂时记录方式的其他一些表达。R. 托马斯（1989：53 – 54）将这种记录描述为"记忆助手"。用于张贴公告的地点是集市的齐名英雄纪念碑。每一位英雄下都张贴有相关部落的告示。此外，所有公民感兴趣的一般信息都展示在那。例如见，《雅典政制》（48. 4）；安多西德（1. 83）；德摩斯梯尼（20. 94；24. 23）；伊塞优斯（5. 38）。关于纪念碑及其用途的描述，见坎普（1986：97 – 99）；关于 testimonia，见威彻利（1957：85 – 90）。国家债务人和叛国者没有完全占满这些可以向公众公开的名字列表。例如，关于罪犯的长列表，包括谋杀犯和流亡者，在他们的公民权利得到恢复以前，他们的名字被记录在雅典的某一个或两个公共地方，见安多西德（1. 77 – 79）。法庭听证的案件也会被张贴在集市的木板上，因此，人们可以轻易发现谁被控行为不当，包括谄媚和犯罪活动（Isoc. 15. 237）。

奴隶证词

拷问奴隶是第三章的主题。然而，对于当事人的私人主动性而言，作为调查的另一种方式，诱出奴隶的证词值得被重新考虑。例如，之前提到的被控谋杀的诗班赞助者必须得到这样的结论，在向菲洛克拉特提出挑战之前，他是出于个人利益才让自己和他人的奴隶接受拷问的（Ant. 6. 23 – 24）。这样，他便使自己卷入了一系列任务中。他必须准备挑战，并最好在证人面前，在公开场合提出。在这种情况下，他需要在陪审法庭上大声朗读挑战，而在那里他和对手早前也有过纠纷。其他可以朗读挑战的地点还有集市（Dem. 29. 11 – 12；59. 123）和仲裁听证会（Dem. 29. 19 – 20，31 – 32；47. 12 – 15；49. 55；54. 27 – 29）。在私人地点，如个人的家里也是可以朗读挑战的（Dem. 30. 36；54. 28；Lys. 7. 34）。除了证人，他还需要担保人（Dem. 37. 42）。挑战中，发起人必须事先声明被拷问的对象、地点以及条件（Dem. 37. 42；59. 124）。但是一个正确的挑战只是某人履行责任的开始。因为这样的问题不应影响法庭上的专业人士。挑战者和对手都要充分参与这场公共诉讼，有时甚至要在一群感兴趣的旁观者的注视下进行（Dem. 47. 12；Isoc. 17. 15）。即使当事人将真正的酷刑交给拷问者来执行，他们也应对提出的问题负责任。此外，为了判断何时能从奴隶口中获得真话，他们必须在整个拷问过程中保持警惕。能忍受拷问的人实际上是在拷问自己（Ant. 1. 10 – 11；5. 32 – 35；Dem. 37. 42；Isoc. 17. 16）。换句话说，诉讼当事人不仅选择以这种方式寻找证词，他们也完全有责任安排这样一种场面，即自己扮演积极主动的角色，将司法酷刑作为私人主动性的一种模式。㉛

㉛ 拷问的挑战不是构成法庭所承认证据的全部。另一个重要的内容是提供宣誓或要求对手这么做（e. g.，Dem. 39. 3 – 4；40. 10；49. 65；54. 40；55. 27）。关于这类和其他挑战，见邦纳（1905：74 – 79）；哈里森（1971：150 – 53）；麦哈迪（1991a）。此外，诉讼当事人还有责任收集其他形式的证据，如私人文件（Bonner，1905：61 – 66；Harrison，1971：135 – 36；MacDowell，1978：247）。

逮　捕

在雅典，逮捕罪犯和其他违法者这项工作是很复杂的。一般来说，逮捕工作要留给那些有私人主动性、愿意抓捕或了解不法者的人。由此看来，逮捕就是自救的典型实例，因为它需要使用武力。

我们已注意到有一种逮捕的形式，即捕捉逃跑的奴隶。关于逃跑的少量现存文献表明，奴隶主被迫主动寻找并逮捕奴隶（Dem. 59. 9）。有一个案例中，奴隶主甚至到国外追捕奴隶（Dem. 53. 6）。㉜关于离家近的奴隶逃跑，福利尼的例子很经典：他召集了一群年轻人试图绑架涅埃拉，声称涅埃拉是其奴隶（Dem. 59. 40）。这种逮捕是通过严谨的教育和训练所养成的生活方式（agoge）。为了实施这一行为，一众亲友肯定是行动主力，例如尽管尼科美德，他所谓的奴隶，并没有做好准备就巧遇了潘克里昂，也没有提出反诉（Lys. 23. 9 – 10）。因此，奴隶主和奴隶一样，会向旁观者提出求助。只要相信主人控诉的正义之词，旁观者很可能会提供需要的武力帮助制服逃跑，或相反，会营救一个被非法逮捕的自由人，就像斯蒂芬营救涅埃拉一样（Dem. 59. 40；cf. Aesch. 1. 62，66；Isoc. 17. 14）。由于这种私人主动性，有嫌疑

㉜　这里是指逃跑的奴隶（cf. drapeteuein：Dem. 42. 32）。关于逃跑的奴隶，见阿里斯托芬《骑士》26 – 28，《和平》451，《鸟》760 – 61；吕西阿斯，330 – 31；修昔底德，7. 27. 5；《古希腊铭文研究》I³ 43. 3 – 5。卡特利奇（1985：29）认为 "逃避和盗窃是最常见的两类奴隶 '犯罪'"，他引用了四世纪安提法奈斯标题为《奴隶捕手》（ho Drapetagogos）中的例子，作为 "普遍存在现象" 的一种印证。我没有听说过雅典本身的奴隶捕手案例，但毫无疑问，他们确实存在，就像其他奴隶社会一样（e. g.，Rome：Daube，1952；the American South：Genovese，1976：617 – 19，651）。奴隶逃避是普遍现象，集市上的 Theseum 常作为他们的避难所。威彻利（1957：114 – 19）为神殿召集了 testimonia，但基本上都已晚了（e. g.，Plut. Theseus 36. 2；schol. Ar. Knights 1312；Pollux，7. 13），参见克里斯坦森（Christensen，1984）。加兰（1988：193 – 97）将逃跑奴隶的一些证据汇集起来，尽管他指出（193，n. 92）对希腊逃亡奴隶的全面记述仍然有待书写，如芬利（1980：175，n. 72）一样。关于奴隶的刑事文身，见 C. 琼斯（1987：147 – 48），及本书第六章。

的奴隶通可以过一种维权正义（dike aphaireseos）的手段诉诸法庭。[33]
此举要求三名担保人，从而阻止了反复无常的干预。此外，如果输掉官
司，干预者必须支付高额的罚金（Dem. 58. 19 – 21）。

在很多方面，逮捕公民，即实时逮捕（apagoge），也类似于追捕逃
跑的奴隶。因为这也是一种自救行为，尽管会受到诸多限制和束缚。例
如，即刻逮捕仅是针对某些罪犯允许的一种程序，包括当场被捕
（caught in flagrante delicto）的普通刑事罪犯（kakourgoi）、在禁区找到
的杀人犯以及被剥夺公民权却仍坚持行使充分公民权的人（atimoi）。亚
里士多德在"十一人（the Eleven）"（AP 52. 1）的讨论中提到三类罪犯
（kakourgoi）：小偷（kleptai）、绑匪（andrapodistai）和偷衣贼或拦路强
盗（lopodytai）。在这个名单上，我们还可以加上入室窃贼（toi-
chorychoi）、抢劫寺庙者（hierosyloi）和扒手（ballantiotomoi）（Ae-
sch. 1. 91；Ant. 5. 9；Dem. 24. 113；35. 47；54. 1，24；Isoc. 15. 90；
Lys. 10. 10；Xen. Mem. 1. 2. 62）。所有的这些罪犯都因财产而犯罪。亚里
士多德也描述了曾采用的将被告交给"十一人"的程序。如果他承认了
罪行，就会被立即处决。如果他对控诉有争议，将会在陪审法庭接受审
判，或被宣告无罪，或被处以死刑。[34]

诉讼案例中有大量关于实时逮捕的文献（e. g.，Dem. 22. 26；24. 146，
209；45. 81；Hyp. 3. 12；Is. 4. 28；Isoc. 15. 90；21. 14；Lys. 13. 85 – 86）。
例如，我们知道阿里斯顿是如何在事件发生很久以后，盘算着将西蒙当
作偷衣贼即刻逮捕的（Dem. 54）。阿格拉图斯的被捕说明这样的处理方

---

[33] 关于维权正义（dike aphaireseos）使用的案例，见注释8。皮塔拉库斯的例子是有问题
的（Aesch. 1. 62，66）。虽然他是一名奴隶，还是一名公共奴隶，但他由一名私人公民"引入
为奴"，然后由另一名男子救出，并担保他的"自由"。甚至在该事件之前，皮塔拉库斯已经提
起诉讼，针对海各桑德罗斯及朋友对他的袭击（60）。正是前者发起了维权正义。这类诉讼最
终的结果是庭外和解（63 – 66）。事实上，皮塔拉库斯提起的原诉讼已被引证为公共奴隶享有
"近似外邦人的"合法地位（Harrison，1968：177；cf. Waszynski，1899：560 – 61）。但出现的
问题是：雅典政府和奴隶的拥有者不会对个人起诉奴隶的事件有一丝兴趣吗？雅各布（1928：
158 – 62）根据这些问题探讨了这一段，最后总结为皮塔库拉斯实际上在案件进行当时是自由
人。对我而言，他以令人钦佩的方式，用自己的观点解决了埃斯基涅斯记述中的一些争议。

[34] 我发现汉森（1976：45，103 – 7）在实时逮捕的各个方面上的观点尤其有价值，他将
凶手添加到普通刑事罪犯的名单上。关于通奸，见之后的讨论。关于实时逮捕，也可参照格尔
里特（1924：277 – 85）；哈里森（1971：221 – 32）。

式是可能的（Lys. 13. 86）。三十僭主的统治下，阿格拉图斯告发他人，导致大量雅典人的死亡，其中包括狄俄尼索多罗（Dionysodorus），即狄奥尼西奥斯（Dionysius）的亲戚。随后狄奥尼西奥斯将阿格拉图斯作为刑事罪犯（kakourgos）逮捕，表明谋杀犯也属于这个范畴。㉟ "十一人"谨慎回应狄奥尼西奥斯一案：除非 "动手抓住"（ep'autophoroi）的字样出现在起诉书中，否则他们拒绝批准逮捕。恰好，相同的程序被用于应对禁区发现的杀人犯——大部分是非法返回的流亡者（pheugontes）（Dem. 23. 28，31，80）。实际上，那些敢于这么做的鲁莽之人被允许当场处决罪犯，并最终求助于自救（Dem. 23. 28；Lys. 6. 18）。还有一类罪犯也可能会受到相同的处决，即夜间盗贼（Dem. 24. 113）。㊱ 至于因行使充分权利被捕的权利丧失者（atimoi），他们不会面临即刻处决，但会被 "十一人" 囚禁，直到陪审团审判（Dem. 24. 60，103，105）。

并不是所有罪犯的行为都是明目张胆的。此外，有些人可能不希望逮捕以下公民同胞，如逃避兵役者或负有国债者，以及频繁出现于禁区的人。还有一些人可能认为个人监禁是一种过分的行为，取而代之的办法是向当权者告发罪犯，这个程序即为 endeieis，其赋予起诉者亲自逮捕并囚禁受害者的权利，但并不强迫他这么做（Hansen，1976：13）。典型的例子是安提丰演说辞（5）。欧西休斯被控谋杀希律的米蒂利尼人（Mytilenean），被死者的亲属告发，并被传讯至雅典接受审判。欧西休斯自愿前来，并期望能够不受限制，正如许多被控谋杀犯所期望的一样。然而，他作为刑事罪犯被捕，并被关进监狱。这个案件中，"十一

㉟ 麦克道尔（1978：121 – 22）认为，该指控并不是合理的杀人罪——在 403 年的大赦下可以免除——但事实上，他 "尽管犯了杀人罪，仍经常出入神圣和公共场所"。然而，汉森（1976：130 – 31）指出，起诉人解决了大赦的问题，以及可能的法律限制和 "当场抓获" 一词的适用性（Lys. 13. 83 – 90）。如果指控不是谋杀，那么大多数这样的讨论是毫无意义的。

㊱ 汉森（1976：49 – 51）也探讨了搜索房屋被盗物品的案件，其中引用了柏拉图的《法律篇》954a – b，他认为该书与雅典法律有共鸣。参见，格尔里特（1968：clxxii），哈里森（1968：207，注释2）。基于德摩斯梯尼演说辞（45.81），汉森推断出如果在房屋内找到被盗物品，将会采取的程序为：小偷会被当作刑事罪犯，背着所盗物品一路游行至 "十一人" 处。参见，拉特（1968：269 – 70），现在可参见桑德斯（1991：299 – 300）。当注意到这段文章中的高度修辞特点后，D. 科恩（1983：36 – 37，57）无疑会质疑将其作为搜索房屋程序的来源。关于房屋搜索的历史，见格罗兹（1904：203 – 7）。德摩斯梯尼演说辞（24.105）中表明了这类案件中的罚金：收回财产价值的两倍。这也是很有可能的。

人"授权逮捕，并拒绝担任欧西休斯的担保人（Ant. 5.9，13，17 - 18）。很多罪犯都以这种方式被告发，而且绝大部分被剥夺公民权后仍然不受限制（e. g.，And. 1.2；Dem. 25.49；58.5 - 21；Din. 2.13；Hansen，1976：12 - 13）。如果起诉者实行逮捕，他们可以提供担保而不坐牢。[37] 值得注意的一点是雅典地方官，包括"十一人"，他们不鼓励凭借自己的权力违反社会规则，更别说逮捕罪犯。当然，他们希望个人发挥主动性和告发犯罪者，如果起诉者也希望如此，那罪犯就会被捕。

起诉者带领有关官员到犯罪现场，并将犯罪分子逮捕，这是第三种形式的程序（ephegesis）。汉森（1976：24）将其定义为"一种由地方官员施行的实时逮捕"。在关于面向公众开放的法律程序及其多样性的讨论中，德摩斯梯尼（22.26）提出个人主动发起起诉的原因。他引用小偷的例子："你强大且自信吗？逮捕他（apagein）。你弱小吗？向执政官指出，他们将会被逮捕。"（Cf. Dem. 23.31；24.164；26.9.）"ephegesis"的字面意思为将地方官员带到自己声称的罪犯面前。事实上，现存的关于"ephegesis"的文献中的罪犯包括普通刑事罪犯和流亡者，这表明，以这种方式处理的罪犯都是臭名昭著的（Harrison，1971：231 - 32；cf. Hansen，1976：25）。[38] 这也可以解释为什么关于该程序的现存文献这么稀缺。另外，案例的缺乏也源于这样一个事实，只有弱者和穷人——没有亲友网——才会向地方官员投诉，他们不是对演说撰写人有利的人。但这种程序的存在是非常重要的，给每个人都提供了诉诸武力的机会，虽然这种武力属于国家。同样重要的是，私人主动性再次被要

---

⑨ 在这一点上，我更赞同哈里森（1971：221）在阅读德摩斯梯尼演说辞（24.144 - 146）时提出的观点，而不是汉森（1976：22 - 24）的观点。参见，保利（Paoli，1957），以及格尔里特（1924：283；1965：104）。汉森（1976：11 - 12）仅发现三个明证导致逮捕的案例：德摩斯梯尼（24.146；53.14）；和吕西阿斯（6.30）。此外，他认为在实时逮捕中，监禁可能是强制性的，而不是发生于提出明证（24）以后。我同意他的观点。

⑧ 这些都是汉森提供的案例，并不都是保存完善的。他认为，"关于地方官员执行实时逮捕，这些资料提供了起诉者带领有关官员到犯罪现场的案例"（25）。例如，我认为在引用阿里斯托芬《特士摩》922 时，他是错的。对姆尼丝洛克斯（Mnesilochus）实施的逮捕和惩罚是在五百人议事会的法令下执行，同时受到了一名主席团成员的影响。"十一人"并未参与其中。换句话说，关于起诉者带领有关官员到犯罪现场的现存参考资料几乎不存在，即使词典编纂者将程序描述得有根有据（e. g.，Pollux 8.50；Suidas，s. v. ephegesis）。

求加入这种武力当中。无论怎样的影响，警务都依赖于公民对犯罪活动的觉察力及其采取行动的意愿。

就像夜间盗窃一样，通奸也是犯罪，允许起诉人采取一种终极形式的自救。如果当场抓住奸夫，可以即刻将其杀死（moichon labein：AP 57.3；Dem. 59.41，65，67，71；Is. 8.44；Lys. 1.30，49；13.68）。吕西阿斯演说辞（1）描述了人们是如何实施该行为的。悲愤的丈夫欧斐勒都，在闯入厄拉多塞和妻子共处的卧室前，先召集了一群朋友和邻居，尽管厄拉多塞乞求饶他一命，并提高赔偿，但还是被当场杀死了（1.23-24）。欧斐勒都引用法律允许这样的报复来证明自己行为的合法性（30-33，49；cf. Dem. 23.53）。在任何情况下，死亡都是对奸夫当场被抓的合法惩罚（Lys. 13.68）。他是普通刑事罪犯吗？一些人是这样认为的，参见埃斯基涅斯的案例（1.91；Hansen，1976：19，45；D. Cohen，1984；1991a：111-22）。这样的话，厄拉多塞还是可能遭遇相同的结局，他会被抓到"十一人"的办公室，然后被立即处死。但也有另外一种可用来对待奸夫的计谋，也是一种自救的形式，尽管最后结果不一。即人们可以以获得赔偿为目的，抓住并控制奸夫。斯蒂芬就运用这一方法勒索涅埃拉的情人，一名年轻的外侨。但这个计谋产生了反作用，当厄派乃托斯（Epaenetus）和涅埃拉的女儿被捕时，由于法律不允许将经常光顾妓院的人当作奸夫，因此斯蒂芬被控非法监禁（Dem. 59.41，64-71；D. Cohen，1991a：115-17）。[39]无论是杀死奸夫，还是监禁他，当事人都需要得到他人的帮助，或是家庭奴隶，邻居和朋友更好，因为他们也可作为证人。

逮捕小偷或国家债务人、监禁奸夫、杀死逃犯都是流行的司法形式。从某个层面上说，它们均为个人行为，依赖于个人主动性和个人能力，并通过自救产生影响。在另一层面上，它们是完全公开的，以集体的支持为先决条件，在遵循法律法规的条件下施行（Gernet，1924：282-84；Lintott，1982：21）。正如有一处记载的"简易判决"案例，

[39] 关于通奸，也可参考哈里森（1968：32-35）；科尔（1984）；E. 哈瑞斯（1990）和 D. 科恩（1990）。

如采取当众喧哗之类的行为激起社区对罪犯或反社会者的愤怒，甚至对其实施暴力。罪犯、遣回的流亡者，或在集市中受约束的公民权丧失者，当他被游街示众时，必然引发公众的羞耻感。⑩

这种司法形式在另一种意义上也是集体的，因为其默许他人充当证人，以保证适当的程序受到监督，有时也会提供物质援助。如果没有这样的制约，任意个人都可能因犯罪被捕，或在没有保护或司法援助的情况下被仇人处决。⑪ 因此，这就是旁观者的重要性和普遍性，其在面对争吵和暴力时，能毫不犹豫地表明立场，并提出建议，甚至加入斗争中。我们已经在多个案例中注意到旁观者的存在（Dem. 47；Lys. 3；23）。援助的模式多种多样。有时候，听到激烈的争吵或某种叫喊声后，人们纷纷跑到现场（Aesch. 1.60；Isoc. 18.6；Lys. 3.16）。他们聚集成人群，可能加入争论、提出建议或抗议不公（Lys. 23.9 – 11；3.16）。或者他们会积极地支持某一方。许佩里德斯演说辞（3）提供了一个典型的案例。伊庇克拉特斯（Epicrates）认为他被埃及调香师安西纳基尼（Athenogenes）欺骗，因此召集了亲友前往集市寻找他，在香水摊位附近，他们发现了安西纳基尼，但后者否认自己有任何不当行为。当争吵爆发时，一大群旁观者聚集在侧，辱骂安西纳基尼，并鼓励伊庇克拉特斯将其作为绑匪予以逮捕（3.12；cf. Lys. 3.16，18）。在其他场合，路人被召集到私人住宅见证不当行为，如暴力没收财产，或相反，合法没收财产受阻（Dem. 47.35 – 36，60 – 61）。除了建议和道德支持，旁观者还提供帮助和保护，就像他们在阿舒休斯（Arethusius）袭击阿波罗多洛斯时帮助后者一样（Dem. 53.17；cf. Lys. 3.7）。此外，在布劳伦（Brauron），女牧师的父亲发现自己被困于相似的案件中（Dem. 54.25）。一名旁观者不断怂恿攻击者，结果他被位于雅典战神山的最高法院起诉和驱逐。为了说明旁观者的不当行为，德摩斯梯尼演说辞（54）的演说

----

⑩　参见，向公共献祭或爱装扮自己的奸妇进行简易判决（Aesch. 1.183；Dem. 59.85 – 87）。任何想发表演说的人都有权以任何他希望的方式惩罚和羞辱她，除了杀害或残害。

⑪　"十一人"强调，针对狄奥尼西奥斯的实时逮捕是正确的，见早前的讨论（Lys. 13. 85 – 86；cf. Dem. 24.80；Lys. 10.10）。监禁或执行逮捕男人或女人之前，他们也肯定需要证人证言来使犯罪活动变得臭名昭著。吕西阿斯演说辞（1）提到了涉嫌谋杀奸夫案件中滥用法律的情况。厄拉多塞的亲属似乎指控欧斐勒都蓄意谋杀（27，37 – 46）。

人引用了该案例（cf. Ant. 2. 3. 2）。[42]

　　许多文献中对旁观者的行为提出质疑，即是否不仅仅是社会责任使雅典人出现在争吵和暴力现场，并鼓励他们加入。因为在一个没有警务的社会里，为求助者提供帮助不仅是恰当的，也是必须的（Lintott, 1982：21）。但这也是法律规定的吗？这个问题较难回答，我们的文献来源中没有人能给出明确的答案。然而，值得注意的是，在《法律篇》一书中，柏拉图提出了很多旁观者受命插手争吵的情况，或是阻挠，或是惩罚罪犯并保护受害者。如果他们未能这么做，将受到公众羞辱或被处罚金。相反，如果他们履行职责，便会受到表扬。该法律的案例结合了我们所关注的流行司法形式的所有方面：私人主动性、自救、简易司法以及旁观者的密切参与。柏拉图提出，如果奴隶攻击自由人，旁观者应上前帮助自由人，否则就要被处罚金。旁观者应和受攻击的人一起，把奴隶绑起来，并交给受害人。后者应将奴隶拘禁，用铁链锁住，并施以鞭打。鉴于奴隶对其主人来说价值并不会贬低，受害人之后应将其交还给主人（882a－b）。[43] 显然，柏拉图的《法律篇》并没有精确复制雅典法典，没有证据表明这种援助是法律规定的。但律法确实反映出雅典大众心理和惯例的深远趋势。证据表明，路人感到有义务干预，并且自愿干预，或许他们希望在相似的情况下，自己也能得到相同的帮助。

　　总之，我们对逮捕的讨论详细地揭示了罪犯是如何被绳之以法的，尽管缺少一个有组织的警察部队。这也说明了对任何想演讲的人而言，私人主动性原则如何成为雅典司法系统的基础，包括在自救中有权使用武力。难怪雅典人需要一个可靠的亲友网，因为亲友可以帮助他实施这

　　[42]　其他关于旁观者或路人的参考包括：德摩斯梯尼（21. 85；29. 12, 53；45. 13；47. 12；54. 9, 32）；吕库古（1. 19）；吕西阿斯（7. 15, 18）。旁观者作为证人出现在德摩斯梯尼演说辞（27. 58, 59. 123），也至关重要。同样可见实际法庭中（Dem. 30. 32；Din. 1. 30, 66；2. 19）或庭外（Dem. 25. 98）对旁观者的关注。有人提议，庭审后面对旁观者的景象可能会对陪审团产生骇人的影响（Din. 1. 66；2. 19）。参见伯斯（1985：8）。汉弗莱斯（1985：330－33）在他对旁观者的讨论中错过了这一点，他怀疑一些被指定的人实际上是事件主人公的熟人。旁观者在雅典警务中扮演的重要角色被忽略，这是一个社会事实。参见，林托特（1982：21）。

　　[43]　柏拉图《法律篇》中，其他要求旁观者进行干预的例子包括774b－c，808e，880b－d，881b－c，914b, a 和917c－d。柏拉图用来指代旁观者或路人的术语为 prostynchanon, paratynchanon 和 paragenomenos。更多关于《法律篇》及其与雅典实践关系的内容，见第六章。

种几乎无法自己完成的公共责任。否则，他必须求助于社区，要求路人履行公民职责。换句话说，全体公民组成了雅典国家专制机构的重要辅助者。从政治上来说，这是参与式民主中身为公民的一个重要方面。根据亚里士多德的定义，公民是在司法过程中供职并发挥作用的人（Pol. 1275a 23），发挥作用的程度或许还没有被完全认识到。

起　诉

起诉在雅典并非小事，因为原告需要完成一系列程序，从传唤对手，到建议如何惩罚，都是某些诉讼中的规则。实际上，诉讼当事人必须充分准备并亲自陈述整个案件。在警务的背景下，我认为没有必要考虑这些程序，学习雅典法律的学生已经对其认真分析过了。㊹ 接下来的讨论只是一个梗概，仅强调个人肩负责任的数量和类型。

首先，原告必须亲自给被告（prosklesis or proskalein：Dem. 47. 27；49. 19；Hyp. 1. 2）发出传票。在此过程中，他由自己的证人（kleteres：Dem. 34. 13 – 15；47. 27；53. 14 – 1）陪同。㊺ 在研究案件，并确定适用于该案件的法律条款后，原告向合适的地方法官提出诉讼要求（Dem. 23. 5；58. 32；Is. 3. 43；11. 13；Lys. 6. 11）。接下来就是一些初步听证会，其中最主要的是预审（anakrisis），法官会见当事人双方，决定是否受理案件，并回顾案件所涉及的问题。在这个阶段，当事人可以相互提问（AP 56. 6；Dem. 48. 23，31；53. 14，17；Is. 6. 12，15；10. 2）。㊻ 然后，私人诉讼被提交给公共仲裁员。并且在任何时候，双方都可以再提请案件于私人仲裁，从而法庭从司法管辖内将其撤除。正如我们在第二章发现的，当事人在两种类型的仲裁中发挥了积极的作用，带着自己的证人出

㊹ 见邦纳和史密斯（1938）；汉森（1971：85 – 105，154 – 68）；罗德斯（1981）。拉文西（Lavency，1964：68 – 79）提供了关于该程序的有价值的总结。

㊺ 当涉及外邦人或外国人时，原告有权传唤甚至将他带到军事执政官面前，在那里被告必须提供担保人，否则将被继续羁押（Dem. 32. 29 – 30；Isoc. 17. 12；Gauthier，1972：138 – 41；cf. Aesch. 1. 43，158）。

㊻ 关于预审阶段的提问，见邦纳和史密斯（1938：283 – 93）。参见沃尔夫（1946：67 – 70）。哈里森（1971：94 – 105）在这个相当模糊的程序上特别有帮助。

席并陈述案件，质疑对手及其支持者，以及宣誓并要求他人宣誓。当然，选择私人仲裁完全取决于各方的主动性，双方可自主选定仲裁员和仲裁场合，并决定提交决议的问题。

至于审判本身，诉讼当事人必须确保证人出席。法庭期望当事人亲自陈述，尽管他们可以委托律师，通常是其亲友，且有时也确实是这样做的（e. g., Dem. 36；59；Bonner, 1905：82 – 84；Lavency, 1964：79 –95）。在这一阶段，一位专业演说撰写人的帮助是有利的。实际上，诉讼当事人完全可能在实际听证会以前，就法律知识提前咨询专家，获得程序上的帮助。[47] 向雅典陪审团陈述案情是一个令人却步的任务，事实上，在这样混乱的环境中向众多观众演讲才是艰巨的任务（Bers, 1985）。此外，如果演说人认为有利，可以向对手提问。对手也必须回答那些直接向他提出的问题（Dem. 46. 10；Is. 11. 4 – 5；Lys. 12. 25；13. 30，32）。并且回答时，需要遵守严格的时间限制，由水时钟（water clock）测量（AP 67. 1 –3）。演说结束后，在某些预定的案件中，诉讼当事人自行提出他们认为合理的惩罚方式，让陪审团选择（AP 69. 2；Dem. 53. 8；58. 70；59. 6）。最著名的案例是苏格拉底的案子，对应于原告提出的死刑建议，他提议自己应得到城市公共会堂的免费赡养，及100 德拉克马的适度罚款（Plato，Apology，36d，38b）。[48]

不起诉的案件被认作是不完整的，除非法庭的判决需及时执行。诉讼是如何影响雅典的？回答这个问题时，我将循着哈里森（1971：185）在区别公共诉讼和私人诉讼时所持的观点。公共诉讼中，法庭会判决多种惩罚，包括流放、没收财产、剥夺公民权（atimia），甚至死刑，大部分被认为对机构和个人都产生了影响。这些惩罚中，有一些是由国家执行的，这将是第六章的主题。在此，我们将关注影响财产的判决，不管是处罚金，还是把土地或动产判给原告。实际上，这种判决给予胜诉的诉讼当事人以

---

[47]　汉弗莱斯（1985：318）认为"客户在案件的各个方面都期望建议，"包括"引用什么法律，召见什么证人，以及他们的证词是什么"。参见，多佛（1968：148 –74）的"客户和咨询顾问"间关系的重建。亚瑟（Usher，1976）和多佛观点相反，他反对"协同组合"（34）。关于"分担记录法"，见邦纳（1927）及拉文西（1964）。

[48]　atimetoi 中诉讼的分类，其中惩罚是固定的；而 timetoi 中，惩罚由法庭在听证会时决定。参见哈里森（1971：80 –82，166 –68）。

扣留为目的，强制占有他人财产的权利。因此，"合法自救"仍然是这种判决执行的基础（Lintott，1982：22；cf. Harrison，1971：187）。

在德摩斯梯尼演说辞（47）的讨论中，我们已经注意到诉诸这种形式的自救。第一个案件（47.21 – 44）中，一名三层桨战船司令官被公民大会的法令召回，试图从前任司令官泰奥斐摩斯手中夺回国家财产。行动尚未成功，他便开始扣押泰奥斐摩斯家的物品。第二个案件中（47.45 – 66），泰奥斐摩斯在袭击案中胜诉，并被判获得赔偿金，因此他转而扣押演说人的财产。扣押（distraining）这一行为有几点值得注意。两人的行为都紧随法庭判决。然而，在扣押的过程中，他们都遇到了这样或那样的反抗和抵制，因此他们的行为由试图没收财产演变成暴力行为。在两个案件中，路人都被召集起来作为证人。在某种程度上，其他扣押的案例中似乎也有暴力的特征。例如，阿波罗多洛斯愤愤不平地抱怨尼科特拉特斯（Nicostratus）在寻求法庭为其裁决的损害赔偿金时，强行闯入自己家中，并抢走了家具（Dem. 53. 14 – 15）。当德摩斯梯尼打败阿弗布斯赢得监护权诉讼，并试图占有法庭判决给他的土地时，阿弗布斯遭到驱赶，并与财产分离（Dem. 30. 2，8）。实际上，"驱赶"某人，试图扣押财产（exagein，exagoge）这些行为不仅仅是对尚未言明的暴力行为的一种暴力回应，而且是某人提出财产要求的一种正式程序，从而引发了驱逐诉讼（dike exoules）。诉讼保护财产不受非法扣押。此外，如果个人在没有得到法庭判决支持的情况下拥有扣押的权利，那么在这类案例中，法庭可以利用驱逐诉讼来决定谁对争议中的财产拥有更大的权利（Harrison，1968：218 – 19）。[49]

---

[49]　哈里森列出了四个在没有优先诉讼的情况下，具有扣押权利的"特权群体"：由法庭判决财产的人（Dem. 130 – 3）、拥有继承权的继承人（Is. 3. 62）、从国家购买土地的人（Dem. 24. 54；37. 19）以及借钱给别人担保财产的人（Is. 5. 22 – 24）。参见 MacDowell（1978：153）。大多数引用的案件也可参见 exagoge 的例子。其他关于驱逐诉讼的例子包括德摩斯梯尼[21. 81；32. 17 – 20 以及哈里森（1968：219，注释 3）；39. 15；52. 16]；伊塞优斯（片段. Xii）。格尔里特（1955：167）认为驱逐诉讼在影响上类似于 dike aphaireseos。"这两种行为都是为了保护，与反对力量相反，私人司法行为中确立的权利——控制奴隶或扣押财产。"在扣押财产时诉诸自救的案例出现在德摩斯梯尼演说辞（33. 9 – 13，37. 6 – 10）中。参见德摩斯梯尼（50），阿波罗多洛斯竭尽全力迫使吕克利斯偿还在等待其到来成为接班人期间，担任三层桨战船司令官的花费。在萨索斯岛（29 – 31，在集市；32 – 37，在提莫马库斯将军的家里；38 – 40，在海港）和特内多斯岛（54 – 55），他多次请求吕克利斯。他在证人面前也这样做过，这些证人包括海军陆战队员和赛艇运动员（29）。

如果债务人在驱逐诉讼中败诉，那就表明他错误地驱赶了债权人，他必须向国家支付等同于争议财产价值的罚金（Dem. 21.44；Harrison，1971：188-89）。换句话说，国家赋予债权人权利，以武力保护财产来对抗债务人。德摩斯梯尼举例说明了如果有人不扣押财产会发生什么事情。因相对方米帝阿斯（Midias）弃权，德摩斯梯尼赢得诽谤诉讼并获得赔偿，但其拒绝接触米帝阿斯的财产。相反，他提起了驱逐诉讼。由于米帝阿斯在诉讼中为其设置了许多障碍，导致在八年期间他都不能顺利开展诉讼（Dem. 21.81-82；cf. MacDowell，1990：300-301）。如果通过驱逐诉讼，他能得到国家的支持，这对诉讼是否有帮助？当然有，但他仍需要在没有法警或警察帮助的情况下扣押财产。因为在雅典，没有官员肩负这一职责。

即便已经注意到缺乏一个官僚机构来确保个人债务的支付，我们也必须稍微退一步。因为一些证据表明，在某些案例中氏族的族长（demarch）充当法警。在阿里斯托芬的著作《云》（30-37）中有这样一个场景描述，当斯特瑞西阿得斯（Strepsiades）考虑到儿子有负债的嗜好时，想象族长打断了他的脖子。根据这段描述和一些记录，霍叟里尔（Haussoullier）（1884：104-6）总结道，债权人在试图没收债务人的财产前，会向族长报告，[50] 后者就陪同他们一起去债务人的家里或地里。"族长出现在债务人的家里对其是一个保障，同时，他也赋予债权人更大的力量和权威（106）。"为此，霍叟里尔指出族长为"公民的警察"。但如果霍叟里尔的观点是正确的，那么为什么在德摩斯梯尼演说辞（47）中没有任何族长出现在双方没收财产现场？或许第一次试图找回财产的半官方角色可以解释类似角色的缺席。此外，该行为是在公共奴隶的陪同下实行的，象征着海军机构的权威。然而，奴隶本身没有权威，他甚至不能作为证人。因此，当发生事端时，公民被召集到现场扮演证人的角色。族长的出现并不是必要的。他没有出现在第二个案件中，德摩斯梯尼也没有在冗长的描述人们趁主人不在家，强行进入其乡

---

[50] 基于苏萨斯和哈尔波克拉提昂，s. v. demarchos，*Anecd. Bekk.* 1.242，以及 schol. Ar. *Clouds* 37，霍叟里尔（1884）提出了族长的定义："执行扣押的人"（105）。

村房屋的这一活动中提及他。换句话说，扣押财产的每一个动作并不都需要族长的出现。

在收回郡内债务一事中，族长确实发挥了法警的作用，德摩斯梯尼演说辞（57）中的演说人欧西休斯就扮演了这一角色（63－64）。碑文证据证实了他的证词，表明郡内民众作为一个团体，在郡内债务问题凸显时，有权扣押财产（*IG* II² 2492.7－9）。㉕ 在对族长作用的讨论中，怀特海（1986a：125－27）仔细思考了其在收回私人债务时扮演的角色，并总结道，只要有需要，他也为个人提供帮助，而不仅仅是为所在的郡本身。族长在这一过程中的角色为"郡内公民大会授予他代表整个郡对抗债务人的权威的一个自然延伸"（127；cf. Harrison，1971：245－46；R. Osborne，1985a：76）。㉖ 怀特海的这一观点并没有使斯特瑞西阿得斯的担忧有丝毫减轻，同时解释了族长在某些场合会缺席。

在财产案件中，判决执行的所有证据都指向一个结论，即这是一个困难且耗时的工作，并可能导致不满。附加的诉讼接踵而至，最终个人仍需亲自采取行动收回属于他自己的金钱和财产。因此，私人判决的执行必须被看成是一个几乎完全依赖私人主动性的警务系统中最薄弱的环节。

警务和国家

就其本质而言，警察机关是一个专制机构，有责任寻找和逮捕罪犯

㉕ 《古希腊铭文研究》II² 2492 是来源于艾丰尼郡（Aixone）的契约，追溯到 346 年或 345 年。参见《古希腊铭文研究》II² 1241 和《古希腊铭文研究》II² 1168，分别来源于主席团和部落的契约，提供了即将被各自官员征收的扣押财产（兄长和主席团成员一起在主席团中，司库和专员在部落中）。哈里森（1971：245－46）探讨了一些碑文中的争议问题。

㉖ 族长在没收财产上发挥了良好的作用。他在自己郡内草拟了房产的书面清单。正如怀特海（1986a：132）所指一样，他这样做，是因为他是社区中一位对财产所有权有所了解的地方官员。怀特海（131）也收集了族长在这方面发挥作用的相关证据，大部分是字典编纂登记，被雅典墓碑和其他官吏所记载的售卖没收财产的记录所证实。例如，在《古希腊铭文研究》I³ 425，col. II. 23，26－27，30－31，41，44 中，出现族长制作书面清单。关于三十僭主统治下的财产售卖，参见沃尔班克（1982）。八名族长出现在现存的记录中。参见，哈里森（1971：212，注释2），R. 奥斯本（1985a：52）。

及其他不法者（Critchley，1972：7）。在雅典，尽管很大程度上公民未能亲自完成这样的任务，但在很多案例中，官员和地方法官作为国家代表，共同承担警察的职能。例如，我们注意到在415年重大突发事件中采用的程序，当时公民大会和五百人议事会共同合作以应对疑似阴谋。后者不仅展开全面调查，还发出传票，进行逮捕（And. 1. 11 – 18，64），由轮值执政团（prytaneis）亲自逮捕并进行审问。406年，五百人议事会再次利用这种逮捕权力拉开了谴责阿吉纽西战役（Arginusae）中将军们的序幕。听到将军们对这场灾难的解释后，五百人议事会决定逮捕他们并将其移交给公民大会审判（Xen. Hell. 1. 7. 3）。以上两个案例都表明了五百人议事会的强制权力，它可以逮捕和监禁，将此作为干预措施。被逮捕的人可能包括被控行为不当的将军、未履行任务的公共债务人，更重要的是，还包括那些在告发指控中被五百人议事会认定有罪但他们打算将案件提交到法庭或公民大会的人（Rhodes，1972：179，n. 3）。㊷

　　告发（eisangelia）或"弹劾"（impeachment）是一项特别的控告，主要用于针对公共秩序的罪犯，如叛国或试图推翻宪法的罪犯（Hyp.

㊷　在一些严重的事件中，预处罚金超过500德拉克马（Dem，47.43）。正如罗德斯（1972：179）指出："在四世纪，五百人议事会可以施加罚金上限达500德拉克马，在某些情况下还能强制监禁。但它的罚款不能超过以上限额，也不能实施死刑。"在这一点上，如果案件需要被移交给公民大会，那么五百人议事会将以决议的形式制定出一些程序，在处理案件时使用。五百人议事会也会提供指令，是逮捕被告还是进行拘留（Harrison，1971：55 – 58；Rhodes，1972：170 – 71；1979：111 – 12）。五百人议事会负责这样的逮捕，正如我们所见，有时甚至亲自进行逮捕。告发重大犯罪会首先呈送至公民大会，随后公民大会要求五百人议事会提交所采用程序的决议。以下这些额外案件中，五百人议事会发挥了重要作用。在三十僭主的统治下，404年的五百人议事会告发了一项阴谋，通过了逮捕阿格拉图斯的法令。随后，他们下派若干成员到佩莱坞港逮捕这名前奴隶（Lys. 13. 21 – 24）。最终，他和其他人在五百人议事会到来前到达，其中大多数人都已相当疲惫。参见，吕西阿斯（22）。为了反对玉米经销商，在五百人议事会举行初步听证会之前，公民大会首先提出了诉讼。某些演说人敦促五百人议事会移交嫌疑人进行处决，即使死刑并不在他们的权限范围内（22.2）。最终，案件被移交给陪审法庭进行审判。在德摩斯梯尼演说辞（47）中，债务人没有将三层桨战船使用时期接收的海军装备按期归还给造船厂，因此五百人议事会在收回装备一事中发挥了积极作用（33）。他们这样做，是因为其职责在于服役中保养维修三层桨战船，并制造新的战船（AP 46.1；Rhodes，1972：118；Jordan，1975：29 – 32）。乔丹（25）指出，五百人议事会"作为海事委员会，指导着雅典当时主要的军事工具——三层桨战船及其船员。"

4.7－8；Dem. 49.67；Hansen，1975：12－20）。(54) 其也用于应对可疑的密谋，例如五百人议事会在404年颁布法令，逮捕前奴隶阿格拉图斯，法庭再一次亲自实施了逮捕活动（Lys. 13.22－24）。这种弹劾是一件非常严肃的事情，它是每个轮值执政团内公民大会议程的一部分，却常常因为有人希望将它们引入而被搁置（AP 43.4）。但对于较轻的罪名也可能以这种方式处理。例如，安提丰演说辞（6）中的赞助人准备起诉菲列努斯（Philinus）和其他人挪用公款，并已经以告发的形式向五百人议事会陈述了案情，当对手指控他谋杀时，程序遭到中止（6.35－36）。同样地，德摩斯梯尼演说辞（47）中的演说人向五百人议事会报告他收回海军齿轮的时候受到泰奥斐摩斯的暴力对待，因此五百人议事会建议他弹劾泰奥斐摩斯（47.41－42）。

五百人议事会前发生的案例都很特别。对普通罪犯和其他不法者的常规逮捕在"十一人"的管辖范围内。后者的"警察活动"范围是什么（Harrison，1971：17）？首先，作为看守，他们肩负着照看狱中犯人的任务，不管这些犯人是被逮捕的、等待审判的，还是已经被判处死刑、等待行刑的（*AP* 52.1；Ant. 5.17，70；Dem. 24.80－81；Lys. 10.10，16）。如果有越狱发生，他们还负责寻找逃犯（Dem. 25.56）。其次，"十一人"监督已认罪的普通罪犯（kakourgoi）的行刑（*AP* 52.1）。他们也监督被法庭宣判的犯人行刑（Aesch. 1.16；Lys. 14.17；Xen. *Hell.* 1.7.10）。作为主要警务职责的伴随物，"十一人"在司法程序中也发挥作用，他们向法庭提交不服指控的普通犯人的纠纷案件（*AP* 52.1；Dem. 35.47）。他们还主持申诉，并负责将没收的财产移交给公共事务官（poletai），让其拍卖（*AP* 52.1）。

我们的资料中关于"十一人"的文献非常丰富。(55) 他们大多被描述为工作在监狱或法庭的封闭环境中。他们会积极地治理雅典、启动逮捕

---

(54) 在许佩里德斯演说辞（4.7－8）和德摩斯梯尼演说辞（49.67）的基础上，"eisangeltic law"得到重建。除了列出的指控，就演说人一方而言，也禁止其贿赂和向民众提供欺骗性承诺。见哈里森（1971：52－54）；罗德斯（1972：162－64；1979：107－8）；汉森（1975：12－20）。

(55) 例如见，安提丰（5.17，70）；德摩斯梯尼（24.105，113－14，169；53.23－24）；迪纳尔库斯（2.13－14）；许佩里德斯（4.6）；伊塞优斯（4.28）；吕西阿斯（13.86；22.2）；色诺芬的《希腊志》（2.3.54－55）；亚里士多德的《政治学》（1321b 40－1322a 29）。

或制止犯罪吗？他们在维持公共秩序上发挥作用吗？奇怪的是，资料对这些问题几乎是只字未提。实际上，现存的关于"十一人"实施逮捕的例子很少。有一个资料中提及的安多西德罗忒昂（Androtion），其在搜寻未纳税人时，得到了"十一人"的帮助，并直接带领他们进入嫌疑人的家中实施逮捕（Dem. 22.49 – 55；24. 162 – 64，197）。汉森（1976：25）认为他们使用的程序是起诉者带领有关官员到犯罪现场，并将犯罪分子逮捕。德摩斯梯尼表明这种行动是非法的，因此不需要得到安多西德罗忒昂在公民大会中提出的违宪提案的授权。很奇怪的是，德摩斯梯尼注意到起诉者带领有关官员到犯罪现场，并将犯罪分子逮捕的这一行为对于那些没能强大到可以在实施逮捕中使用自救的人来说是有用的时，他并没有具体地提及"十一人"，而是表明可以向执政官求助（22. 26；cf. Suidas，s. v. ephegesis）。汉森（1976：25）总结道，该程序中的逮捕不仅可以由"十一人"实施，也可以由司法执政官和五百人议事会实施。证据很少[56]，我们无法确切地知道起诉者带领有关官员到犯罪现场，并将犯罪分子逮捕的这个行为中使用的程序及"十一人"在其中发挥的作用。也没有任何证据可以让我们确信，"十一人"亲自实施逮捕是为了制止犯罪。鉴于他们的人数和主要职责，让他们在监狱和法庭中任职也并不奇怪，但很难让人相信他们负责雅典的公共秩序。

从一个合乎逻辑的角度来思考，由 300 名斯基泰奴隶组成的团体在雅典行使警察职能是合理的。这些斯基泰人是在波斯战争后就被购买来的公共奴隶（demosioi hyperetai）（Aesch. 2. 173；And. 3.5；Plassart，1913：153，186 – 87；Jacob，1928：53）。他们身着配有弓的斯基泰服装，人们一眼就能辨认出来。因此，他们被称为弓箭手（toxotai）。[57] 他

---

[56]　得摩克拉特斯（Democrates），片段 3，其中提到一名小偷被"十一人"逮捕；德摩斯梯尼演说辞（24. 164），之前讨论过；德摩斯梯尼演说辞（23. 31）是关于司法执政官逮捕一名因谋杀罪而流亡的男子的参考文献；阿里斯托芬的《特士摩》（922），提及一名主席团成员逮捕姆尼丝洛克斯。

[57]　关于斯基泰人的数量和围绕可接受的数字引发的争议，见萨金特（1924：114 – 19）和雅各布（1928：64 – 73）。两人都接受的人数为 300 人［基于埃斯基涅斯（2.173）和安多西德（3.5）］，足够维持雅典的秩序。关于这些奴隶的服装，见普拉萨特（Plassart，1913：190 – 91），和雅各布（1928：55 – 56）。斯基泰警察不会与六世纪受雅典录用的同国籍雇佣兵混淆，在那个时代，他们也被绘于花瓶上（Plassart，1913：172；Vos，1963：61 – 69）。

们也挥舞着鞭子和小军刀（Ar. *Thesm.* 933，1125，1127，1135）。人们普遍认为，这些奴隶"在'十一人'或其他官员的命令下"履行职责（MacDowell，1978：83；cf. Fisher，1976：37）。阿里斯托芬的《特士摩》证实了这样的观点，书中描绘了一名执行理事（prytanis）在逮捕罪犯时，有一名斯基泰人跟着他执行他的命令。我们进一步探讨《特士摩》和《吕西斯忒拉忒》两部戏剧，它们都是研究斯基泰警察作用的重要来源。在《吕西斯忒拉忒》（387 – 475）中，一名预审委员会的官员（proboulos）遇到聚集在卫城的一些不守规矩的雅典妇女们。㊽ 四个斯基泰人陪同在侧，他命他们将这些妇女逮捕并捆绑起来。这些斯基泰人被描述为无能的野蛮人，他们在行动中没有取得成功，招致妇女们的嘲笑和辱骂。毫无疑问，围观的群众也是笑声不断。在《特士摩》中，陪同执行理事的单人奴隶也有类似的作用。同样是执行命令，他逮捕姆尼丝洛克斯（Mnesilochus）并将其绑在木板（sanis）上。接着，他守卫在旁，时刻准备对任何试图接近囚犯的人挥舞鞭子（929 – 46）。奴隶们也有自己的麻烦，这些麻烦主要是由于其对希腊缺乏认识造成的。然而，他会竭尽全力，威胁说要使用鞭子和军刀，甚至向执行理事起诉（1084，1125 – 27，1135）。斯基泰人的责任包括追捕逃犯。当姆尼丝洛克斯被欧里庇得斯（Euripides）释放后逃跑时，绝望的奴隶试图抓住他（1202 – 30）。两部戏剧中都描述出奴隶拥有有限的权威，但不受雅典民众的尊敬。他们陪伴地方官员，并执行他们的命令，制止及逮捕骚乱的公民或罪犯。其间，他们实施虐打、看守、鞭打、威胁囚犯，甚至更糟。

斯基泰人还有其他的作用。在轮值执政团的控制下，他们维持公民大会和五百人议事会的秩序，驱逐捣乱者（Ar. *Achar.* 54 – 57；*Knights* 665；*Eccl.* 143，258 – 59；Xen. *Mem.* 3.6.1；Plato，*Protagoras* 319c）。当公民大会召开时，他们也负责将集市上游荡和闲聊的人集中到普尼克斯（Pnyx）（Ar. *Achar.* 22；*Eccl.* 378 – 79；Pollux 8.104）。从词典编纂者

㊽　413 年，西西里岛的灾难以后，十名贤哲得到任命（Thuc. 8.1.3；Arist. AP 29.2）。不幸的是，《吕西斯忒拉忒》是记录他们权力的唯一来源。罗德斯（1972：216）认为他们"必须接管五百人议事会和主席团的部分职能"。参见，罗德斯（1981：372 – 73）。

那里，我们了解到斯基泰人在法庭和公共会议中扮演保安的角色（Pol-lux 8.131 – 32）。一些学者认为，他们也在城市中的其他集会出现，如节日和游行（Sargent，1924：117；Jacob，1928：57）。尽管我们参考的资料来源中没有具体提及这些场合，但事实可能是这样的。然而，有一点是确定的，即斯基泰人在阿提卡（Attica）乡村是履行未知职责的都市警察（Suidas，s. v. *toxotai*；schol. Ar. *Achar.* 54；Jacob，1928：57）。[59] 斯基泰人会陪同"十一人"吗？没有直接的证据表明他们与"十一人"有往来。然而，我们知道"十一人"不会单独执行逮捕行动，常常是在公共奴隶的帮助去执行（Diod. Sic. 13.102.1；cf. Xen. *Hell.* 2.3.54 – 55；Diod. Sic. 14.5.1 – 4；Plut. *Phocion* 35.1；Jacob，1928：79 – 81；Rhodes，1981：439）。[60] 我们可以合理地假设，在五世纪，这些奴隶都是斯基泰人。

根据萨金特（1924：117）的观点，斯基泰人的职责"包括保持街道、市场、公民大会、法庭和一般公共聚会的和平和秩序"。我同意这一观点，斯基泰人在维持雅典公共秩序中发挥着重要的作用。他们受命于谁？当然是五百人议事会，我们已经探讨过这个组织在应对突发事件和非法活动时行使的职责。那么并不奇怪，我们的主要资料来源作者——亚里士多德表示斯基泰人受命于轮值执政团，不管是在街道上，还是在公民大会和五百人议事会中。但即使在这一点上，斯基泰人的职责也是有限的，因为守卫城市中重要地区的职责落在公民自身上。例如，部团期（prytany）部落中选出的三名弓箭手作为哨兵站在雅典卫城入口大约 445 米的地方，他们的目标是扣留逃跑的奴隶和强盗（*IG* I³ 45.14 – 17；Wernicke，1891；Rhodes，1981：304）。此外，亚里士多德

---

⑤⑨　关于雅典男青年在警务中的角色，见附录。

⑥⓪　罗德斯将致塞拉麦涅斯死亡的后勤兵（Xen. *Hell.* 2.3.54 – 55；Diod. Sic. 14.5.1 – 4）等同于亚里士多德《雅典政制》35.1 中的 300 名"执鞭者"（mastigophoroi）。后者在佩莱坞港跟随十名地方官，与"十一人"维护城市秩序，使其在三十僭主的控制之下。萨金特（1924：117 – 18）指出，他们似乎"在这个时期接管了斯基泰人在民主国家中的职责"。十之八九，他们是因对三十僭主统治的忠诚而应征入伍的。最终，除了鞭子，他们还有其他的武装（Xen. *Hell.* 2.3.55；cf. Diod. Sic. 14.5.1 – 4）。关于这 300 名守卫的奴性身份，见雅各布（1928：80）。乔丹（1975：247 – 49，267 – 68）也强烈地认为"手下"是公共奴隶的标准术语。

从五世纪众多受到支持的守卫中，列出了 500 名造船所的守卫及 50 名雅典卫城的守卫（*AP* 24.3）。㉛无论是白天，还是夜晚，斯基泰人都不会惯常地在雅典的街道上巡逻。正如我们已证明的，斯基泰人的职责不在于制止犯罪，或者开展调查或起诉。由于地位和权威不足的限制，他们几乎没有 19 世纪警察特有的职权。

进入四世纪后，斯基泰人并没有继续长时间进行活动。在诉讼案例中或其他关于 390 年的资料来源中也没有提及他们的活动（Plato, *Protagoras* 319c；Ar. *Eccl.* 258 – 59；Plassart, 1913：193；Jacob, 1928：77）。㉜虽然如此，他们仍是至关重要的，因为他们的存在能够表明民主国家将警察职责分配给了公共奴隶。390 年后，谁接替了这项职能？我们知道的是公民自己接替了一项重大任务，在 378 年或 377 年间管制公民大会和五百人议事会（Tod，123，124）。在这段时期，主席团（proedroi）代替轮值执政团成为两会的主席。（前者由众多公民大会成员中选出九位组成，除了部团期的部落，其余每个部落挑选一人来主持公民大会和五百人议事会的一次会议。）他们负责议程和纪律（Arist. *AP* 44.2 – 3；Rhodes，1972：21，25 – 27）。众中选一的部落轮流辅助主席团召开会议，该部落要确保会议的秩序（Aesch. 1.33；3.4；Dem. 25.90；Rhodes，1972：146 – 47）。

斯基泰人的其他职能怎么样了？萨金特（1924：119）坚持认为这些职能都被公民接替了，但是尚不清楚为什么会这样。除了斯基泰人，民主国家雇用了大量扮演各种角色的公共奴隶继续行使这些职能。除此之外，这些公共奴隶还要清扫街道（*AP* 50.2）、修复道路（*AP* 54.1），在埃莱夫西斯港口（Eleusis）从事公共工程，例如（*IG* II² 1672；1673）操作机器和在法庭上充当服务人员（*AP* 64.1；65.1，4；69.1；Rhodes，1981：705），以及作为一般的文士和记录员（*AP* 47.5；48.1；*IG* II²

㉛ 罗德斯（1981：304）可能是正确的，他暗示雅典卫城的守卫，包括三名《古希腊铭文研究》1³ 43 中的弓骑兵，都属于《雅典政制》24.3 列表中的 16 名弓骑兵。然而，后者"没有与斯基泰弓箭手团相混淆"（303）。

㉜ 他们的消失一般归因于雅典在伯罗奔半岛战争中的资源损失（Sargent，1924：119；Jacob，1928：76）。

120. 11 – 19；Rhodes，1981：557 – 58，601）。例如，五百人议事会由一群公共奴隶辅助，他们的名字都跟随在名单上议员的名字后（Traill，1969；SEG 24. 163；Jordan，1975：268）。事实上，似乎在剧院中有专门的一个区域供公共奴隶坐在一起，随时待命，在议员需要时出现（*IG* I² 879；Jacob，1928：98 – 99；cf. Jordan，1975：268）。公共奴隶在雅典市场和佩莱坞港港口充当硬币测试员（coin testers），也发挥了重要的职能（Stroud，1974）。这些奴隶中的许多人都是从事人力劳动的简单工人（ergatai）；还有其他一些是拥有不同程度权威的小官僚（hyperetai）（Waszynski，1899：554；Jacon，1928：3 – 5）。这些作为硬币测试员和负责计量的奴隶（Wycherley，1957：503，605）都有相应的职务。历史学家重建他们的地位，将其看作有一定独立性和拥有某种特权的个体（Waszynski，1899；Jacob，1928：146 – 51；Harrison，1968：177）。

奴隶们也被分配给了"十一人"。首先，他们有一个助理（demokoinos 或 demios）来充当公共行刑者（public executioner）（*AP* 45. 1；Aesch. 2. 126；Ant. 1. 20；Lys. 13. 56；Pollux 8. 71）。监狱中也有奴隶助理，《斐多篇》（*Phaedo*）（117a – 118a；cf. 116b – d）描述了他们中的一人将毒汁给了苏格拉底（cf. Plut. *Phocion* 36）。根据雅各布（1928：83）的观点，"十一人"拥有受命于他们权威的奴隶，是"为了监视被监禁的人，防止他们逃跑并把他们锁住，一些锁在柱子上，一些锁在架子上"[63]。"十一人"出去执行逮捕任务也由公共奴隶陪同（Dem. 24. 162，197；Jacob，1928：79 – 81）。我们没有理由相信，随着斯基泰人的消亡，公共奴隶开始作为警察助理使用。虽然没有穿着斯基泰服装，但奴隶们继续从事着五世纪执行的相同任务。

我们可以得出结论，芬利（1983：18）的观察是正确的，他认为古代城邦没有警察，除了"一小群受命于不同地方官员的公共奴隶"。然而，我们现在意识到，这些奴隶的职权是受限的，雅典警务的大部分主

---

[63] 当争端双方需要专业援助时，"十一人"也负责带领公共奴隶，向国有奴隶或私人奴隶执行拷问（Aesch. 2. 126；Dem. 37. 40；Isoc. 17. 15 – 16；cf. Plut. *Phocion* 35. 1）。同样可参见雅各布的评论（1928：86 – 87），他引用了 *Anecd. Bekk.* 1. 296；Hesychius，s. v. *parastatai*；Photius 2. 60。

要职能，从调查到起诉，都落在公民自己身上。

结　论

私人主动性和自救是雅典警务的根本。这意味着雅典公民参与自己所处社会的社会控制活动达到了前所未有的程度。通过这种警务系统，可以研究了解其他许多社会运作方式，因为它暗示了这是雅典人以相互依赖为纽带联系在一起的另一领域。为了开展警务和执法任务，他们需要一个可靠的朋友和亲属网络。[64] 因此，我们发现个体会向这两个群体寻求法律和法庭程序的建议、规划案件的帮助，以及对抗不法者，这也不足为奇。值得注意的是，在亲属纠纷中作为建议者的同一群人，有时却在私人解决的纠纷中作为仲裁员（见第二章）。在警务中，第三个群体——邻居——也至关重要，尤其在出现事端或危险逼近时。这就解释了为什么雅典人不惜一切代价避免和郡内居民——"邻居"的同义词——发生争吵。和邻居保持良好的关系有助于维护他们的利益（Whitehead，1986a：233；cf. Gernet，1924：283）。事实上，这样的关系展示出谣言圈的另一面。如果邻居无所不知，他们既可以四处散布有关某人私生活和癖好的故事和谣言，也可以在紧急情况下提供援助。"谈论"（以及由此引出的社会压力）和需要时的帮助，都是熟人社会生活中的特点。[65] 郡内生活也是如此。村庄、城镇和街坊中的生活非常稳定，郡内民众间的关系不仅亲密，而且牢固。地方单元自治在不小的程度上归因于缺乏专业宪兵队的情况下，郡内居民和邻居共享警务任务。

郡仍是我们早期描述的警务类型的典型。它也是乡村生活的模式，因为其保持核心聚落，孤立的家宅很少见（Pecirka，1973：133 - 37；R. Osborne，1985a：15 - 46）。在阿提卡的乡村和城镇中，外地人或外国人必然会立刻引起人们的好奇心，并被怀疑为不知名的奴隶。乡村采取什么样的安全措施防止强盗和家宅侵入者？毕竟，一些雅典人在家中存

---

[64] 关于类似的网络和其他领域的相互依存关系，见汉弗莱斯（1985），见证；R. 奥斯本（1985a：88 - 92），郡内居民；罗德斯（1986），政治的论述。

[65] 关于邻居、郡内居民和流言，见第四章。参见，D. 科恩（1991a：47 - 51，85 - 90）。

放了大量现金（Dem. 27. 53 – 57；29. 46 – 49；Is. 11. 43；Lys. 19. 22，47）。我们发现，防御的第一关是家庭奴隶，他们通过高声叫喊的方式在街上寻求路人和邻居的帮助（Dem. 47. 60）。⑥ 亲属或郡内居民间的争吵和暴力事件怎么办？同样，人们可以向亲友寻求帮助，试图在向法庭寻求正式解决方法之前就地私下解决事端。如果有人逮捕了偷羊贼或闯入者这样的重罪犯，或发现了被流放的杀人犯，会发生什么事情？我们尚不清楚乡下的雅典人在这类情况下会怎么做，尽管阿波罗多洛斯强烈建议这样的人应该被监禁起来（Dem. 53. 16；cf. Dem. 21. 147）。一些乡村房屋确实有楼塔，在紧急情况下作防护所用（Dem. 47. 56；Pecirka，1973：128，133 – 37；R. Osborne, 1985a：31 – 34；1987：63 – 69）。楼塔是用来扣留不法者或罪犯的合适地方。一旦后者被扣留，邻居或路人会被要求作为帮手和证人出现。此外，在被送到雅典面临指控之前，重罪犯或流放者出现在村里的广场上参与任何一个公共活动时，都要面对全社区居民的嘲笑和奚落。这种类型的司法需要整个社区共同努力，不管是提供力量，还是实施羞辱。我们没有理由在城市重建任何不同的程序，虽然"十一人"和监狱位于附近，但私人主动性和自救仍是规则。

　　然而，作为一个城邦，雅典不仅是一个熟人社会，还是一个坚决区分权力体系和社会控制机构——官员、地方法官、法庭——的复杂社会。城市本身是政治中心，同时也是吸引外地人和外国人进城经商和旅行的商贸和旅游中心。两群人都聚集到了佩莱坞港。此外，雅典的集市上挤满了形形色色的人，有自由人，也有奴隶，从城市涌入商店，闲逛，说闲话，以及从乡下来贩卖自己农场的产品，或者参加公民大会或法庭。不管雅典人如何了解别人，通过观察还是传闻，他们都不完全是熟人。因此，外地人和不知名的奴隶并不会像他们在乡村的郡里一样，引起同样的好奇和警惕。雅典也是大型集会、节日、游行和会议的举行地点，在那里个人混杂在人群中。鉴于其大都市的本质，在雅典，不可能将所有形式的警务完全指望公民的私人主动性和自救，而是留有少数

_____

⑥ 德摩斯梯尼演说辞（47. 60），特别有趣，因为是邻居的奴隶报的警。关于家庭奴隶的期望，参见伊塞优斯（6. 39）。

的官员和地方法官进行辅助。早在五世纪，帝国进贡者就需要向入伍守卫，如雅典卫城和造船厂这种战略地点的守门人付工钱。同时，雅典人通过制定人流控制措施将不正当行为降到最低限度，并防止暴乱。波斯战争（Persian Wars）后购买的斯基泰奴隶承担这些职能。他们也充当"十一人"和其他地方官员的助手，在街道和监狱中处理罪犯和不法者。四世纪中，斯基泰人的某些职务由公民承担，其他职务则落到了后来的部分公共奴隶身上。然而，作为一个机构，这些"警察"相当不成熟，没有权力去调查或起诉。他们的职权很小，通常都是按照地方官员的命令行事。他们所代表的是在大都市生活的需求下，警务机构开始发挥其专门化作用的一个开端。然而，他们不应减损公民自身在维护治安方面所发挥的独特作用。

附录　男青年是否能扮演警察的角色？

阿提卡乡村并不是毫无防护的。男青年作为边防军，也作为 peripoloi 巡逻乡村。372 年或 371 年，当埃斯基涅斯还是男青年时，他就是乡村的一名 peripoloi 了（2.167）。[67] 我们可以确定地说，在亚里士多德时期，男青年在第一年接受训练，并在佩莱坞港从事警卫任务，在第二年巡逻乡村及戍边（AP 42.4）。碑文证据也证实，在四世纪末，男青年出现在辽阔的雅典郡，在将军的命令下从事守卫任务（Reinmuth, 1971）。

由于制度本身的不确定性，男青年及其作用这一问题一直困扰着我们。亚里士多德时期的惯例是否跟五世纪或甚至更早时期的惯例一致？没有人否认青少年定期训练是一个非常古老的制度，就像斯巴达克里普提（Spartan krypteia）一样，这是一个从男孩转向成年男人的时期（Vidal - Naquet, 1981：153 – 55；R. Osborne, 1987：146 – 49；Garland, 1990：185 – 86）。但什么时候这种制度变成了亚里士多德描述中的普遍且强制性的训练时期和实践经验？人们一直认为，当该制度被恢复和重组时，青少年定期训练被吕库古（Lycurgus）于 336 年或 335 年置于一

---

[67] 埃斯基涅斯的青年服务日期，见奥伯（1985：93）。

个崭新且更系统的基础上（Reinmuth，1971：128－30；Gauthier，1976：193；Vidal－Naquet，1981：147）。在那之前，训练和服役都是不规律的和季节性的，并且也不是义务性的。例如，伯罗奔半岛战争中，男青年混在士兵中，其中有些人是外国人（Thuc. 8. 92. 2），被称为 peripoloi，作为家园卫队执行守卫阿提卡的任务（Thuc. 4. 67. 2；Pelekidis，1962：36；Vidal－Naquet，1981：148）。在西西里远征（Sicilian expedition）期间，他们仍留守在阿提卡（IG I³ 93. 21－24；Ober，1985：91－92）。336 年或 335 年后，训练变得规律，服役也连续进行。莱茵穆斯（1971：1－4，124）认为，基于其第一篇铭文的记载，青少年训练作为一个正式的组织可追溯至 361 年或 360 年，而该铭文的日期仍备受争议。[68] 然而，奥伯（1985：94）认为，即使没有这篇铭文，证据也"足以证明，四世纪的第二个季度开始，乡村由年轻公民，士兵守卫，基本上确定是男青年来守卫"。

男青年是否有警察职责这一问题也受到其他问题的困扰。五世纪时，peripoloi 曾一时被认为是"乡村警察"。因此，雅各布（1928：64）认为"一群特殊的雇佣兵正好存在于五世纪和六世纪，负责巡逻雅典的街道，扮演着管辖区警察的角色，就如我们宪兵，这是 peripoloi"。同样，舍尔（Shear，1939：216）认为，一块刻有色诺克利斯（Xenocles）——一位巡逻官（peripolarchos）的名字——的赤陶牌匾，是一位"巡警"的财产。这些观点都没有根据。培勒柯蒂斯（1962：37）这样评价舍尔的假设，"没有什么是对的；事实上，正如这个词所暗示的，巡逻官（peripolarque）是巡警（peripoloi）的首领"。很多文学来源，其中一些视角跟柏拉图的《法律篇》一样，认为年轻人可能承担了超出守卫职责的某些职能。奥伯（1985：76－93）探讨了这些文学段落并总结道，在色诺芬的时代"确实有部队驻守乡村和边界"（92）。[69] 换句话说，除了我们从埃斯基涅斯演说辞（22. 167）中得知的内容外，这些文

---

[68]　围绕碑文出现的争议，首次出版于 1967，见奥伯（1985：94，注释 21）。

[69]　以下段落有相关性：色诺芬，《回忆苏格拉底》，3. 6. 10－11；色诺芬，《论税收》（Rev.），4. 47，52；柏拉图，《法律篇》，760b－763b；亚里士多德，《政治学》，1321b 28－31，1331b 14－18。参见高瑟（1976：191－95）。

学段落告诉我们的事情很少。

　　莱茵穆斯出版的关于青年碑文的作品让我们能够精确地思考男青年在何地行使他们的职能。他的第 2、3、5、10 和 11 条碑文表现出男青年驻扎在埃莱夫西斯、费落（Phyle）和拉姆诺斯（Rhamnus），这些地方全部位于阿提卡地区的边界。例如，莱茵穆斯演说辞（2）赞誉男青年保卫埃莱夫西斯的城镇，并提到他们的角色是守卫。法令中没有证据表明男青年从事着柏拉图在《法律篇》中分配给年轻男人的那一类工程任务。莱茵穆斯本人认为，男青年是履行守卫职责的边防警卫。他们也巡逻乡村，像 peripoloi 一样执行任务吗？毫无疑问，为了守护山脉通道和其他战略要点，他们确实这样做。因为他们的目标是保护雅典，防范外部敌人，这在四世纪，当雅典专注于边界领土防御的时候，是一个特别重要的任务（Ober，1985；cf. Ober，1989a）。[70] 莱茵穆斯（1971：80）认为男青年在第二年不会一直巡逻乡村。更大的可能是，"他们通常作为军事个体，从青年团体中被送出进行'独立'服务，在有限的时间内服务于不同的职位，并在休息期间被送回他们的'总部'继续训练"。给男青年赋予额外的职能，如追捕罪犯或公路劫匪，并将其认作色诺芬笔下的波斯青年（Cyr. 1. 2. 12），且受到柏拉图的拥护（Laws，761d），这纯属推断。在乡村，男青年任职于附近，他们完全有可能帮助村民逮捕逃犯或逃跑的奴隶。也可以想象，男青年让强盗和公路劫匪的生活更加困难，因为前者有时会被召集来协助追捕后者。然而，没有证据表明这是他们的目标。他们也没有出现在我们的主要文献、碑文中，或在涉及该事件的诉讼中承担职责。

　　因此，我总结道，男青年在雅典充当着雅典卫城和造船厂的守卫。他们不是警察，但承担着巡查边疆和乡村的任务。

---

[70]　关于 peripoloi 在希腊其他地方的使用，见罗伯特（1955：283–92）。

第六章　奴隶的身体：雅典的体罚

　　普鲁塔克的《尼西阿斯的生活》（*Life of Nicias*）在结尾处以令人好奇但少有的方式讨论了雅典人对西西里岛（Sicily）发生灾难这一新闻的反应。最初，他们是从一位理发师那里听到这个消息，而理发师是在佩莱坞港听光顾理发店的陌生客人说的。来到城市以后，理发师在集市传播消息，引起了恐慌。因此，执政官召开大会并质问理发师。因为不能给自己一个合理的辩护，理发师被宣布为造谣者（logopoios），被绑在车轮上，遭受拷问。直到信使（messengers）到来，证实在西西里岛发生的一切，理发师所受拷问才就此停止。

　　这位倒霉的理发师是什么人？当然不会是雅典公民。因为斯卡曼德里俄斯（Scamandrius）的执政官公布法令之后，公民便免受这样的待遇了（And. 1. 43；Lys. 4. 14；13. 27，59；Harrison，1971：150，n. 6）。有人猜想理发师是外国人（Bushala，1968：63，n. 10）。而更有可能，他是一名奴隶，是与主人一起或独立地在雅典和佩莱坞港工业区从事贸易活动的一员（cf. Hyp. 3；Perotti，1974；1976）。他遭受拷问的目的是什么？普鲁塔克的记述相当明确，其目的并不在于获得信息，而是一种惩罚方式。那么，其目的一定是阻止他人传播故事。换句话说，对造谣者的身体用刑就是为了确保民众的士气不受动摇。①

　　普鲁塔克的故事肯定是虚构的。就绝大部分而言，使用车轮拷问是

---

① 尽管被大量润色，但普鲁塔赫（Plutarch）在《道德论集》509a-c中对于这起事件的记述为拷问理发师提出相同动机。对于故事的来源，曾有人质疑过他，但失败了，人们断定他伪造事件，因而被当作谣言传播者施以拷问。关于拷问奴隶，见第三章；关于自由人很少遭受拷问，见我之后的讨论。

为了从奴隶嘴里套出消息的。在一些极端的案例中，会在执行死刑之前进行拷问（Ant. 1. 20）。作为体罚（corporal punishment）的一种方式，拷问被视为残酷的和罕有的。[2] 然而，故事确实唤起了人们对自由人和奴隶之间区别的关注，在摩西·芬利（1980：93）看来，这种区别在大多数古代社会都较为"根深蒂固"，"体罚，不管是公共的，还是私人的，都仅限于奴隶"。芬利观点的来源之一是德摩斯梯尼，后者在两份不同的演说中（22. 54 – 55；24. 166 – 67），对自由人和奴隶所受的体罚形式进行了大胆的对比。奴隶犯罪必须以身体受罚作为代价，而自由人无论处于多么可怕的境地，都能保持自身不受侵犯（cf. Ar. *Clouds* 1413 – 14）。两个案例中，目标人物安多西德罗忒昂在对待自由人时比对待家庭奴隶时使用了更多的暴力（hybris），对于这一事实，德摩斯梯尼表达了愤慨。安多西德罗忒昂从自由人的身体上寻求满足感，而不是从金钱上，就好像他们是奴隶一样。虽然没有自由人受到拷问，但安多西德罗忒昂这一暴行的具体细节也与我们无关。德摩斯梯尼理所应当地认为主人经常采取暴力惩罚奴隶，这说明了什么？此外，他可能曾亲眼看到奴隶在集市遭受拷问和鞭打。[3] 换句话说，他亲身经历后了解到奴隶犯错都会以身体受罚作为代价，不管是私下，还是公开。

接下来，我将以回答以下问题为目的，关注雅典的体罚现象。第一，德摩斯梯尼随意宣称的和被芬利接受的是同一个概念吗？也就是说，自由人受到体罚时有没有一个可以求助的地方？第二，体罚的目的是什么？第三，体罚和其他惩罚之间的区别意味着主人和奴隶之间有什么样的区别？

公共鞭刑

很多年前，格罗兹（1908：571）发表了一篇题为《鞭刑是希腊的

---

② 关于安提丰（1. 20），见第三章注释6；关于车轮，见第三章注释41。参见，阿里斯托芬，《和平》452，间接提到使用车轮惩罚奴隶逃亡者。

③ 德摩斯梯尼本人在集市向阿弗布斯发起公开挑战，同意其秘书遭受拷问（Dem. 29. 11 – 12；cf. Dem. 29. 17 – 18，55）。关于德摩斯梯尼向阿弗布斯献出的其他奴隶，见第三章附录2。

一项法令》的文章，他在文中断言公共鞭打（public whip）只适用于奴隶。这是一个关系到荣誉的问题，对自由人来说，鞭打是"最大的耻辱"。回顾了当时的情况后，格罗兹（577–78）做出两点总结。第一，奴隶受到的鞭打数量——一般不超过50次——相当于自由人支付德拉克马作为罚金的数目。第二，如果50次鞭打是法令规定，这就是最大值，与实际刑罚比例相称（Cf. Morrow，1939：66–69.）④。格罗兹欣然接受了罗纳德·斯特劳德于1974年发表的记录雅典银币法律的铭文。至少在某种方式上，该铭文与其早期研究相符合。两个例证中，奴隶犯罪的法定处罚都是50鞭，并在公共场合执行。不幸的是，自由人犯罪被处的相应罚金没有指明（Cf. Aesch. 1. 139；*IG* II² 380. 41–42；*IG* II² 1013. 5；*IG* II² 1362. 9–10. ）。斯特劳德铭文的某些细节相当新颖，值得细细研究。由于鞭刑法令是公开颁布的，他们关注的是奴隶中的两个不同群体，一个是公共奴隶，另一个是私人奴隶。

铭文中主要关注的是公共奴隶，dokimastes或测试人（tester），坐在集市的桌子中间（5–6行：Stroud，1974：167），有时在议事厅中（7–8行）。如果他不依法测试，一句话就可以加刑50鞭（13–16行）。其他可以该方式进行处罚的公共奴隶（demosioi）包括卫城上的奴隶（*IG* II² 333. 6–7），以及三名度量衡的奴隶保管人，他们在圜丘厅（Ski-as）、佩莱坞港和埃莱夫西斯当值（*IG* II² 1013. 5，45–49）。最后一条铭文规定，对测量有误的奴隶施以50鞭的惩罚（5行）。在其他地方，规定也更加灵活，表明鞭刑要与犯罪行为相称（46–47行）。⑤

由谁来施以这些惩罚？我们引用的两个例子中说得很清楚，由一系列治安法官和其他官员负责此事。syllogeis tou demou鞭打公共奴隶（15

---

④　莫罗（1939：67）表明："在所有流传下来的希腊规则中，我们发现了适用于自由人的鞭打和惩罚两者间的鲜明区别。"莫罗和格罗兹引用铭文和古代文献并讨论了除雅典外的希腊国家中的这种行为，其中包括赛罗斯（*IG* XII v 654）、阿法尼亚（*SIG* 736）、罗德斯（*IG* XII i 1）、帕加马（*OG* 483）、米拉萨（*OG* 515），以及德尔斐（*SIG* 729）。在这些地方，对奴隶制定的惩罚比雅典现存的残酷得多。例如，一条二世纪帕加马的法律规定，隐瞒主人的奴隶会被戴上颈手枷（kyphon），并遭受100鞭刑。随后，他要戴着手足枷长达10天。结束后再次遭受鞭刑，不少于50鞭。另外，若自由人丢失他带来的动物、衣服以及/或器皿，会被罚50德拉克马。关于颈手枷和手足枷，见之后的讨论。

⑤　部分铭文，包括翻译和评论由威彻利（1957：182–83，n. 605）发布。

行），而不同的治安法官或其他官员执行对度量衡管理人的处罚。其中，轮值执政团和 *strategos epi ta hopla* 位于圜丘厅，*epimeletes tou limenos* 位于佩莱坞港，圣职者（hierophant）和年度文化节负责人一同位于埃莱夫西斯。⑥ 在此提到轮值执政团不足为奇，因为他们拥有超过一般的其他警务职责，包括逮捕公民。此外，我们在这里看到的是一系列负责社会管理具体问题，包括惩罚罪犯的其他个人。治安法官是否会亲自实施鞭刑？我很怀疑。我们在第五章提到轮值执政团在公共奴隶和斯基泰人的辅助下抓绑囚犯。例子中相似的点在于：那些负责惩罚罪犯的人都有助手，其真正负责并实施鞭打。熟练且高效地执行 50 鞭是一项艰巨的任务，要求持鞭人拥有力量和耐力。⑦

并不仅仅只有公共奴隶才会经历公共鞭刑（demosia mastix）。雅典法律还区分了一些公共性质的奴隶犯罪，这些犯罪在部分社区引起了相似的反应。目前，铸币法令（Coinage Decree）很好地说明了这类犯罪的情形。法令就零售商拒绝接受有效的银币制定了相关惩罚。惩罚根据他们身份的不同而有所区别。涉及自由人的案件中（18 – 29 行），向治安法官告发犯罪的行为往往发生在犯罪现场，不论是在粮食市场、城市，还是在佩莱坞港。这种告发随所涉金额而定，最终会止于法庭。此程序中的惩罚被称为 phasis，是一种罚金，尽管在记录中并没有提到确定金额。⑧ 如果零售商是奴隶，无论男女，都会遭到 50 鞭刑（30 – 32 行）。而执行惩罚的治安法官则根据犯罪地点接受指派——市场行政官负责粮食市场，syllogeis tou demou 负责集市和城邦余下地方，epimeletes tou emporiou 负责恩波里翁（emporion）和佩莱坞港（18 – 23 行）。⑨ 在集市，这些治安法官都带有与其职能相当的人，即十名市场管理员（agorano-

---

⑥ 关于 syllogeis tou demou，见斯特劳德（1974：178 – 79）和罗德斯（1972：129 – 30；1981：520）。

⑦ 正如萨勒（Saller，1991：159）所指，"执行残暴殴打是耗尽体力的活儿，最好留给专业人士来做"。在这一点上，见海德兰和诺克斯（1922：244）的评论，他们认为鞭刑委托于公共刽子手（demios）或 demokoinos 来执行。他们援引了 Aeschylus Eum. 160，一份关于公共奴隶负责鞭刑（mastiktor demios）的文献。

⑧ 关于 phasis，见哈里森（1971：218 – 21），和麦克道尔（1978：62，158 – 59）。

⑨ 关于涉及其中的地方官员，见《雅典政制》（51.3 – 4）及罗德斯（1981：577 – 79）。

moi），分布在城邦和佩莱坞港之间。后者维持市场的秩序和清洁，并收取市场费（*AP* 51.1；Ar. *Wasps* 1406 - 7；*IG* II² 380；Rhodes，1981：575 -76）。作为其职责的一部分，他们有权惩罚公共罪犯，不论是自由人还是奴隶。犯法奴隶当然要遭受 50 鞭刑（*IG* II² 380.40 - 42）。⑩ 我们听说还有其他两种违反雅典法律的奴隶犯罪。爱上自由男孩，甚至对其展开追求的奴隶要遭受 50 鞭刑（Aesch. 1. 139）。同样，Apollo Erithaseos 祭司禁止在神圣区砍伐木材，任何打破这一规定的奴隶都要遭受 50 鞭刑。而自由人违背这一命令则被处罚金 50 德拉克马（*IG* II² 1362）。

虽然用来形容鞭子的类型和其他拷问装置的词汇很多，但我们不清楚在公共场合使用的是哪类鞭子（阿里斯托芬对鞭子"himas"的提及具有暗示作用）。虽然在惩罚奴隶中会用到鞭挞柱（whipping post），但没有任何相关的参考文献（kion：Pollux 3. 79）。或者我们也可以使用 kyphon 或颈手枷（pillory）这两个词。其中，后者是指固定于受害者颈部的器件（Pollux 10. 177），因此该器件也被称为项圈（kloios）或狗项圈（dog collar）（Suidas，s. v. *kyphones*）。有时，该器件也被简称为木材（xylon），因为它本身由木头制成。基于帕鲁克斯的研究，市场管理员在鞭打集市的罪犯时使用 kyphon（cf. Patmos，Lex. 249）。他形容不法分子的词是 kakourgon，该词有表示犯罪分子或罪犯的法律意义。另外，斯维德斯表示，kyphon 一词用于罪行不太严重的歹徒。⑪ 正如我们所见，这

---

⑩　这些地方官员都是阿里斯托芬《阿卡奈人》中欢笑的主角。迪卡欧波利斯（Dicaeopolis）建立自己的私人市场，抽签决定由名为三条"鞭子"（皮革带）的人担任市场管理者（723 - 24）。迪卡欧波利斯借机将谄媚者逐出集市（824 - 25；cf. 968）。按照规定，被禁止入内的人包括杀人犯，atimoi，以及伯里克利法令禁止的麦加拉人。关于禁止杀人犯和 atimoi 入内的规定，见第五章。

⑪　关于 kion，帕鲁克斯的来源是许佩里德斯的片段 D5，而关于 kyphon，来源为克拉提努斯的《复仇》片段 115。关于 kion 的使用，埃斯基涅斯（1.59）参考了一位朋友提马库斯的观点。在鞭打公共奴隶皮塔拉库斯之前，他们让他戴上 kion（cf. Lys. frag. 17. 2；Soph. *Ajax* 108）。正如我们所知，kyphon 是帕加马地区用来惩罚奴隶的方式（n. 4）。在底比斯，自由人在集市戴上 kyphon（Arist. *Pol.* 1306b 2 - 3）。在斯巴达，基那东（Cinadon）和他的追随者被快速戴上项圈，并游行穿过城市，一路上遭受鞭打和驱赶（Xen. *Hell.* 3. 3. 11）。《基于文献和文物的古希腊及古罗马词典》（DS），s. v. numellae，nervus，boiae，等同于 kyphon 以及木材和 xyla，正如格尔里特的观点（1976：324）。正如《基于文献和文物的古希腊及罗马词典》中的部分讨论一样，赛里欧（Saglio）从花瓶的绘画上再现了一个他认为描述 kyphon 的场景（图 5339）。更多有关 kyphon 的信息，见接下来的讨论。

里提到的都是自由人，他们也不能幸免于戴颈手枷。我们关于颈手枷的许多参考都源于阿里斯托芬的喜剧，在剧中颈手枷的用途是威胁他人（*Clouds* 592；*Lys.* 680 – 81；*Plutus* 476，606）。无论是鞭挞柱，还是颈手枷及其各种变形，这样的器件在鞭刑中用于固定奴隶，其作用至关重要。[12]

我引用来佐证自由人和奴隶间区别的铭文由德摩斯梯尼提出。个人地位决定采用的惩罚，自由人犯罪通常以罚金作为补偿，而奴隶则要受到鞭刑。然而，我并不完全相信格罗兹提出的鞭打相当于德拉克马这一准则的普遍性。毕竟，这种观点仅基于三个案例（*Aesch.* 1；*IG* II^2 1362；铸币法令）。的确，铸币法令的复杂性清楚地表明了其他可能性的存在。拒绝接受有效硬币的奴隶被处 50 鞭刑，但对于自由人身份的零售商来说，没有人为其相似行为订立惩罚条款。如果告发案中涉及的金额超过 10 德拉克马，将由相关的治安法官或陪审法庭来决定惩罚。由此产生的罚金肯定会有所不同，并且不是与奴隶被规定的 50 鞭刑完全相同。[13]

格罗兹和莫罗认为 50 鞭刑就是最大量，对吗？频繁出现的这个数字足以让人认同它是有一些意义的。但人们不需要进一步认同这 50 鞭的数字就是雅典人性的完全表现（Glotz，1908：587；Morrow，1939：68）。至于其他解释，我查阅了 19 世纪巴西为奴隶主提供建议的文献。指导种植园主和农民的实用手册表明，50 鞭刑对"普通"奴隶来说足够了。为了呼吁人道和理性，文献作者这样解释他的建议："任何超过此数量的惩罚更可能是引起愤怒和复仇，而不是改造奴隶。"即便如此，他认为对罪犯应从重处罚，尤其是对逃逸惯犯、重大盗窃犯或反抗惩罚的人。其他有宗教思维的人求助于《圣经》（the Bible）、《哥林多前书》

---

⑫　例如，在帕加马，奴隶戴着 kyphon 遭受鞭打（*OG* 483.178）。讨论中的证据表明，在某些案例中，像基那东一样被鞭打的人会被故意保留自如的行动。怀斯曼（Wiseman，1985：5 – 7）描述了罗马的相似程序。

⑬　不管怎样，犯罪使得自由人和奴隶在法律面前一律平等。凡是在度量衡方面犯下罪行的人都会受到法律为犯罪分子制定的惩罚，不管他是执政官、私人公民或是公共奴隶（*IG* II^2 1013.56 – 60）。预期的犯罪行为的性质尚不清楚，雅各布（1924：154 – 55）建议将其定为伪造度量衡。或许盗窃案也会被考虑其中。这类案件中，最高法院拥有管辖权。

（Corinthians）或《申命记》（Deuteronomy），恳求奴隶主将奴隶遭受的鞭刑数量减少到 39 鞭（295）。罗伯特·E. 康拉德（Robert E. Conrad，1983：288），编辑该篇文章及其他相似文献的编者，这样评价巴西奴隶通常遭受的鞭刑数量：

> 鉴于 50、100、200、300 或更多数量的鞭打在整个巴西……美国，尤其是像弗吉尼亚和马里兰这样的边境州的奴隶史上都很普遍，甚至是合法的，因此，反对《圣经》将奴隶惩罚限制为 39 鞭是非常罕见的，甚至是被法律禁止的——这个结果或许在美国并非出于更善的本能，但相比财产损失来说的确是更大代价。

换句话说，对代价的考虑，抑或甚至是对过度惩罚的有效性的怀疑，是雅典法律法令规定奴隶 50 鞭刑频数的基础，而非出于仁慈。相关文献很少，且涉及的犯罪也相对较少。例如，若奴隶犯下重罪，法律怎么惩罚？如果公共奴隶试图逃跑或拒绝惩罚，法律又是怎么规定？这些我们都尚不清楚。我怀疑惩罚与罪行的轻重是相称的，远远超过 50 鞭。当然，即便是 50 鞭，猛力地使用一股绳的鞭子也会造成严重损伤，无疑会使奴隶遭受极大的痛苦，更别说使用精心制作的装置了。

在我们讨论对奴隶的私人惩罚以前，关注柏拉图的《法律篇》可能是有益的。在设想的乌托邦社会（utopian society）中，哲学家规定将体罚作为一系列犯罪的惩罚方式。体罚的使用符合雅典实践吗？从表面上看，答案是肯定的，即在柏拉图的马格尼西亚城（Magnesia）里，奴隶确实以身体作为犯罪受罚的代价，而鞭子就是最普遍的惩罚装置。另外，自由人和奴隶之间的区别是模糊的，因为在玛格涅西亚城里，前者也要受到体罚。[14]

为自由人和奴隶制定的惩罚截然不同，《法律篇》提供了许多相关

---

　　[14]　关于法律的参考著作包括莫罗（1939，1960）；格尔里特（1968）；皮埃拉尔（1974）；N. 琼斯（1990）；桑德斯（1991）。皮埃拉尔（Pierart，1974：465）指出："在马格奈泰斯城中，人们借助水印图案阅读雅典宪法。很少有纠纷体制带着这样的标志。"参见，格尔里特（1968：CXCVII，CCI）；莫罗（1960：92，592）；桑德斯（1991：353）。桑德斯总结道，在马格尼西亚实行的惩罚"跟在雅典实行的范围大致相同"。琼斯（1990）根据多利安洲的模式发现了有差异的地区。

例子。就杀人罪而言，自由人被处的罚金跟我们在雅典发现的金额相当。除非逃亡，否则凶手将面临死亡。从此，他就是逃犯，如果他试图返回，任何人都能杀死他而不受惩罚（871d）。犯有蓄意谋杀罪的奴隶同样面临死亡，但他并没有可以逃跑的机会。马格尼西亚城中新奇的一点是，公共行刑者（koinos demios）受令将奴隶带到能看见被害人坟墓的地方，按照起诉人规定的数量进行鞭打。如果在鞭打结束后奴隶仍然活着，行刑者就将他处决了（872b－c）。⑮ 第二个例子更加复杂。它详尽地解释了当有人完全丧失理智地殴打父母中一人时旁观者应做出的预期行为。人们希望旁观者能够帮助受害人。此外，法律为进行干预或采取其他行为的人制定了一系列奖惩措施，与其品格及地位相对应（881b－c）。奖励范围从邀请享有部分公民权的外侨就座比赛前排到给予奴隶自由。我们关注的是惩罚。马格尼西亚城的当地人未能帮助受害人，容易受到宙斯的诅咒，其为亲友和父母的守护神（881d）；享有部分公民权的外侨会被永久流放；外国人会受到谴责。另外，奴隶受到的惩罚是严重的鞭刑，100 鞭，由三个治安法官团中的一人执行；若事件发生在集市，则由市场管理员执行；若发生在城邦的其他地方，则由警察执行；若发生在乡村，则由乡村行政官执行。用来指代这种鞭刑的术语恰好跟之前引用雅典铭文中的一样（tei mastigi typtestho：881c）。（Cf. 844e－845d；914b－c）

在许多案例中，雅典文献记载的自由人和奴隶的区别已经弱化。例如，外国人（Xenoi 或 aliens）有时也和奴隶一样面临鞭子和链条的威胁。市场上，市场管理员的职能在于防止寺庙和喷泉受到损坏，他们还担负起惩罚任何破坏者的任务。不管是奴隶，还是外国人，破坏该设施的都会被用链条锁住并鞭打。相反，当地人只需面临多达 100 德拉克马的罚金（764b）。此外，还有几个事件表明，外国人受到的鞭打与当地人或奴隶受到的惩罚不一致，其中一个例子体现在为保护外国人而制定

---

⑮ 同样值得注意的是奴隶被审讯这一事实。公平地说，我们不知道最终雅典人会让故意杀害一个自由人的奴隶遭受什么样的拷问。安提丰（5）、（69）推测出一些可能性，并建议如果行凶者没有认罪或他的同伴没有告发他，涉及谋杀主人的所有家庭奴隶都应被处死。关于罗马类似的程序，见塔西佗的《编年史》。

的一组法律上。没有人能攻击他们，甚至不能因自卫而回应攻击
（879d）。然而，如果外国人以看似粗暴或无礼的方式发动攻击，受害人
可以逮捕他，并将他交给警察。如果警察认为该攻击是非正义的，他们
会对外国人进行鞭打，数量等同于他对受害人的殴打次数（879e）。

　　市场上的零售商几乎都是在马格尼西亚法律控制下享有部分公民权
的外侨或外国人（920a），他们在某些违法情况下也面临体罚。例如，
任何人贩卖劣质商品，不仅会被没收争议产品，还会受到鞭打，而鞭打
的次数与他要求的商品价格（德拉克马数）相对应。在鞭打以前，传令
官会在集市播报他的罪行（917d－e）。尽管柏拉图并没有说明谁来执行
鞭刑，但传令官（herald）和执政官在罪行曝光以前卷入，暗示了这是
市场管理员管辖下的一种公共惩罚方式。

　　更令人惊讶的事实是马格尼西亚城的当地人也会面临体罚。的确，
柏拉图列举出了自由人可能面对的惩罚，包括鞭刑，以及囚禁和死刑
（949c）。其中有两个这样的例子——总共有五个——关注了攻击或怠慢
父母的严重罪行。怠慢父母的人，无论男女都要被绳之以法，接受相同
的惩罚，除了年龄差别，即未满30岁的男性遭受锁链条和鞭刑，而未满
40岁的女性遭受相同刑罚。对鞭刑的数量没有规定。负责的官员是
三名年长的法律守护人以及三名负责婚姻的女性。还有更加严格的处
罚，预计分别给予年龄超过30岁的女性和40岁的男性，但没有任何详
细情况。在一个攻击父母的真实案例中，并没有为罪犯本身制定具体的
体罚数量（881d）。相反，有罪的人被城邦终身流放，被迫居住在乡村，
远离所有神圣场所。如果他违反最后的禁令，市场管理员将会以鞭刑和
其他任何他们能想到的方式惩罚他。在此情况下，也没有规定鞭刑的
数量。

　　当地人被鞭打的几个其他例子中，罪行都不那么严重，执行鞭打的
任务落到了路人或任何能抓住他们或发现其行为的人身上（762c，
784d，845c）。

　　最后，有两个罪行会使当地人面临比奴隶或外国人更严重的惩罚。
那些被判抢劫寺庙或盗窃公共财产的人被认为不可挽救，会被处以死刑
（854d－e，941d－942a）。相比之下，那些没有受益于马格尼西亚严格

教育制度的奴隶和外国人，被认为是可完全矫正的，应从轻处罚。抢劫寺庙的案件中，处罚尤为严重，其中最可怕的惩罚是在犯人的脸上和手上烙上烙印，然后按照法庭的法令进行鞭打，并扒光衣服置于城邦边界。⑯ 至于盗窃公共财物的窃贼，虽未制定对其的惩罚措施，但法庭可自行决定如何处置。然而，术语的使用表明体罚是为奴隶设想的（pathein），罚金是为外国人制定的（zemian apotinein）。

柏拉图在制定这些处罚时颇具匠心。他没有使用雅典模式的 50 鞭，而是规定在某种情况下使用 100 鞭，在其他情况下则数量是任意的，由起诉人、治安法官或法庭决定（854d，872b，941d）。有时，鞭打的数量与犯罪的性质相称。例如，外国人遭受的鞭打数量与他殴打当地人的数量相当（879e），零售商遭受鞭打的数量跟他贩卖的劣质商品的价格数一致（917d），奴隶遭受的鞭打数量与她未经主人同意触摸水果的数量相同（845a）。这些与罪行相称的惩罚揭示出，在柏拉图表面迷惑、复杂的惩罚规则下，潜藏着报仇的原始概念。

柏拉图的惩罚制度中，另一个值得注意的方面是，惩罚罪犯时个人行使自救的程度。正如我们在第五章中看到的，在雅典，大多数的情况下，逮捕是由受害人一方或任何为了将罪犯绳之以法而介入事件的人实施。然而，惩罚通常是国家的责任，由法官和治安法官决定。铭文还揭示，法令规定，治安法官可以施以体罚。有一些例外，不被允许自救的人包括被判杀人罪的流亡归来人员以及通奸犯。另外，在马格尼西亚城有很多较轻的惩罚是受害者一方或路人的责任。例如，一名奴隶在愤怒之下伤害一名自由人，随后其会被移交给那名自由人任其处罚（879a）。同样，如果奴隶殴打自由人，旁观者必须用脚镣把奴隶绑起来，并交给受害人。而受害人会鞭打奴隶，之后将其送还给主人（882a－b）。（Cf. 845a－c，914b，917b－c）在这种情况下，惩罚是公开规定但私人

---

⑯ 实际上，柏拉图将烙印行为描述为在奴隶的前额和手上"书写"事迹。这里肯定是指刺字，而不是真正的烙印。参见，海罗达思（5.65－66），刺字师西西斯（Cisis）被传讯出庭时带着针和墨水。关于古代刺字的方法，见 C. 琼斯（1987：142－44）。琼斯认为，"对动物烙印是普遍的做法，但在希腊对人烙印几乎是不存在的，甚至在罗马也是比较罕见的"（141）。关于烙印，见之后的讨论。桑德斯（1991：334－48）探讨了柏拉图刑法中的等级差别，并绘制了一份关于各种惩罚的目录。

行使的，取决于自救。就柏拉图而言，诉诸自救显然是深思熟虑的选择，因为他的乌托邦国家依赖一大批治安法官，不像在雅典，无论在市场或城邦的其他地方，或是乡村，都由掌权的人来执行各级惩罚。换句话说，柏拉图设想将惩罚分散在整个公民社会（civil society）中，而不是由国家专属管辖。

奴隶的私人惩罚

柏拉图承认，"拥有奴隶不是一件简单的事"（*Laws*，777b）。难怪不管在古代还是现代，奴隶主们都绞尽脑汁寻找有效控制奴隶的方式，惩罚只是其中一种。在与亚里斯提卜（Aristippus）的讨论中（Xen. *Mem.* 2. 1. 15 – 17），苏格拉底提出了关于主人如何对付懒惰、自我放纵奴隶的一些具体细节。他们采取让奴隶挨饿的方式来控制其欲望，让其戴上脚镣来防止他们私自离开，以及鞭打他们从而遏制懒惰。[17]亚里斯提卜的反驳很有意义。任何一种惩罚，都因其太过苛刻而使奴隶确切地意识到他们相应的奴役状态和行为。在短短几行文字中，色诺芬提到了古雅典用来惩罚奴隶的三种体罚方式。

施以惩罚是一份巧妙的工作，绝不仅仅是一份惩罚列表就足以表明的。例如，希腊评论员认为过度的惩罚可能会弄巧成拙，产生不情愿且粗暴的干活者。因此，在给奴隶主的建议中，柏拉图和色诺芬都不赞成对奴隶实行过于严厉的惩罚。柏拉图指出（*Laws*，777a），一些奴隶主对家仆极其不信任，把他们当作牲口，并对他们使用刺棒和鞭子，这样只会使奴隶变得越来越糟糕。色诺芬笔下的苏格拉底（*Oec.* 3.4）以同样的口吻描述了家仆的反应，他们不断试图逃跑。但在其他不受约束的地方，奴隶自愿留下并工作。

之前的例子比较极端。评论家只是反对过度惩罚，而不是反对惩罚本身。恰恰相反，惩罚不仅被他们所接受，而且被作为奴隶主职责的重要组成部分受到提倡。柏拉图（*Laws*，777e）认为，惩罚当然可以，但

---

⑰ 奴隶主们还通过在储藏区上锁的方式防止他们偷窃。

必须适度（dikei）。色诺芬的《家政学》（*Oeconomicus*，13.6 – 12）一书中，伊斯克玛古斯的例子更为具体，他在训练奴隶时将他们和小马小狗同等看待，因为对待小马小狗也要平衡奖惩两个方面。奴隶就像牲口，也需要食物和奖励。伊斯克玛古斯所选的制度基于激励。他会在家里创造一种等级结构，相较于不愿工作的奴隶，他会给愿意勤奋工作的奴隶提供更好的衣服和鞋。关于惩罚的形式，伊斯克玛古斯却只字不提，猜想他的跟随者知道一些可行的办法。同样，他给妻子的建议也含糊不清（7.41；9.15）。妻子负责惩罚奴隶，至于使用什么方法，他没有说明。另外，托名亚里士多德的记述（*Oec.* 1.5.3）与色诺芬的相近，用三个词简洁地概括了奴隶待遇的问题：工作，惩罚，食物。三个词中必须找到一个准确的平衡，使得每一项给予都是值得的。亚里士多德对惩罚的本质也含糊不清，并没有区别惩罚的不同形式。

古希腊文学的建议和 18 世纪、19 世纪记叙巴西奴隶主的文学在总要旨上是相符的，正如康拉德（1983）搜集的来源所展示的一样。这就是习惯上说的奴隶需要"三 p"：pão，páo，pano——一个面包，一根棍子和一块布（58）。中间这个词的使用非常严肃认真。一位巴西作家证实道"不惩罚奴隶犯下的暴行是最无礼的行为。然而，他们受到的指控必须进行调查，无辜的人不会被惩罚"（59）。

> 毫无疑问，当奴隶主从经验中得知他们的话已经不再奏效时，就应该惩罚奴隶并纠正他们的错误。如果奴隶有良好的性格，他将很少犯错，那么纠正他一次就够了。然而，如果奴隶是傲慢或难以管制的，他总是表现得糟糕，那么纠正他的时候就必须责骂加惩罚才行。（292 – 93）

这是古代评论家提倡的平衡：惩罚实行的同时最好注意公正和谨慎。而巴西作家在处理实际惩罚时更为开放。其中一人引用道，"一旦他们的（奴隶的）罪名成立，他们应受到适度的鞭刑，或用铁链或手足枷锁住一段时间"（59）。更具体的建议如下：

> 考虑到惩罚质量，应进行合理调整，不应超出用木板（palma-toria）责打、鞭打、抽打和上枷锁；因为其他形式的体罚在家庭内

部是受到谴责和禁止的。因此，主人不可能用大棍棒责打奴隶，因为这是残忍和不人道的。

这些资料来源毫无顾忌地提供了此类惩罚方式的具体细节，而古人对此却只字不提。[18]

在奴隶社会，问题不在于是否惩罚奴隶，而是如何惩罚，以什么样的频率和强度，定什么罪名，以及以什么样的心境。这些问题的答案必然因不同的奴隶主而异。因此，托马斯·威德曼（Thomas Wiedemann，1981：10）的观点有部分是正确的，他认为："或许我们应该看到，对奴隶的暴虐行为并不像掌权人爆发愤怒时产生的效果那么系统和故意，类似于社会上对妻子或孩子们的暴行。"如果这是试图以此来解释主人反复无常的极端手段和无疑会受到谴责的一些惩罚方式，那么他是对的。但如果是暗示对奴隶的严厉惩罚有某些不合理之处，那他就错了。苏格拉底描述的惩罚是系统化的。没有它，奴隶制度就不能顺利运作。不管是古代还是现代，所有的建议都呼吁奴隶主维护自身利益，以及时和谨慎的方式实施惩罚，这样做不仅能使主人保持舒适平和的心态，而且能维持奴隶的受控和勤奋。对于那些准备将惩罚具体化的人来说，他们指的是鞭子和铁链，甚至更糟。

我们有办法向奴隶主提出建议，并能够通过查阅跨文化资料的方式重建适度体罚的细节。但仍需要记录私人惩罚。不幸的是，搜索到的法庭演说数量相当小，在这一块现存的文献量也很稀缺。[19]因此，我们必须把注意力集中于雅典喜剧，不管其新旧。阿里斯托芬和米南德的剧作都是盛产奴隶体罚或滥用威胁的文献。实际上，对这些内容几乎没有系统的分析。[20]或许这也是可以理解的，喜剧作家善于在描述奴隶时采用夸张的手法和小丑一类的角色。那么，我们可能会问，这些奴隶及其经

---

⑱　一些丰富的罗马文学作品为奴隶主提供了建议，其中包括卡托（Cato）、瓦罗（Varro）和哥伦梅拉（Columella）的农业论文，这些都经过了布拉德利（1987：21－45）的深入分析。所有被提及的作品都是详细的和坦率的。例如，见哥伦梅拉（Columella，1.8.16－17），关于奴隶被锁在私人监狱接受检查的建议。

⑲　它们包括德摩斯梯尼演说辞（45.33）和吕西阿斯演说辞（1.18）。

⑳　爱伦伯格（1962：176）介绍了最详细的处理方式。参见，利维（1974：39－41）和多佛（1972：204－8）。

历都接近现实吗？更成问题的是，我们如何解释证据中揭示的奴隶生活中偶然和随意的细节。运用系统的方法，我们希望能回答以下问题（Gutman and Sutch，1976：59 – 60）：惩罚如何执行？公开的还是私人的？需要其他奴隶在场吗？惩罚与个人不法行为相关还是他们任意选用的？给予惩罚时，有技能和无技能的奴隶，年轻的和年老的奴隶，男性与女性奴隶间是否有差异？只要对雅典喜剧有粗略的了解就会知道人们从未放弃在剧作中回应这些问题。于是，通过这些剧作我们可以探究雅典奴隶主可使用的体罚方式，以及使他们诉诸体罚的犯罪类型。

为了证明丰富的喜剧作品是研究奴隶惩罚的一大来源，我将列举两部相隔一个世纪的剧作，即阿里斯托芬的《马蜂》以及米南德的《萨摩斯女子》。前者创作于 422 年，后者介于 315 年到 309 年间。通过对这些剧作的简要讨论我们将发现更多关于体罚的参考内容。[21]

《马蜂》以两名家庭奴隶——克桑西阿斯（Xanthias）和索斯亚斯（Sosias）的对话开篇，为观众介绍了即将展开的行动。两人在主人儿子吕克勒翁（Bdelycleon）的命令下，守卫着主人菲罗克勒翁（Philocleon）（67 – 70）。他们试图把菲罗克勒翁锁在家中，以便自己能有足够的活动范围，在舞台上发挥更大的作用。然而，完成分配给他们的任务相当困难，最终需要另外三名奴隶的帮助。吕克勒翁叫来三名奴隶，命令他们赶快抓住他的父亲。他威胁道，"否则，你们将会被锁上铁链，并且没有吃"（435）。不用说，菲罗克勒翁因奴隶粗暴对待他的方式而不快。他大骂其中一人是讨厌的野兽，并提醒他以前受过的惩罚。原来，菲罗克勒翁曾发现他偷葡萄，因此把他绑在一棵橄榄树上，彻底地隐藏起来（449 – 50）。戏剧结尾时，我们了解了更多的菲罗克勒翁对待奴隶的方式。这次的目标是克桑西阿斯，他一个人在舞台上以逃避主人。显然，他受到了殴打，因为他说自己的后背像被棍棒打出了规则的文身（1292 – 96）。当合唱团加入后，他讲述了自己和主人一起参加的一个晚宴。当时，老人喝醉了酒且行为举止喧闹，到处惹事，包括鞭打自己的

㉑　关于阿里斯托芬和米南德笔下的奴隶角色在舞台上的差别，见第三章注释 23。在此，我不同意奴隶在四世纪被更人性化地对待这一观点。参见，勒迪克（Leduc，1981：283 – 84）。

奴隶并给其戴上枷锁，"戴上，小子"（1307）。㉒ 回家的路上路人很少，但他仍然表现得相当暴力，因此，克桑西阿斯东躲西藏。在听闻菲罗克勒翁马上要过来时，他因害怕受到更多的殴打而离开（1325）。

米南德的《萨摩斯女子》中，帕尔梅农（Parmenon）是德米阿斯及其养子穆仙的奴隶，发挥了首屈一指的作用。他非常聪明，在面对无礼言行时反应很快；他还知晓德米阿斯的萨默斯情妇——克里希斯的秘密。这是德米阿斯不可告人的一个秘密，因此他用慰藉的话语跟奴隶说："我不想打你。""打我？"帕尔梅农回答道，"但是为什么（307 - 7）？"就这样，直到德米阿斯恼怒尖叫，"让一个奴隶给我把马鞭拿来，解决这个令人憎恶的人"（321 - 22）。他还威胁要在帕尔梅农身上烙下烙印（branding）。后者逃跑了，主人在后面咒骂追喊："鞭挞柱！"帕尔梅农后来再次现身，抱怨家中发生的事情，最终他因受到烙印的威胁而停止抱怨，因为他认为烙印"太不文雅"（654 - 57）。他的小主人穆仙出现，向他发号施令，帕尔梅农没有回应，而是反问对方。穆仙准备使用马鞭时，帕尔梅农离开了（663）。然而，他很快又回来了，不仅没有执行主人的命令，反而给主人提出建议。穆仙勃然大怒，自己的奴隶竟试图训诫自己，于是他直接一拳打在帕尔梅农脸上。帕尔梅农嘴唇被打裂，却没有得到同情，只得到喋喋不休的指责（670 - 80）。㉓

从很多方面来说，两部剧作中使用的惩罚均是威胁或责罚奴隶，这些都是在其他雅典喜剧中奴隶经历的典型的身体虐待。根据参考来源，惩罚的方式多种多样。首先，有大量为奴隶书写的哀歌。例如，《骑士》（Knights）开篇提到两名家庭奴隶抱怨最近加入他们阶层的一名叫帕弗拉功（Paphlagon）的人。自从他进入房屋后，其他家仆遭受的雨点般的殴打皆因他而起（4 - 5）。因为他的诽谤，很多奴隶都受到过鞭打（64 - 70）。《普鲁特斯》（Plutus）以一个更普遍的哀歌开篇。卡里翁表

　　㉒ 注意《马蜂》1297 - 98 中关于 pais/paiein 的双关语（with Golden，1985a：102 - 3）。参见，440，关于 choinix 的双关语。

　　㉓ 威胁中提到的殴打是指借助于鞭子执行的鞭打（Wasps 306；mastigoun）。注意德米阿斯并没有将他的威胁限制于这种场合。从房中出现时（440 - 41），他对一名奴隶大喊："如果我有一根棍棒，我会打得你泪流满面。"

示，要给一个没有脑子的主人当奴隶是一项非常困难的任务，他不会认真对待奴隶的建议，但奴隶必须分担他所受的灾难。卡里翁谈到奴隶并不能掌控自己的身体，而是由买家随意对待（1-7）。我们之前讨论过的逃离菲罗克勒翁的克桑西阿斯，他也对自己及其他普通奴隶的命运发表了中肯的评论。他认为乌龟是幸运的生物，因为它有壳保护肋骨免受击打（*Wasps* 1292-95）。奴隶受到的威胁证实了这些抱怨。例如，剥夺食物作为一种惩罚手段，其目的在于逐渐让奴隶感到恐惧；铁链则是另一种手段（*Wasps* 435）。事实上，《普鲁特斯》中的合唱团告诫卡里翁，他的小腿骨因手铐和脚链的缘故已发出尖锐的声音（275-76）。针对不法奴的惩罚手段还有殴打（*Clouds* 58；*Plutus* 21-23；*Samia* 306-7，321，440-41，663），及最后一种——打烙印（*Samia* 323）。米南德的两部剧作中，主人公甚至用暴力威胁孩子的老保姆，只因其有不正当行为（*Dys.* 591；*Epi.* 1062-63）。以这样的方式直接威胁原本忠心耿耿的老仆妇是否毫无意义？或许是。但有一点可以肯定，威胁必然会贬低这些年老的人（cf. *Wasps* 1297-98）。

奴隶因体罚受到的伤害和威胁一样多。奴隶们在舞台上默默地从事我们可以想象到的卑微工作，还会因此受到殴打，而主人的手势和声音都旨在引发观众的笑声（cf. Dover，1972：206）。一个实例中，主人在殴打前痛斥沉默的奴隶是懒惰的粗人（*Birds* 1323-27）。之前，我们讨论过有奴隶因为偷葡萄被鞭打（*Wasps* 449-50），而且还被绑在一棵橄榄树上，这样的场景必然被众人尽收眼底。另一个奴隶也承认自己因为偷食物而受到殴打（*Plutus* 1139-45）。帕尔梅农不仅多次受到鞭打威胁，还因无礼言行被掌嘴。米南德的《佩林托斯女子》（*Perinthia*）中一个片段描绘了达维斯的主人拉凯斯，准备在其他奴隶的帮助下，在避难所外烧死自己的奴隶。但这里我们的讨论或许已经超越了对奴隶适当惩罚的范围，而是一些以恶性的方式暴力对待奴隶。除了引用的内容，奴隶们也谈论惩罚，主要还是殴打，他们都曾经或即将遭受主人亲自下手的殴打（*Frogs* 542-48，741-48，812-13；Men. *Heros* 1-5）。

当然，这一切与阿里斯托芬对手的作品相比还是较为温和的。在其对手的作品中，奴隶在舞台上哀号，成为其他奴隶嘲笑的对象，因为他们的皮肤、肋骨或背上全都被鞭痕覆盖（*Peace* 742 – 47）。

　　喜剧中记录的最常见的惩罚类型是鞭打。因此，奴隶常被辱骂为 mastigias 或 "鞭挞柱"。阿里斯托芬使用的指代殴打的词与动词 mastigoun 有所不同，后者指用鞭子（mastix）进行鞭打。还有更丰富的词，如 ekderein，剥去皮肤或 "隐藏"；patassein，用如拳头或类似盒子的东西击打或敲击；patein，在脚下践踏。奴隶们也常常受到警告，他们将会被折磨得尖叫或痛哭。阿里斯托芬曾提到主人也会使用棍棒殴打奴隶（bakteria：*Wasps* 1296；cf. Men. *Epi.* 248）。此外，在描述拷打者对奴隶可用的司法拷问方式一文中，他也间接提到 hystrichis（*Peace* 746），一种由猪鬃毛制成的特别残暴的鞭子（*Frog* 619）。米南德笔下有一个人物威胁要使用棍棒（xylon：*Samia* 440），还有其他人使用鞭子或 "马鞭"，一种由皮革和很多股绳混制而成的东西（*Samia* 321，663；*Dys.* 502）。但是，由于威胁有很多种，对实际虐待又描写得过于简短，我们对严重鞭打中发生的事情尚不清楚。通常的惩罚都采用随意殴打的形式，用拳头或提前备好的装置对准奴隶直接进行。很少有文献中提到手铐和脚链。然而，有的文献中提到在一场预谋好的殴打中，主人可利用设备将奴隶绑在柱子上或树上（*Wasps* 435，450；*Plutus* 276）。奇怪的是，在这些剧作中，没有证据表明主人拥有或使用鞭挞柱、树干或颈手枷。㉔

　　奴隶犯下什么罪行时会遭到体罚？为了回答这个问题，我将从喜剧中提取到的信息，按其出现频率粗略地编写了一个列表。偷窃（stealing）排在首位，之后是撒谎（lying）或欺骗（deception）以及工作不力（poor work）。其他类型的不当行为包括懒散（idleness）或懒惰（laziness），纠缠（pestering），不服从命令（failure to follow orders）和无礼

　　㉔　然而，关于诉讼中私下使用 kion 的文献，见注释 11。帕鲁克斯演说辞（3.79）命名了希腊人使用的不同鞭打类型。富热尔（Fourgeres）在《基于文献和文物的古希腊及古罗马词典》s. v. 鞭子中对这些类型进行了探讨和说明，插图 3098 表明 himas 是一种多股绳的鞭子。他将 hystrichis 描述为 "更加痛苦"。另一种用来控制奴隶的工具是 pausikape，一种凸出的项圈或口套以防止奴隶 "一口吞下" 食物（Ar. frags. 301 – 2；Suidas, s. v. pausikape；Pollux 7. 20）。虽然这种设计很有威慑力，但项圈只能用以惩罚偷吃或偷窃食物的奴隶。巴西使用 "锡制面具" 防止奴隶偷吃甘蔗，参见，康拉德（1983：287）。关于罗马的情况，见布拉德利（1987：119 – 21）；关于巴西的情况，见康拉德（1983：81，123，287 – 88）。

言行（impudence）。[25] 相比之下，福克斯 - 吉诺维斯（1988）记录了美国南部奴隶遭受的体罚——大多是家庭奴隶——是对他们偷窃、工作不力、消极怠工（slacking）、滋扰生事（creating a nuisance）、傲慢无礼（impertinence）和固执己见（obstinacy）等行为的反应。[26] 对于同一社会环境，尤金·吉诺维斯（1976：65）将逃跑（running away）设为"头号犯罪"，紧随其后的是偷窃和工作不力。如果我们暂时撇开体罚不考虑，那些应施予体罚的犯罪类型在这种奴隶社会和那种之间显然没有很大的变化。反过来，这也表明阿里斯托芬和米南德在描绘被冒犯和激怒的主人猛打奴隶的不当行为时，并没有远离现实。舞台上发生的都是观众熟悉的事情，他们可以嘲笑奴隶的失误、托词和哀号，以及主人的小缺点。同时也可以看到，喜剧中的犯罪代表了日常的不当行为及其引起的惩罚。

什么是主要的犯罪？比较材料表明，对于严重的破坏行为，惩罚也较为严厉。例如，早期引用的《巴西农业手册》（*Brazilian agricultural handbook*）中列出了需要实施重大惩罚的犯罪，如不断逃跑、重大盗窃、违抗命令、屡教不改的酗酒以及反抗惩罚，并建议这样的罪犯"应该鉴于主人的请求，归由各个区域的监狱进行惩罚"（Conrad，1983：299）。在这个列表中，我们可以增加造反和试图下毒两种犯罪。福克斯 - 吉诺

---

[25] 涉及偷窃的参考文献：关于葡萄，见《马蜂》449 – 50；关于设备，见《普鲁特斯》1139 – 45；参见《骑士》102 和《阿卡奈人》271 – 76，但其中没有提及惩罚；参见，米南德，*Pap. Pet.* 4 和 *Pap. Heb.* 5（一名厨师被控偷盗的控诉）。涉及说谎或欺骗的文献：《普鲁特斯》271 – 76，《萨摩斯女子》304 – 10，《割发》267 – 69。涉及工作差劲的文献：《云》56 – 59，《农夫》574 – 92；参见，《马蜂》828（没有提及惩罚）。涉及闲散的文献：《和平》255 – 56。涉及懒惰的文献：《鸟》1323 – 27。涉及打搅或烦扰的文献：《普鲁特斯》22 – 23，《公断》1062 – 63。涉及未能遵守秩序的文献：《马蜂》434 – 35。涉及无礼言行的文献：《萨摩斯女子》658 – 80。当然，这些不是奴隶仅有的犯罪行为，只是这些行为引发了惩罚或惩罚的威胁。见《骑士》85 – 124，详尽讽刺了奴隶饮酒上瘾的事件；《蛙》543 – 48，狄奥尼西奥斯以奴隶的身份想象自己被主人猛击面致出现明显凸起。

[26] 鞭打的文献来源于 140，154，188，313 和 315 – 18。大部分是由于工作差劲。参见布拉辛格姆（Blassingame，1977），大量案例中绝大部分鞭打是由于工作差劲（e.g.，219 – 20，339，434，717 – 18）和盗窃（e.g.，137，433，567）导致的。尽管有些夸张和记忆上的疏忽，但奴隶的证词表明宗教规定鞭打的最大量为 39 鞭，不过这并不能控制奴隶主施加在他们身上的鞭打数量，而这个数量在巴西是很常见的。关于罗马的情况，参见布拉德利（1987：119 – 23），以及萨勒（1991：157 – 60）。需同时关注小犯罪引发严厉惩罚的情况和特别残暴的案例。

维斯（1988：303）记录了 1770 年一位女性在路易斯安（Louisiana）参加一场造反，最后遭受 100 鞭刑并被割掉耳朵作为惩罚。然而，她指出这个惩罚"尽管残酷，但和同谋男性所受的惩罚相比，已基本上算是从轻处罚"。同样，一名女主人怀疑奴隶曾试图对她下毒，因此对其进行毒打直到鲜血顺着奴隶的后背流下。随之，奴隶被铐上枷锁直到康复，后来还是被女主人卖掉了（Fox - Genovese，1988：316）。就大部分而言，雅典剧作家并没有大量描述奴隶的重大犯罪或之后受到的惩罚，而是着重详述日常不当行为及常规的拳打和鞭打，或与此相同的威胁。[27]

　　到目前为止，通过对雅典喜剧的分析我们确实深入洞悉了雅典奴隶主采用的一些惩罚及激怒他们的犯罪类型。在缺少其他信息来源的情况下，忽略喜剧的做法是错误的。此外，这类资料的缺乏会令人不安，因为我们描绘的场景只不过是一个近似的事实。为了重建现实本身，我们需要一份完全不同的记录，也同样需要使用比较证据。如果我们描绘的场景在总体概述上接近来自其他奴隶社会的情况，不管是通过比较，还是基于数据，这些都不能代替我们手头资料中只字未提的细节情况。最后，我得出结论，不管雅典和新世界社会，或实际上和罗马之间存在什么样的相似点，都必须置于差异的大框架中。古代作家没有将太多注意力投入描写他们目睹的惩罚种类上，这一点或许至关重要。关于一种惩罚在与另一种比较时的适当性，及其遏制或增强奴隶主的自信心方面，他们也没有提供任何建议。而这些问题确实值得谈论。

　　不同奴隶制度相比较后显现出的本质为奴隶社会的差异提供了线索。例如，在新世界中，典型的奴隶是农场工人，他们的工作为市场生产出了经济作物或产品。因此，需要始终如一的规则来确保奴隶尽可能地努力工作，而严厉的惩罚是达到这一目的的一种手段。这样的处理是合理的，因为奴隶是黑人，常常被视为不同的且相对低劣的人种。相比之下，我们在资料中找到的大多数雅典奴隶都是家庭奴隶，他们不仅和一家之主住在一起，而且按照惯例被购买进来从而获得了家庭成员的认

---

　　[27]　还有更坏的迹象。《蛙》616 - 74 中，除了描述奴隶的司法拷问中可选择的方式外，还描绘了一场持久的伴有嘲笑的鞭打。参见，《和平》451 - 52，逃跑奴隶被殴打并受车轮拷问。

可（Dem. 45. 74；Ar. *Plutus* 788 – 99）。这些奴隶，不管男女，通常在房屋或份地里，和主人或女主人一起工作。并且，我们发现他们遍及整个演说和喜剧中。同时，奴隶工作的农业占有地规模很小，旨在自给自足，为市场生产商品并不是他们的主要目的。㉘ 如此我们便可以理解，为什么在关于美国南部和巴西的记录中，类似记录并未得到展开。反过来，这也解释了为什么我们的资料中没有描述那些"冷血残酷地"施加在奴隶身上的私人惩罚（de Ste. Croix，1981：410）。这并不意味着惩罚是非系统化的，我在前面已反驳了这个观点，但它可能表明在雅典惩罚的"科学"并不像其他奴隶社会一样高度发展。㉙ 因此，我得出结论，至少就常规不当行为导致的私人惩罚而言，雅典奴隶制有其自身独有的特点。㉚

除了常规行为，我们手里的资料也为奴隶在犯下重大罪行后可能遭受的惩罚类型提供了线索。其中一种便是烙印，几乎在所有奴隶社会都常见的一种惩罚（O. Patterson，1982：58 – 59）。正如我们提到的，在《萨摩斯女子》中，德米阿斯曾向聪明且直言的奴隶帕尔梅农使用过一次烙印威胁（或更确切地说，刺字）。当德米阿斯得知该奴隶与其他家庭成员勾结，向他隐瞒秘密后勃然大怒，在怒火的驱使下，他以鞭刑和刺字（tattooing）对其进行威胁。帕尔梅农感到震惊并逃跑，后来虽再次出现，但仍担心不雅的"刺字"（322 – 23，654 – 57）。当然，这件事情让德米阿斯看起来很荒谬。因为首先，他被自己的家庭奴隶欺骗；其次，当发现真相后，他曾提出过分的威胁。毕提娜（Bitinna）也曾打算给加斯特伦（Gastron）刺字的惩罚，这名奴隶曾是她的情人，却对她不

㉘　关于阿提卡农业耕地的大小，见芬利（1973：94 – 122）；安多西德列耶夫（Andreyev，1974）；R. 奥斯本（1985a：47 – 63）。奥斯本主张"温饱型农业仍是四世纪末的农业模式"（63）。关于农业奴隶制度，见詹姆森（1977 – 78）；德·圣·克鲁瓦（1981：505 – 6）；加兰（1988：60 – 64）。伍德（1988：42 – 80）反对在农业中广泛使用奴隶。

㉙　德·圣·克鲁瓦（1981：48）指出："总体上而言，希腊人对待奴隶没有罗马人那么残暴；但即使在我们听说最多的对待奴隶较好的古雅典，所有的文学作品中也认为鞭打奴隶理所应当。"当然，如果我们了解一些在有警察负责的矿山或大型农业耕地中的奴隶惩罚方式，可能就会对该事件有不同的看法。

㉚　在和同事马克·依格诺（Mark Egnal）的讨论中，我得出这些结论。他对雅典奴隶和19 世纪巴西或美国南部奴隶的不同经历深深感到震撼。

忠。根据记录，她招来一名专业的刺字师（tattooer）到家中做此工作（Herodas 5.63 – 68）。由此看来，主人认为奴隶犯下极端罪行时，有权向奴隶施以刺字惩罚，尽管这里引用的两个例子表明其行为可能是受到任性和报复的刺激。另外，有关刺字的现存文献揭示，烙印通常也是逃犯的命运（Aesch. 2.79；Ar. *Birds* 760 – 61）。C. 琼斯（1987：148）引用埃斯基涅斯演说辞（2.83）的评述来解释刺在奴隶们额头上的"阻止我，我是逃犯"所带来的影响（kateche me, pheugo；cf. Plato, Laws 854d）。被烙印的奴隶定名为 stigmatias，与其对应的词为 mastigias，同样为贬义词（Pollux 3.79；8.73）。[31]

对于犯下严重罪行的奴隶，最大的威胁是被丢进磨坊（mill）。在那里，他或她会被锁上铁链并受到其他拷问（Men. *Heros* 1 – 3）。因而，欧斐勒都利用磨坊作为威胁，从他妻子的女仆，同样也是中间人的口中获得了女主人涉嫌通奸的供述。他警告说不告诉他的话会鞭打她，并把她丢进磨坊，让她在那里遭受无休无止的拷问（Lys. 1.18）。在一个稍微不同的事件中，米南德的一名奴隶，色雷斯人（Thracian），夸口说磨坊里全是他的人，这一事实表明磨坊里全是活生生的人（*Aspis* 242 – 45；cf. Dem. 45.33；Men. *Peri.* 277 – 78）。磨坊是什么？它是一种为奴隶设置的监狱（desmoterion）或惩罚所（kolasterion）。这种机构在诸多希腊城邦以不同的名字存在，但所有资料表明其是一种进行拷问的地方（e. g., zetreion or zonteion：Pollux 3.78）。一位评论员把 zetreion 描述为"奴隶的监狱（desmoterion），也就是说，凯奥斯（Chios）和亚该亚地区（Achaea）的磨坊。奴隶在那里被锁上铁链"（*Et. Mag.* 411.35 s. v. zetreion）。海罗达思的第五部哑剧中讲的故事发生在以弗所（Ephesus），毕提娜将不忠的情人捆绑后拖到"受拷问的地方"（anankai：59）。这就是海罗达思笔下的监狱或磨坊，在那里加斯特伦的背部遭受

---

　　[31]　其他涉及刺字的文献包括安多西德，片段 3.2；阿里斯托芬，《马蜂》1296，吕西阿斯，330 – 31，《蛙》1511，片段 64、片段 97；欧波利斯，159.14，276.2；赫尔米普斯，63.19。参见，C. 琼斯（1987：147 – 48）。

了 1000 鞭刑，肚子上也受到了 1000 以上的鞭刑（31 – 34）。㉜

由于磨坊这种机构并不是独一无二的，因而和其他奴隶社会作对比的材料再次被证明是有帮助的。在罗马，被称为拷问者（tortores）的专业人士可以鞭打奴隶（Juvenal 6.480；Petronius，Satyricon. 49.6）。此外，普泰奥利（Puteoli）的一篇铭文中列出了负责当地葬礼的政府官员（manceps）的若干职责，包括拷问和处决奴隶。他可以为那些想要惩罚自己奴隶的人提供可用的设施和装置（Finley，1980：95；Bradley，1987：122；Saller，1991：160）。㉝ 在巴西，该机构的形式是卡拉波索角（calabouco）或地方监狱，在这里，要想奴隶在未经审判或无正式法律手续的情况下受到惩罚，只需支付一小笔费用。里约热内卢警察监督团（Police Intendancy）的一份日期为 1826 年 1 月 2 号的记录中，列出了当天共向 16 名奴隶施行了 2900 次鞭打，其中四人为女性。鞭打的数量从 100 次到 400 次不等，其中有三名女性遭受了 200 鞭（Conrad，1983：301 – 3；cf. Blassingame，1977：381；Fox – Genovese，1988：314）。其他奴隶社会都有类似磨坊的地方作为监禁和"惩罚"的中心。奴隶可能会被长期锁在那里。这样，执行严重殴打和其他拷问的任务就落在了专业人士的身上，他们有必不可少的设备，手法娴熟，也毫无慈悲之心。难怪磨坊代表了奴隶受到的最大威胁。

㉜　参见欧波利斯，348；欧里庇得斯，《独眼巨人》240；帕鲁克斯，7.19；《通用词源学辞典》414.40，s. v. zoteion。海德兰和诺克斯（1922：244 – 45）探讨了 zetreion 一词的词源，特别注意泰奥彭波斯提出的类似制度 basanisterion（片段 63）。我们的资料中没有明确表明磨坊是如何用作一个惩罚奴隶的场所。奴隶们似乎先会遭受严重殴打或一些其他形式的体罚，但毫无疑问都是由奴隶主或磨坊管理者或他的下属执行，此后奴隶们便要面临重复的苦工和受束缚的生活。戈姆和桑德巴奇（1973：387）指出："旋转式碾磨机还未引进，辛苦的工作包括前后推动鞍磨；这就解释了为什么奴隶会被脚链（pedai）束缚。"这一描述基于莫里兹（1958：34 – 41，60 – 61）。莫里兹（67 – 68）也记录了在普劳图斯，磨坊作为惩罚地点的参考文献。尽管戈姆和桑德巴奇推测，在雅典奴隶被出租给磨坊主，但没有证据表明这些囚犯迟早会被从雅典磨坊中释放，重新回到主人身边。另外，如果主人不愿面对鞭打奴隶的任务，那么磨坊就是一个很方便的地方，只要付费就可以把奴隶送去。在那里，鞭打工具已备好，并且有熟悉其使用的人。在帕加马，奴隶不仅会因为某些犯罪行为遭受鞭打，还会被关进监狱（称为praktoreion）长达六个月（OG 515.32 – 34）。参见，布拉辛格姆（1977：218，342，433，451）的评论，许多告密者描述了逃跑奴隶的经历，他们被抓后关在监狱中直到主人将其再次召回。此外，奴隶可能会被长期关在监狱，他们的主人希望以这种方式改变他们的行为（280，721 – 22）。

㉝　关于此铭文，见《金石纪年》（AE 88，1971）注释 88。

　　本段讨论有关性别和惩罚的问题。我们引用的其他奴隶社会的体罚实例中，很多女性因重罪遭受了 100 鞭或更多数量的鞭刑。而在福克斯－吉诺维斯的描述中，大多数因日常违法引起的鞭刑承受者都是女性。一份相关记录表明，以这种鞭刑来惩罚"玉米收作糟糕的"工作团体，全文如下："范妮（Fanny）12 鞭，希尔维亚（Sylvia）12 鞭，蒙迪（Monday）12 鞭，菲比（Phoebe）13 鞭，苏珊娜（Susanna）12 鞭，萨利娜（Salina）12 鞭，希丽亚（Celia）12 鞭，爱丽思（Iris）12 鞭"（1988：188）。该列表提供了轻微犯罪惩罚的具体数字，让我们看到惩罚的范围也许最高可至 39 鞭或 40 鞭，公认的最大值由宗教评论家规定。鉴于比较资料来源中女性受鞭打的数量，雅典喜剧中对该问题只字不提的确让我们感到惊讶。阿里斯托芬没有将女性奴隶描绘为懒惰、无礼或聪明的一类人，她们的角色无关紧要。相反，她们作为男性挑逗的对象被加以探讨。[34] 尽管男性和女性对此有不同的反应，但这一观点也许以幽默或其他方式触动了雅典观众的心弦。米南德笔下曾两次描写老保姆受到威胁的场景。这些威胁是认真的，还是毫无意义的？很难区分，尽管《爱抱怨的老人》（Old Cantankerous）中的老妇人在面对暴躁愤怒的尼蒙时似乎的确很恐惧。提到体罚时，老妇人的实例当然不能忽略。例如，普劳图斯（Plautus）的《一坛金子》（Aulularia）是一部背景设置在雅典的喜剧，以主人公尤克里欧（Euclio）殴打老年奴隶开篇，其将奴隶从家里赶走，自始至终都在控诉她打探隐私（40 – 78）。撇开猜测不谈，吕西阿斯演说辞（1.18）仍是唯一一个严重威胁女性奴隶的明确实例。[35] 它足以表明女性奴隶受威胁的可能性。我们也应该记得女性经常遭受司法拷问，这表明雅典人对女性奴隶遭受暴力没有意见。欧斐勒都是否实施了威胁？我怀疑的确如此。因为我们知道女性确实经历了公之于众的体罚（Ant. 1.20；Coinage Decree；cf. Plato, Laws）。我们还不

---

　　[34] 关于与奴隶性交，不管是真实的或是估计的，见《阿卡奈人》270 – 75；《马蜂》739 – 40，1342 – 81；《蛙》541 – 44；《和平》1138 – 39。参见，勒迪克（Leduc, 1981：279）。

　　[35] 见德摩斯梯尼演说辞（19. 196 – 198），马其顿事件。一位自由人身份的奥林修斯（Olynthian）女性被俘，她因拒绝在酒宴中唱歌而遭受鞭打，埃斯基涅斯和其他在场的雅典人没有采取任何行动来保护她。

清楚的是，和男性经历的体罚相比，女性遭受体罚的频率和强度是多少。

在重建雅典奴隶主强加给奴隶的各种体罚时，我们没有试图记录它们的频率。事实上，我们的资料来源几乎不允许我们提出这个问题。当然，这个问题本身就不是富有成果的。正如古特曼（Gutman）和萨克（Sutch）（1976：58）指出："奴隶从不需要通过感受鞭刑的形式来了解抗命的后果。""一个人受惩罚的次数和他担心受到惩罚的次数之间也没有任何明显关联。"换句话说，对惩罚的恐惧并不来自惩罚本身，而是来自不被主人接受的行为。在雅典，奴隶经常在集市，甚至自己的家中看到挥舞的鞭子。他们也看到他们中的一些人被刺字，并且被磨坊的相关传闻吓坏了。不难想象的是，奴隶们一想到惩罚时的恐惧以及这种恐惧对他们心理的影响。

自由人的身体

自由人曾遭受过体罚或忍受过身体上的拷问吗？我在这里指的不是必然涉及人身攻击的重刑，而是旨在带来伤害的制度化暴力行为。[36] 证据并不是压倒性的，但为了证实德摩斯梯尼（22.54 – 55；24.166 – 67）明确提出的自由人和奴隶间的区别不止一个理想，这一问题仍值得加以深思。证据表明，侵害公民和非公民的暴力分为两个类型：拷问和系统性的羞辱。

拷 问

研究司法拷问的人普遍认同，当一个国家的安全问题存在争议时，自由人就可能受到拷问。例如，布沙拉（1968：63，n. 10）草拟了 30 人的名单，其中既有公民也有非公民，他们都遭受过拷问或受到过拷问威胁（cf. Bushala, 1969；Thur, 1977：15 – 25；Carey, 1988：241）。

---

[36] 我这里也没有强调小孩的体罚是由家长或老师造成的，但这是一个值得研究的问题。戈尔登（1990：64，101，103）搜集的一些证据表明男孩在学校和家庭中都会遭到殴打。

这个名单中有七名公民，我们来看其中一例。在 415 年荷马士残废以后，一个名为狄俄克里狄斯（Dioclides）的男性亲眼看见了同谋者大会，随后他成为告密者，并提供了 42 人的名字，他声称能够认出他们（And. 1. 43 – 44）。结果，皮山大（Pisander）在五百人议事会中提出暂停卡斯曼德里俄斯法令（the decree of Scamandrius）的动议，对名单上所有的人都要进行拷问以套取信息。五百人议事会批准了他的动议，却发现他们中有两人，即曼提修斯和阿浦塞费翁（Apsephion），位于名单的开头。后者恳求其他议员允许他们提供担保和接受审判，而不遭受拷问。他们的要求得到准许，于是他们逃离阿提卡，留下担保人独自面对拷问。

我之所以详细叙述这一事件的细节，是因为对我而言，它似乎说明了自由人遭受司法拷问中涉及的一些问题。布沙拉名单上的四位公民，包括曼提修斯和阿浦塞费翁，都受到拷问威胁。实际上，所有 42 人都受到了威胁，其中很大一群人随后被捕并关进了监狱。在法庭上，安多西德（47）当众宣读他们的名字。现存文本中的名字都是公民。但有人曾遭受拷问吗？即使这样，安多西德也并未提及事实。因此，该事件仅仅为了表明，使用拷问对付雅典公民是一种应急手段，在正常时期是非法的。随着福西昂及其追随着重回雅典并面临严重控诉，同样的要求在 318 年被再次提出（Plut. Phocion 34 – 35）。他们的命运由公民大会成员举手表决决定。提议中新增一条修正条款，允许福西昂在被处死前接受拷问。这条修正条款未被通过，因此福西昂躲过了拷问。㊲ 然而，在此提出拷问的目的似乎不在于套取信息，而是拖延福西昂的死。

当时雅典公民之中谁接受过拷问？两个人。一个是阿里斯托芬（Lys. 13. 58 – 60），其在 404 年为阿格拉图斯（Agoratus）的担保人；另一个是菲利普（Philip）的代理人安提丰（Din. 1. 63；cf. Dem. 18. 132 – 33）。对阿里斯托芬施予拷问的理由——很明显这是要求的——是他不

㊲ 最早提出举手表决动议的哈格农耐反对修正条款。但他提出，如果他们抓捕卡利梅顿，应该对其施予拷问。

是纯正的雅典出生的人。安提丰则是在准备向造船厂放火时被捕。㊳ 演说人安多西德或许是第三个例子，虽然他形容自己所受刑罚的话仅能表明他在监狱中受到过虐待，而非真正的拷问（And. 2. 15；Lys. 6. 26 - 27）。㊴ 对于这类事件，我们的记录也是零碎的。虽然如此，在 100 年的时间里还是有关于真实拷问的实例，虽不多，但也有两三个，其中一个发生在臭名昭著的三十僭主统治时期。然而，安多西德的叙述（And. 1）的确揭示了在重大突发事件中，斯卡曼德里俄斯法令可能会有被暂停的危险。事实上，即使没有拷问确实发生，但在 415 年受到威胁的人数并非两人，而是 42 人，这一数据意义重大。然而最终，雅典人似乎重新考虑了这一问题，正如他们在 318 年做的那样，并没有实施威胁。或许，至少我们没有任何有关拷问的证据。

就非公民而言，现存资料中记录的被拷问人数量微不足道。411 年，佛律尼科斯（Phrynichus）被谋杀以后，希腊巡逻队逮捕了 400 人进行拷问，希望能获得有用信息（Thuc. 8. 92. 2；Lyc. 1. 112；Lys. 13. 71；Plut. *Alcibiades* 25）。同样，至少有一名外国人，色诺芬，在三十僭主的统治下遭受了拷问。而第二位可能遭受同样拷问的人是来自萨索斯岛（Thasos）的希庇亚斯（Hippias）（Lys. 13. 54）。布沙拉在他的名单列表中还提到了在西西里战役失败时被控造谣的佩莱坞港理发师，以及来自俄瑞乌斯（Oreus）的安那克西纽斯（Anaxinus），他因埃斯基涅斯控告泰西封（Ctesiphon）工程而遭拷问后死亡（Plut. *Nicias* 30；*Moralia* 509a - c；Aesch. 3. 223 - 24；Dem. 18. 137）。面临拷问威胁的是自由人和享有部分公民权的外侨，如阿格拉图斯，以及一个名叫阿加森（Agathon）的橄榄商人（Lys. 13. 25；Dem. 25. 47）。换句话说，我们已知的外国人

㊳　值得注意的是，安提丰已被从 diapsephismos 的公民名单中剔除。换句话说，他的案例和阿里斯托芬的案例相比是含糊不清的。两人均在遭受拷问后被处死，但尚不清楚安提丰遭受拷问是为了惩罚还是为了让他提供信息。

㊴　吕西阿斯和安多西德都没有使用任何与司法拷问相关的术语。吕西阿斯演说辞（6.27）中使用的动词 aikizein 可能指监狱中的轻微虐待。安多西德也提到了自己在监狱中所经历的身体拷问。这些抱怨经常从被监禁的人口中传出（cf. Ant. 5.2，18，63）。

真正受拷问的例子不超过五例，或许只有三例，受到威胁有三例。㊽

　　一个相关的问题是，非公民自由人在凶杀案中会否遭受拷问。现存的三个例子都富有争议，即菲洛纽斯（Philoneus）的情妇（Ant. 1）、在米蒂利尼（Mytilene）遭受拷问的自由人（eleutheros）（Ant. 5），以及来自普拉塔亚（Plataea）的狄奥多图斯（Theodotus）（Lys. 3）。㊶撇开问题暂且不谈，基于这些实例，布沙拉（1968）认为涉及谋杀时，雅典人对非公民自由人也会用刑（cf. Bushala，1969）。我不太信服他的论证。虽然他提供证据说明狄奥多图斯享有部分公民权的外侨身份，但他对情妇案例使用的相似论据却是带有偏见的。她肯定是一名奴隶（Carey，1988：241 – 42）。㊷对希律王（Herodes）凶手的调查在米蒂利尼进行，其中充满问题，实际上它发生的地点根本不可能是莱斯博斯岛（Lesbos），不可能发生在米蒂利尼法律下。卡雷（1988：244）最近审查了证据，承认狄奥多图斯身份的模棱两可，也承认安提丰演说辞（5）是"一份明确声明，即在谋杀案的最初调查阶段，自由人会遭受拷问"（cf. Gagarin，1989：59，n. 4）。尽管如此，他认为吕西阿斯演说辞（4）的证据比安提丰演说辞（5）更有价值。前者包含故意伤人，被描述为杀人未遂。因此，其在程序上类似于谋杀，并由最高法院进行审判（Lys. 4.4；cf. Lys. 3.1，46）。该案例中涉及一名奴隶，她是被两名主人公同时拥有的情妇，如果对手将她释放，她便不会遭受拷问，跟演说人想的一样（4.12，14）。在此，卡雷认为，"我们正明确地处理雅典人的习惯"。基于这个案例，他将这些拷问限制在私人诉讼中面向奴隶使用，包括谋杀。在我看来，他的论证反驳了布沙拉的论证。

　　对证据的简要调查显示，自由人遭受拷问是少见的。有时会受到威胁——实际上，确实发生过——例如，415 年荷马士受伤或在寡头政权411 年和 404 年的统治下发生的重大突发事件中。孤立的拷问事件也发

㊽　我认为不能确定的有两人。阿加森（Agathon）的身份尚未可知，而佩莱坞港理发师可能是名奴隶。

㊶　我同意卡雷（1988）的观点，反对布沙拉（1968）提出的阿哥斯人（Argive xenos）在因叛国罪而非杀人罪的调查中遭受拷问。

㊷　关于狄奥多图斯及其情妇，见第三章注释6。

生在叛徒和间谍身上，或者那些犯下反抗国家严重罪行的人，以及那些可能会受引诱出卖同谋者的人。然而，鉴于资料的性质，我们绝不可能知道这类拷问的每一个案例。尽管如此，我相信这类事件的发生是少见的，这一事实足以证实德摩斯梯尼提出的自由人和奴隶间的区别。就拷问而言，自由人的身体是神圣不可侵犯的（Dem. 22. 55；cf. Dem. 24. 167）。因此，我同意佩吉·杜布瓦（Page duBois，1991：41）的观点，她将拷问描述为满足"建立奴隶与自由人间明确界限需要"的一种手段。实际上，拷问不仅将自由人和奴隶区分开来，还服务于保持这种区别。

系统性的羞辱

羞辱是否为体罚的一种？现代刑罚理论家在分析惩罚对象时，将身体和名誉区分开来。以对付歹徒的方法为例，他们认为殴打或鞭打肉体与羞辱示众有性质上的区别。严格地说，后一种惩罚不是肉体上的（Harding and Ireland，1989：186）。在我看来，这个观点有些正式化和限制性，尤其是应用于雅典的刑事实践时。实际上，雅典人认为所有的刑罚都是"肉体上的"，因为它们都会影响到肉体或个人。这些刑罚包括监禁和流放，其与罚金有明显区别，因为后者只影响物质财产。Pathein（个人经历或遭受痛苦）和 apoteisai（以支付货币的方式进行赔偿）两者之间的区别已经在法庭演说中被公开阐明（Aesch. 1. 15；Dem. 24. 105，146）。事实上，监禁不仅仅是剥夺自由，因为许多囚犯会被铐上铁链，身体上承受很大的痛苦（And. 2. 15；Ant. 5. 2，18，63；Dem. 22. 68；Lys. 6. 26－27；Plato，*Phaedo* 59e－60c；Thonissen，1875：117－20）。尽管如此，我并不认同有关 pathein 和 apoteisai 区别的合乎逻辑的结论，也不接受将监禁作为一种体罚形式的观点。体罚并不仅仅把身体作为对象，也涉及人的自由。[43] 我也没有试图记录实施逮捕实践中

㊸　因此，在这一章中，我没有尝试对监狱进行系统研究，这是我将来的一项工作任务。关于监狱的文献，除了桑尼森（Thonissen），还有巴坎（1936b）、威彻利（1957：149－50）、哈里森（1971：241－44）和坎普（1986：113－16）。

的这类羞辱。诉诸自救往往意味着某人被推定有罪或在街上被抓现行，或许周围都是邻居和郡内民众。此外，按照惯例，这些人或其他公民需协助逮捕。随后人们穿过雅典街道，也可能是集市，游行到"十一人"的办公室。这类暴力逮捕意味着对被逮捕人的深深羞辱，尽管在此过程中使用鞭子和铁链是不被接受的。㊹

我将监禁纳入系统羞辱的范畴中，是因为受害人不得不承受"耻辱的曝光"，他或她被迫拘留于公共场所，由大众见证（Gernet，1976：325；cf. 289）。我关注这种形式的体罚是，因为它将受害人作为目标，并强行曝光，这不仅是一种羞辱，也是一种身体上的折磨。从这个意义上来说，这种形式的体罚更接近于奴隶遭受鞭打、拷问和其他公开或私下的羞辱。

我们掌握的资料显示，有两种不同的装置适用于系统性羞辱中，kyphon 或颈手枷，以及 podokakke 或"手足枷"。我们之前讨论过，前者是一种木制的项圈，也被描述为镣铐（桎梏），像枷锁一样固定脖子，迫使佩戴者脖子向前弯曲，不能抬头。㊺ 阿里斯托芬《普鲁特斯》476（b）的研究者指出，颈手枷适用于所有恶徒（panton ton dyscheron kai olethrion；cf. Suidas，s. v. kyphones；Hesychius，s. v. kyphon）。帕鲁克斯演说辞（10. 177）描述得更加精确，指出市场管理员在集市鞭打罪犯时会使用颈手枷（cf. Patmos，Lex. 249）。以这种方式惩罚的对象必须是奴隶，他们在市场中犯下的罪行受市场管理员的管辖（铸币法令；*IG* II²

㊹　见德摩斯梯尼演说辞（23. 28 – 33），探讨了为处理凶手而制定的法律，在阿提卡，凶手可能会被杀死，而非受尽虐待或被迫交钱。在演说人看来，虐待包括鞭打和捆绑（33：*mastigoun*，*dein*）。我认为，这些规则也适用于被移交司法却没有因私人报复行为受到遏制或惩罚的罪犯（And. 4. 18）。情妇遭受的羞辱类似于被捕罪犯或 atimoi 的经历。如果她参加公祭或打扮自己，任何人都有权以任何方式羞辱她，除了杀害或伤残。换句话说，在这种情况下暴力是允许的，可能还包括殴打女性（*typtein*：Aesch. 1. 183；cf. Dem. 59. 85 – 87）。惩罚的目的在于侮辱情妇，并使她失去生活的意义，埃斯基涅斯认为该观点出自梭伦。参见，给予通奸者的相似惩罚——rhaphanidosis 和脱毛，出自麦克道尔（1978：124）和多佛（1978：105 – 6）描述。这些侮辱的来源是阿里斯托芬《云》1083 和《普鲁特斯》168。D. 科恩（1985）质疑这种观点，并认为如果真的有类似情况发生，这种处理方式是常见的。罗伊（1991）随后引用关于强奸和其他对通奸者实施的类似惩罚的证据来支持科恩的怀疑。关于通奸，现可见 D. 科恩（1991a）。

㊺　这一描述基于阿里斯托芬《普鲁特斯》476 和 606 的评注。

380）。但阿里斯托芬也提到了颈手枷与自由人关联的案例。例如，《吕西斯忒拉忒》中的合唱团以颈手枷来威胁卫城的女性，将其描述为"穿孔木板"，意指固定于脖子上（680－81）。同样，《云》中的合唱团想象克里昂（Cleon）的脖子受到"木头"（toi xyloi）的阻碍，也就是戴上颈手枷，为其犯下的受贿和盗窃行为赎罪（591－92）。尼西阿斯演说辞（11）中，普鲁塔克描述道，帕波鲁斯（Hyperbolus）认为罪行太微不足道而毫不恐惧被放逐时，对其使用颈手枷更适合，这就为颈手枷增加了一种有趣的用法。这是否意味着惩罚装置与下等阶层和奴隶有着紧密联系？或是否暗示该类法律制裁只给予普通罪犯？或许两者都是。然而，毫无疑问，从参考文献中可以确认颈手枷用于对付自由人以及奴隶。因此，在底比斯也使用这种方式，达官贵人戴着颈手枷出现在公众视野中，所有人都可以看到这样的场面（Arist. *Pol.* 1306b 2－3）。

关于颈手枷，有一个不能被忽略的特性，即除了脖子和手被捆绑之外，佩戴者的身体是自由的。我们掌握的某些资料来源中解释了原因。受害者似乎并不是一定被罚站着不动，而是遭受嘲弄和讽刺。在斯巴达（Sparta），他们的双手被捆绑，脖子戴着"项圈"（kloios），在鞭子的驱赶下列队穿过城市去往受惩罚的地方（Xen. *Hell.* 3.3.11）。在雅典也是如此。喜剧诗人欧波利斯（Eupolis）描述了悲剧作家埃尔斯特（Alcestor）赴惩罚地点的一路行程：他被锁在项圈中，在一名奴隶的带领下来到决定他命运的地方（frag. 159.15－16）。我们可能也应该以这种方式来解释奴隶在集市受到的惩罚。他们是否会在旁观者的欢呼声中在市场上示众（Pollux 10.177）？换句话说，kyphon 或项圈本身不作为强加的惩罚，而是作为额外的惩罚，用于对恶徒的耻辱示众中，以及部分用于将他们从一个地方转移到另一地方的途中。⑯

Podokakke 是另一种不同的装置，可能比项圈更古老，它在梭伦所

---

⑯　格尔里特（1976：324，n.93）认为"特别是在工作中的犯罪适用死刑"。格尔里特并未注意到惩罚可以在受害人活动时或运送途中施加。怀斯曼（1985：6）描述了罗马的相似程序，"奴隶受罚会在最大程度上被公之于众"，有时"在游街时遭受鞭打"。他记录了会给脖子和脚造成"疼痛变形"的枷锁。参见，科尔曼（Coleman, 1990）在罗马利用戏剧表演"致命的哑谜"公开施加惩罚。

著的一部法律中就被提到了（Lys. 10. 16）。根据德摩斯梯尼演说辞（24. 103，105，113 – 14）的记述，podokakke 是一种追加惩罚（supple-mentary penalty），用于某些罪行还不足以判死刑的罪犯，窃贼是其中之一。如果法庭如此判决，他们要佩戴"手足枷"或"木板"（podokakke 在吕西阿斯和德摩斯梯尼时代的名称）五天五夜。阿里斯托芬在《骑士》1045 – 49 中提到了 podokakke，合唱团激起了帕弗拉功（Paphlagon）／克里昂内心的恐惧，将他绑在一个由木头和金属制成的五孔装置中。至少，学者在文章中是这样解释的，将 podokakke 描述为五孔装置，一个孔固定脖子，另外每两个孔固定手脚。这样的描述让人们相信 podokakke 是一种手足枷，其比 kyphon 制造得更精巧。

格尔里特（1976：294 – 95，324）不同意 podokakke 是一种手足枷的观点，将该装置重建为一种更为致命的类似物的改进版，称为 xylon。使用后者旨在以残忍和拖延的方式（杖毙，apotympanismos）处决罪犯，该方式近似耶稣受难。因此，它又被称为 tympanon，以及 sanis 或木板（Gernet，1976：302 – 14；Barkan，1936a：63 – 72）。Sanis 是阿里斯托芬《特士摩》最后一部分的核心，该部分中规定了 sanis 的使用，不幸的姆尼丝洛克斯刚好遇到。剧作家的描述表明该装置是一支木桩，且带有夹紧手脚的钳子和环绕脖子的项圈。[47] 姆尼丝洛克斯不敬的行为导致他被当作狡诈的人（panourgos）（等同于犯人）受到判罪。因此，他被安排在公共场合遭受羞辱和身体上的拷问。格尔里特认为，podokakke 是根据这个装置仿造的，而就是这个装置用于使某些罪犯遭受到类似于死刑犯所受经历的羞辱和拷问。跟格尔里特的观点相反，巴坎（1936b）认为它的使用仅限于监狱这种封闭式的环境。例如，415 年，被狄俄克里狄斯公开指控为阴谋者的 42 人不仅被围捕并关进监狱，还被放在

---

[47] 尤其可见，《特士摩》1003 中，姆尼丝洛克斯恳求斯基泰弓箭手松开他身上的钉子和夹子。他后来提到是由于咽喉疼痛（1055）。也可见 930 – 31，940，1028，1053，1110，1124 和 1165。巴坎（1936a：63 – 72）收集了其他这类处决方式的文献，包括希罗多德（7. 33，9. 120. 4）；德摩斯梯尼（21. 105）；吕西阿斯（13. 56，65 – 66）；普鲁塔克，《伯里克利》28. 2；《阿忒那奥斯》（Athen.）4. 134。参见，康特瑞拉（Cantarella，1984），关于惩罚的历时性研究，由荷马开始，特别详细地描述了杖毙（apotympanismos）。康特瑞拉和阿里斯托芬《骑士》1049 的注释者观点一致，描述了 podokkake 是一种五洞器具，因而是手足枷的一种（64）。

"木板"中（en tois xylois：And. 1. 45；cf. And. 1. 92 - 93；Dem. 24. 146：en toi xyloi）。我认为此处用的"木板"和文献中其他地方使用的"封闭式监禁"（close confinement）并非指 podokakke。正如我们所见，许多因犯，包括苏格拉底，都戴着铁链或枷锁，因而文献中频繁出现了动词形式的 dein，用于形容监狱和犯人。Xylon（木板？）或 ta xyla 必然表明监狱中设有一个部门，逮捕关押阴谋者或犯人以外的罪大恶极的罪犯。他们戴着铁链，或许还额外附着于某种柱子或木制的其他物体，无论是单独的还是群体式的。这样可以限制他们——当然也防止他们逃跑——但留给他们足够的自由进食，进行其他身体机能的活动。如果格尔里特对 podokakke 的重建是正确的，那么将不允许这类活动存在，因为它阻碍了人们的每一个动作。这样的装置在监狱中是不切实际的，尤其是被严密监禁的人数很庞大时。

尽管我赞同格尔里特对 podokkake 及其用法的重建，但我仍感到不安。被困在这样一个奇妙的装置中五天五夜会对犯人的身体造成毁灭性的影响，或许会导致永久性的伤害。如果羞辱和公开恶名是故意为之，那么这种额外的拷问太过度了。或许我们把一个本质上十分简单的装置复杂化了，被关于 tympanon、kyphon 和 podokakke，以及监狱严密监禁中使用木板的过多文献所误导。有时候很难判断惩罚是否为故意安排的（See，e. g.，Ar. Knights 367，705）。我认为，顾名思义，podokkake 毕竟是一种用于控制脚（或双脚）的装置。吕西阿斯演说辞（10. 16）和德摩斯梯尼演说辞（24. 105）中引用梭伦的律法表明脚被捆绑或锁住。此外，希罗多德（Herodotus）演说辞（9. 37. 2）描述了单独用于捆绑脚部的斯巴达木材。赫吉斯特拉都斯（Hegestratus）砍掉自己的一部分脚，从孔中拖出残留的身体逃了出去。如果我们接受这种模型，那么 podokakke 就的确是一种手足枷。就像其他地方的手足枷一样，它用于限制监狱中的某些因犯或将他们暴露于公众视野中。

德摩斯梯尼对"手足枷"用法的陈述更加强烈地反驳了巴坎对监狱中使用"手足枷"的定位。他断言，被定罪的小偷不得不戴着 podokak-ke 长达五天五夜以便让公众看到他处于被拘留状态（dedemenon：24. 114）。即使这短暂的监禁也会让因犯在余生为此感到羞愧（115）。

文献中提到的这一陈述对于监狱内部来说毫无意义，在那里很多犯人都常常被戴上铁链或枷锁。正如格尔里特认为的，必须提到公开示众（cf. MacDowell，1978：257）。这类惩罚的要点是：

> 不仅严惩犯人，并阻止他和其他人在未来犯下相同行为，而且用极其简单的方式将他的身份预先告知给潜在的受害人——"让他能被公众辨认出……作为一名不值得被信任的人，他要遭到所有诚实可信之人的厌弃和回避。"（Beattie，1986：464）

正如 kyphon 或 kloios，podokakke 是一个用来在公共场合羞辱和拷问罪犯的装置。示众在什么地方发生？大多是在集市，其他希腊城邦的例子和最近使用这种刑罚的实践为此提供了解释。⑱ 正如鞭打和拷问奴隶一样，对自由人的羞辱大家都可以看到，其他人的例证和受刑者遭受羞辱同样可以起到警示作用。

结　论

毫无疑问，体罚是奴隶所处环境中的一个特征，无论是男女主人随意强加的，还是由官员所强加的。特别是鞭子，将奴隶区分开来，成为他们堕落的标志。遭受鞭打的人，不管是裸体还是骨折，都变成了令人厌恶的画面，所有的荣耀和忠诚也都随之而去。或许正是这个原因，鞭打作为一种惩罚方式被认为太过贬低身份而不能用于自由人身上。另

---

⑱　前面提到，比蒂的评论中提及颈手枷，但他们将其与手足枷等同使用。苏达斯的记述含混不清（s. v. kyphones），在陈述违法者被困在 kyphon 中长达十天时，似乎混淆了 kyphon 和 podokakke。他补充道，他们被示众的地点靠近档案馆或"地方官员"的办公室。这是"十一人"的总部，一个非常靠近监狱的地方吗？罪犯在此被示众长达五天五夜吗？威彻利（1957：149）推测监狱位于集市，这是一个可以让所有人都前来观看行刑的绝妙地点（Cf. Camp，1986：113－16）。我发现很难对苏达斯提供的更深入的细节进行评论，即在犯人的裸体上涂抹牛奶和蜂蜜以吸引蜜蜂和苍蝇。佩戴手足枷五天五夜是一个很漫长的时间。在英国，监禁的期限由几个小时到两天一夜不等。毕竟，罪犯被监禁时不仅要遭受嘲笑，还要忍受猥亵和被石头砸。实际上，人们在佩戴颈手枷短短几小时后就会被宣告死亡，这一器具似乎是为犯有严重罪行的人保留，如欺诈、欺骗和性侵犯（Beattie，1986：464－68；cf. Andrews，1980：65－89 and 120－37）。如果雅典人的行为如英国人一般，那么罪犯的示众时间不会持续五天。这表明言语凌辱是唯一被允许的方式，并且由公共侍从，可能是斯基泰人看守犯人。

外，奴隶没有荣誉，这是他们的另一标志（O. Patterson，1982）。那么，准备好鞭子和其他拷问身体的方法，对付那些拒不服从的奴隶也就丝毫不奇怪了。

执鞭人希望达到什么样的预期目的？报复和威慑通常被认为是鞭刑和其他形式惩罚背后的动机（C. Harding and Ireland，1989：110－22）。在奴隶问题上，支配——维持主人的完全控制——也涉及其中。但海罗达思的第五部哑剧（mime）表明支配还有另一面。剧中，毕提娜想方设法寻找足以令人畏惧的惩罚施加于曾是她情人的奴隶——加斯特伦身上。最终，她决定使用刺字，并声明她会毫不留情："我要放走这个彻头彻尾的奴隶吗？之后再遇到我的时候，公正地讲，他不会朝我脸上吐口水吗？不，神为证，虽然他是人类，但他却不了解自己。但很快他会知道，在额头刻上这些铭文之后（5.74－79）。"毕提娜的话表达出一系列的情感和动机。最重要的是她想证明自己是女主人，加斯特伦仅仅是个奴隶，他脸上所刻的标记永久而根深蒂固，向全世界宣告着这一事实。但加斯特伦自己也得到教训。毕提娜坚持认为奴隶必须了解自己，他必须认识到自己的奴隶身份。当然，体罚的目的在于向奴隶灌输思想，这是公认的，不管是通过鞭打还是刺字的方式。⑭

毕提娜发誓要处以刑罚只是一种个人行为，当然它也有社会作用，不管是有意的还是无意的。从此，加斯特伦的身体会向其他奴隶展示一段文字。当看到他的时候，他们也会被迫将自己与主人的身份相比较，从而承认自己的身份。该身份的本质在于，如果他们妨碍主人，像加斯特伦一样，就必然有肉体拷问等着他们。这类私人惩罚在国家层面上更

---

⑭　参见，杜布瓦（1991：72－74）。同样可见提马库斯及其亲信对待公共奴隶皮塔拉库斯方式。他们假装与其平等交往，并最终证明他们只是假的朋友。因为他们将他绑在鞭挞柱上进行鞭打，以强迫他认清自己的身份（Aesch. 1.59）。当然，这种行为是违法的，因为他并不是他们的奴隶。尽管如此，皮塔拉库斯在试图控告他们时陷入困境。最后，事实证明他们对他而言太过于强大，他只能庭外和解此事（60－66）。皮塔拉库斯是否控诉了狂妄的拷问者？他或许这么做了，因为雅典法律保护奴隶反抗如此放肆的暴力行为，当然主人施加的暴力除外（Aesch. 1.15－17；Dem. 21.46－48；Hyp. frag. B37；Harrison，1968：168）。法律能为奴隶提供多少保护，这值得怀疑。诉讼案件对于除主人以外的其他个人，因相对较轻的罪行而虐待奴隶的行为提供了大量参考（e.g.，Dem. 53.16；54.4；Isoc. 18.54；cf. Dem. 47.58－59；Men. *Dys.* 81－143，500－515；*Epi.* 247；*Samia* 388）。有关狂妄者的法律，现可见费希尔（1990）。

为普遍化，在刑罚实践中将自由人和奴隶区分开来。因此，奴隶公开地以身体赎罪的方式，同时呈现出自己的堕落和主人阶级的权力。在一定程度上，鞭子及其对应物——刑架用以区分和控制奴隶，将私人和公共领域，公民社会和国家拴在一起。

自由人曾受到过鞭打吗？据我们所知，对其公开的鞭打从来没有发生过。鞭打自由人就是将他降低到奴隶的阶层，因此它只是私下对付狂妄者的粗暴行为。然而，它确实发生在私下，正如吕西阿斯揭示的一样（frag. 17. 2）。蒂西亚（Tisias）曾用鞭子对付他的仇人阿契普斯（Archippus），他把他引诱到自己家中，将其绑在鞭挞柱上并亲自鞭打（4）。为了加重阿契普斯的屈辱，几天后蒂西亚又命令奴隶重复自己的行为（5）。在当时，奴隶鞭打自由人是颠倒自然秩序的行为，因而其变成一种无法言喻的报复。奇怪的是，我们很少听说针对自由人进行系统性屈辱的案例，即使鞭打代表了一种剥夺敌人荣誉的模式，其残酷却简单。(50) 它发生的次数是否比我们从资料中看到的多，或对狂妄自大者的惩罚能否阻止人们以这种方式复仇？很难说。就鞭打而言，私人沉默对应于公共实践，因为没有证据表明公开鞭打自由人的事件发生在雅典。在这方面，鞭打——和刺字一样——不同于拷问，对此存有一些证据。在这方面雅典比其他希腊城邦，如斯巴达，更加严格吗？在雅典鞭打会被施予犯有严重罪行的自由人吗？(51) 或许区分自由人和奴隶的界限在雅典并不那么严格，一些奴隶在表面上和自由人相似。其他与主人分居生活的奴隶能相对独立地安排日常生活。奴隶也占据了许多要职，如管理者和管

---

(50) 这也是狂妄者被处以死刑的行为。无论如何，这是给予特西克勒斯（Ctesicles）的惩罚，因为他在参加宗教游行时用自己的鞭子打击仇人。尽管特西克勒斯以醉酒为由进行申辩，但他还是被控像对待奴隶一般对待自由人（Dem. 21. 180）。这并不表示雅典公民制止相互暴力，如吕西阿斯演说辞（3，4），以及德摩斯梯尼演说辞（54）在其他诉讼案例中揭示的情况一样。然而，这种暴力的实例中并未涉及鞭打或揭示对奴隶有利的处理方式。后者包括对自由人的私人监禁或控制（And. 4. 17）。这样的对待方式是违法的（*IG* 11^2 32. 9 – 14；cf. Dem. 53. 16）。然而，仍有现存的私人监禁的案例（And. 4. 17 – 18；Dem. 21. 147；Din. 1. 23；Is. 8. 41）。

(51) 见注释 11。麦克道尔（1986：149）指出，然而，基那东和他的追随者不是斯巴达公民，“并且没有证据表明斯巴达公民曾遭受过鞭打”（除了“男孩”）。

家。[52] 奴隶并不总是盲从的。米南德将他们描述为智慧、负责任且风趣的人，对主人构成挑战。然而他们当中表现最好的人，如帕尔梅农，会面临体罚或体罚的威胁。不管他们的品质或责任如何，他们都不得不承认自己寄人篱下、任人摆布的事实。无论出现什么样的情况，诉诸体罚或其潜在作用都揭示了雅典人生活背后隐藏的残酷现实。

从自由人系统性羞辱的记录中，我们可以得出什么结论？他们遭受的短暂的屈辱会减弱自由人和奴隶间的区别吗？在某种程度上是这样的，因为自由人的经历与奴隶有所不同。他们都在公众面前遭受羞辱，身体受到拷问；他们都作为例证威慑他人。然而，越密切观察，越会发现这种相似只是表面的。在刑罚实践中，自由人和奴隶从来都不是相似的。不管使用颈手枷和"手足枷"多么令人耻辱。不存在自由人被公开鞭打[53]，被刺字，也不存在自由人的生命在磨坊中结束。[54] 这些惩罚都只

---

[52] 关于雅典奴隶的出现，见托名色诺芬《雅典政制》1.10。佩罗蒂（Perotti，1974）探讨了分居的奴隶。关于奴隶负责要职的情况，见第三章。

[53] 有一些相当奇怪的例外事件。斯基泰警察拿着鞭子，至少在喜剧中是这样的，使用或威胁使用，以警示自由人。（见第五章）三十僭主同样利用执鞭人帮助他们控制雅典（three hundred mastigophoroi：*AP* 35.1 with Rhodes，1981：439）。这些人可能都是奴隶（见第五章注释60）。此外，自由人在奥林匹克运动会中可能同样会面对鞭刑，裁判会因欺诈、贿赂和违反规则鞭打运动员（Thuc. 5.50.4）。芬利和普利克特（1967：67）认为鞭子的使用"令人惊讶"，并评论道："有人质疑，裁判是否通常不喜欢罚款，而是喜欢鞭打拥有较高社会或政治地位或名气的违规者。然而，鞭子在我们掌握的例证中司空见惯……我们必须接受这一奇特现象。"使用的鞭子是 rhabdos，而它的行使者是 rhabdouchos。这是一种棍棒或权杖。对于该悖论有这样一个解释：使用鞭子或棍棒作为一种体罚方式已经过时，在雅典社会转型前，奴役制度是依附性劳动的主导模式。一旦鞭子被确立为对付奴隶的特有工具，再用它来对付自由人就会显得有失体面。在刑罚实践中从未这样使用过。奥林匹克运动会上的 rhabdouchoi 和斯基泰警察都反映出早期的现实。

[54] C. 琼斯（1987：148–49）探讨了罪犯的惩罚性文身，并表示："似乎没有理由表明为什么古典希腊和希腊化时期并没有频繁地以这种方式惩罚奴隶"（148）。然而，他没有提出任何具体实例。值得注意的是，悲剧家埃尔斯特（Alcestor）曾被描述为 stigmatias（Eupolis frag. 159.14）。这是否意味着他的文身是一种惩罚方式？或者，stigmatias 一词是对某人的轻蔑称呼，尽管他是雅典公民，却被大家侮辱为外国人（Ar. *Birds* 31–33；*Wasps* 1221；Callias frag. 13；Cratinus frag. 208；Metagenes frag. 13B；Sommerstein，1987b：203）。参见，mastigias 的相似用法（Plut. *Phocion* 35.1）。还有另外一种可能的解释。埃尔斯特经常被称为萨卡斯（Sacas），以表明他属于萨卡人，一个位于色雷斯的部落之中的血统（schol. Ar. *Birds* 31）。当然，色雷斯人实行文身（Her. 5.6；Headlam and Knox，1922：256；C. Jones，1987：145–46）。加兰，（1990：202，图27），再现了一个饮酒杯，上面绘有赫拉克勒斯的色雷斯人保姆，其手腕和脖子上都有文身。那么，stigmatias 可能指的是埃尔斯特的外国血统。参见，吕西阿斯（13.19），暗指琼斯（1987：145）认为"或许意味着这个人的父亲是色雷斯人"。

针对奴隶而存在。格罗兹的观点是正确的，即鞭打对自由人来说"太可耻"，更不用说磨坊和刺字师的针。真正的事实是，在加强自由人的地位和特权时，使用这些东西对抗自由人是不可接受的（Cf. Winkler, 1990：48 - 49；Halperin, 1990：96）。

总结此篇研究时，我再一次引用比蒂（J. M. Beattie, 1986：468 - 69）写的有关在英格兰的体罚的陈述，如下：

> 公共惩罚……至少在一些道德堕落的仪式中，围观人群扮演了重要的角色。他们通过认可和反对罪犯展示出的异常行为，来进行社区价值的重建。对某一罪犯的曝光和惩罚旨在阻止他和其他人犯下其他罪行。除此之外，公共惩罚在重申社会道德界限上表现出更广泛的作用。人群前来围观……被公共鞭打或示众的人，积极参与对不可接受标准的谴责，以此来证实并重建可接受标准。

本章描述了大量雅典的惩罚，不管是强加给自由人的，还是施以奴隶的，都包含于社会中。对于公共屈辱和鞭打给自由人带来的耻辱，无论如何，大部分源于现场的围观群众。的确，选择合适地点惩罚并拷问罪犯，是为了聚集起来渴望看好戏的人。这类仪式不仅仅只有惩罚性的功能，在团结人群对抗罪犯的同时，通过这类仪式也可以重建和确认社会价值。这样一来，受惩罚者的负面形象不仅有阻止他人犯罪的作用，还有赞颂雅典社会的意义。

结论　雅典社会与国家的再思考

　　在此我不打算重复或总结每一章结束时得出的结论，而是重新回到贯穿整个研究的主题——雅典社会和国家之间的联系。最近，汉森和奥伯之间的辩论一直激励着我跟进这一课题。从表面上看，辩论关注的是 ekklesia 和 dikasteria 间的权力分离。实际上，其关注点远不止民主本身以及政治制度和民主内的"制度外力量"之间的区别（Hansen，1989：107）。汉森集中于前者的讨论，简述了很多民主国家运作的正规制度。他表明政治生活是"完全制度化的"并在古代来源中可窥其踪（110）。此外，政治生活独立于社会生活（112）。相比之下，奥伯（1989c：331）认为"雅典民主决策中涉及的基本原则是……公共领域的人民控制"。后者源于公民的"话语权力"，而非"存在于制度中的法律权力"（333）。因此，他将制度外力量纳入政治体系中，包括公众舆论及其构成和表现（327）。

　　乍看之下，汉森和奥伯争论的似乎是两码事，但并不是这样的，他们的辩论代表了一种探索社会和国家局限性的尝试。就雅典民主社会而言，社会和国家间的界限应划在什么地方？毫无疑问，这里存在一个广义上作为"政治体系"的国家（Bobbio，1989：66）。汉森本人在他大部分的职业生涯中详尽阐述其正式制度。但我们把"非正式（制度外）交流"和政治文化（或意识形态）也包含于该体系中，这是正确的吗（Ober，1989c：331）？实际上，这类交流和文化与我们这个时代的政党相似，它在国家和社会的缝隙间运作（Bobbio，1989：25–26）。

　　关于国家，诺贝托·博比奥（1989：60）通过提出下列问题引出了连续性和非连续性的话题："在领土广博的现代国家历史开始以前，是否存在一种被称为国家的政治社会?""形容词'现代的'为国家的含义增加了什么内容(这些是古人在使用该词时不曾提到的)?"博比奥提出论据以支持连续性和非连续性,尽管他倾向于前者。① 我自己相信有连续性存在,但我也相信雅典国家在很多方面都不同于其他现代国家。在下文中,我针对该国家的特征提出一些建议。这里的建议不是下定义,而是进行简述,旨在激励人们进一步系统地分析雅典国家的特点,最终将古代国家作为一种类型进行理解。

在大多数方面,雅典国家的特点符合经典定义中的阐述。作为一个体系,它拥有"一个政治制度的复杂网络"(Hansen,1989:109;cf. Hansen,1991:61 - 65)。此外,体系中的法律由 ekklesia 和五百人议事会共同组成的最高权力进行约束和规定。该体系中也有一个复杂的司法机构,致力于解决争端。最后,雅典每年都会选出一批官员,作为一种行政机关,其职责范围从确保街道和广场清洁到维持市场标准(Arist. AP 50 - 54)。② 当然,法律和标准需要惩罚性制裁提供支持。此外,由于这种制裁,甚至是维护公共秩序都可能需要使用武力,因此国家中通常都有一个可供支配的镇压机构。雅典也是一样,有监狱和监狱官,以及负责逮捕和处决、负责公共秩序方面某些事务的"十一人"。"十一人"有一群可供他们任意支配的公共奴隶,担任监狱助手、刽子手和警察的职责。在某些情况下,五百人议事会和议员承担着维护公共秩序、追捕和抓获歹徒的职责。如"十一人"一样,后者也有公共奴隶陪伴左右,五世纪时为斯基泰弓箭手。③ 紧急情况下,所有公民团体都会加入备战。尽管拥有镇压机构,但雅典国家没有垄断使用武力的合法性。就此而言,不单单只有镇压机构负责解决冲突和争端。相反,个人

---

① 博比奥(1989:63)用以下陈述结束了有关希腊和罗马的讨论:"对古代历史和制度的持续反思将很难解释,在历史发展的某一时刻,是否有一项转变导致政治和社会组织相较过去更无可比拟,值得获得'国家'这一名称。"

② 有关雅典民主最近的学术评论,见奥伯(1991)。他探讨的其中一本著作为 R. K. 辛克莱尔(R. K. Sinclair)的《雅典的民主与参与》(Democracy and Participation in Athens,1988)。汉森(1991)也发表了一篇关于民主的长篇文章。

③ 像市场管理员这样的地方官员在他们的管辖区内拥有有限的警务责任。在其辖区内,他们可以审判,甚至惩罚轻罪犯。关于一些地方官员的工作见第六章讨论。此外,男青年的警务作用是第五章附录的主题。

和群体自律与中央权力机关强加的秩序同时共存。

《雅典警务》记录了雅典公民诉诸暴力的一系列合法活动。其中的经典例子包括自主逮捕普通罪犯及其他指定罪犯（apagoge），干预或拯救被当作奴隶抓获的自由人，监禁——有时甚至是杀害——通奸者，扣押货物，以及逐出闯入者保护自己的财产。实施以上任何可能的暴力行为时，人们一般都会寻求亲友邻居的帮助。但如果是突发行为，没有机会预先策划，那么旁观者会被号召前来干预。我们现有的资料中清楚表明个人理解并帮助同胞的责任——确实，他们经常兴致勃勃地参与争端。④

雅典人享受自律权的第二个领域是对自己奴隶的控制。他们仅仅负责追捕逃犯。此外，主人自主决定私下惩罚奴隶的方式、频率和强度，甚至可将他们交出去受刑。国家对此不作干预。事实上，社会和国家共享其他更广泛的惩罚性功能。对于许多在众多旁观者见证下公开执行的惩罚，旁观者的认可（或不认可）是诉讼的一部分。⑤ 这些惩罚包括鞭打和拷问奴隶，处决普通罪犯，以及曝光（这种曝光对罪犯而言是耻辱性的）某些罪犯身带手足枷的样子。奴隶的司法拷问同样被当作一种奇观。虽然是私下发起，但这类拷问还是要在旁观者在场的情况下公开举行，由旁观者作为见证人证实程序的合法性。⑥

私人主动性和自律也是个人之间解决争端的规则。私人事务中，雅典人被鼓励庭外和解。事实上，诉讼中关注纠纷解决，鼓励纠纷当事人自己提出意见，或接受他人提议以便私下调解。尤其是在涉及亲属和家庭的案件中。人们不信任法庭系统，并且担忧家庭争吵可能会引起公众关注，从而倾向庭外和解。自始至终，从选择仲裁员到最终解决问题，都是基于私人的公正裁决，而非诉诸雅典法律。⑦

如果自律和国家强加的秩序同时共存，那么它必须是有限度的。因为个人的自律行为既不能太武断，也不能太任性，他们必须遵守国家规

---

④　关于自救，见第五章。
⑤　参见叶礼庭（Ignatieff, 1981：167）。
⑥　见第三章和第六章。
⑦　见第二章。

定的普遍规则。例如，不能殴打或捆绑被捕的杀人犯；通奸者可以提供担保人，并对监禁进行申诉。那些可能被立即实施逮捕的罪犯限于禁区中找到的犯人（kakourgoi）、杀人犯和 atimoi。以同样的方式，中央政府限制了私人仲裁的手段。一般来说，自律在涉及 graphai 的纠纷解决中不可行。此外，任何最终达成的解决办法都要被公开认可和记录。因为一旦决议达成，案件就结束了。换句话说，一般情况下，由国家来批准、限制和监督群体和个人可享用自律权的活动。[8] 通过这种方式，雅典在国家和公民社会间建立了联系，前者的许多功能都被移交给了后者。简单来说，这些功能深植于公民社会。

不难断言，现代国家的一些特征尚未在结构上区别于雅典国家。[9] 我们也可以观察到，在此描述的许多特点实际上都是国家形成以前的，就各团体而言，国家"由各团体中的个人构成"，首要的目的在于满足他们的不同利益（Bobbio，1989：24），其次才是控制社会。像私人仲裁这样的机构和自救权确实是先于国家出现的。[10] 尽管如此，在我看来更多的是参与。我们不仅是在论述一个不成功的国家，也是在论述具有自身特点的国家类型。国家以共识和参与为特点，而非强制和授权。在司法层面，由梭伦订立的自愿起诉原则是根本，因为它鼓励人们在公共决议中尽可能多地像在私人纠纷中一样发挥个人主动性。理想情况下，它也鼓励普通公民警惕社会中的任何不正当行为，以及可能破坏和平和良好秩序的犯罪行为。[11]

但是，个人主动性比自愿起诉原则更加深刻，它是政治体系本身及权力机构运作的基础。Ekklesia 和 dikasteria——以及，在一定限度上，五百人议事会——也依赖于志愿者年度甚至日常的参与意愿。[12] 每个人

---

⑧ 林托特（1982：21）指出自救只能在"追求法律认可的权力"时使用。

⑨ 关于结构分化，见汉弗莱斯（1978：242 – 75）及霍普金斯（1978：74 – 96）。我在导论的注释 4 中提出了现代国家的定义。

⑩ 关于私人仲裁的历史，见第二章，特别是注释 34，引用于沃尔夫（1946）。

⑪ 关于自愿起诉原则，见第五章。

⑫ 我认为五百人议事会有这个权利是因为 500 名成员都是通过抽签选出并参加会议的。但因为选举是一年一度，并且每人供职的次数都有限制，因此雅典人在将氏族成员姓名纳入考虑时有一定压力。

在意识形态上、理论上由平等的集合体组成的社会中都有责任这样做。因此，个人主动性和自救——一般而言称为自律——是雅典社会控制的基础，这并不奇怪。在一定程度上，自律是国家本身的一个主要特点，在没有警察，没有官僚机构和没有专家的情况下发挥作用。随之而来的是，公民社会以丰富多样的方式蓬勃发展。

前面的分析没有涉及阶级和身份。因为，分析未能对该体系的公平性和有效性提出质疑，体系中涉及那些贫穷或处于不利地位的人，他们没有资源或关系网进行干预或监督。分析也没有从雅典奴隶的角度进行记述，不管他们如何看待主人，但一定将主人这个整体统称为专制者。基于共识和自律制定的规则对奴隶来说意义不大。另外，分析将有助于解释雅典人如何过着奴隶围绕的生活，却没有经历过造反，甚至没有经历过重大的动荡，至少我们从未听说过。看来，我们描述的这类警务足以遏制被剥削阶级的奴隶，控制人口众多的外邦人和享有部分公民权的外侨。这一成就必定让人产生优越感，即使是最底层和弱势的公民也会有此感觉。相反，作为自律精英的公民形象顶多在意识形态上增强了"雅典人社区"的团结。

* 参考书目 *

Adeleye, Gabriel. 1983. "The Purpose of the *Dokintasia*." *G RB S* 24: 295–306.

Adkins, Arthur W. H. 1960. *Merit and Responsibility: A Study in Greek Values*. Oxford: Clarendon Press.

Alexiou, Margaret. 1974. *The Ritual Lament in Greek Tradition*. Cambridge: Cambridge University Press.

Althusser, L. 1971. *Lenin and Philosophy and Other Essays*. Translated by Ben Brewster. London: New Left Books.

Andrews, William. 1980. *Old - Time Punishments*. Toronto: Coles. Originally published in 1890.

Andreyev, V. N. 1974. "Some Aspects of Agrarian Conditions in Attica in the Fifth to Third Centuries B. C." *Eirene* 12: 5–46.

Asheri, D. 1963. "Laws of Inheritance, Distribution of Land and Political Constitutions in Ancient Greece" *Historia* 12: 1–21.

Bailey, F. G. 1971. "Gifts and Poison." In *Gifts and Poison*: *The Politics of Reputation*, edited by F. G. Bailey, 1–25. New York: Schocken Books.

Barkan, Irving. 1936a. *Capital Punishment in Ancient Athens*. Chicago: University of Chicago.

——. 1936b. "Imprisonment as a Penalty in Ancient Athens." *CP* 31: 338–41.

Barrow, R. H. 1928. *Slavery in the Roman Empire*. New York: Barnes & Noble.

Bauslaugh, Robert A. 1991. *The Concept of Neutrality in Classical Greece*. Berkeley: University of California Press.

Beattie, J. M. 1986. *Crime and the Courts in England* 1660–1800. Princeton: Princeton University Press.

Beauchet, L. 1897. *Histoire du droit privé de la république athénienne.* Vol. 2. Paris: Chevalier – Marescq.

Bers, Victor. 1985. "Dikastic *Thorubos.*" In *Crux: Essays in Greek History Presented to G. E. M. de Ste. Croix*, edited by Paul Cartledge and F. D. Harvey, 1 – 15.

Blassingame, John W. , ed. 1977. *Slave Testimony: Two Centuries of Letters, Speeches, Interviews, and Autobiographies.* Baton Rouge: Louisiana State University Press.

Blaxter, Lorraine. 1971. "*Rendre service* and *jalousie.*" In *Gifts and Poison: The Politics of Reputation*, edited by F. G. Bailey, 119 – 138.

Boardman, John. 1975. *Athenian Red Figure Vases: The Archaic Period.* London: Thames and Hudson.

Bobbio, Norberto. 1989. *Democracy and Dictatorship: The Nature and Limits of State Power.* Translated by P. Kennedy. Oxford: Polity Press.

Boegehold, Alan L. 1972. "The Establishment of a Central Archive at Athens. " *AJA* 76: 23 – 30.

Boersma, J. S. 1970. *Athenian Building Policy front S61/0 to 405/4 B. C.* Groningen: Wolters – Noordhoff.

Bonner, Robert J. 1905. *Evidence in Athenian – Courts.* Chicago; University of Chicago Press.

——. 1907. "The Jurisdiction of Athenian Arbitrators. " CP 2: 407 – 18.

——. 1912. "Administration of Justice in the Age of Hesiod. " CP 7: 17 – 23.

——. 1916. "The Institution of Athenian Arbitrators. " *CP* 11: 191 – 95.

——. 1927. *Lawyers and Litigants in Ancient Athens: The Genesis of the Legal Profession.* Chicago: University of Chicago Press.

Bonner, Robert J. , and Gertrude Smith. 1930, 1938. *The Administration of Justice from Homer to Aristotle.* 2 vols. Chicago: University of Chicago Press.

Bossy, J. , ed. 1983. *Disputes and Settlements: Law and Human Relations in the West.* Cambridge: Cambridge University Press.

Bourdieu, Pierre. 1966. "The Sentiment of Honour in Kabyle Society. " In *Honour and Shame: The Values of Mediterranean Society*, edited by J. G. Peris – tiany, 191 – 241. Chicago: University of Chicago Press.

——. 1976. "Marriage Strategies as Strategies of Social Reproduction. " In *Family and Society: Selections from theAnnales, Économies, Sociétés, Civilisations*, edited by Robert

Forster and Orest Ranum, translated by E. Forster and P. M. Ranum, 117 – 44. Baltimore: Johns Hopkins University Press.

——. 1977. *Outline of a Theory of Practice.* Translated by Richard Nice. Cambridge: Cambridge University Press.

——. 1990. *In Other Words: Essays towards a Reflexive Sociology.* Translated by M. Adamson. Stanford: Stanford University Press.

Bourriot, F. 1974. "L'évolution de l'esclave dans les comédies d'Aristophane et l'essor des affranchissements au IVe siècle." In *Mélanges d'histoire ancienne offerts à William Seston*, 35 – 47. Paris: Éditions E. de Boccard.

Bradley, K. R. 1987. *Slaves and Masters in the Roman Empire: A Study in Social Control.* New York: Oxford University Press.

Broadbent, Molly. 1968. *Studies in Greek Genealogy.* Leiden: E. J. Brill.

Buckland, W. W. 1908. *The Roman Law of Slavery: The Condition of the Slave in Private Law from Augustus to Justinian.* Cambridge: Cambridge University Press.

Burkert, Walter. 1985. *Greek Religion.* Translated by John Raffan. Cambridge, Mass. : Harvard University Press.

Bushala, Eugene W. 1968. "Torture of Non – Citizens in Homicide Investigations. " *GRBS* 9: 61 – 68.

——. 1969. "The *Pallake* of Philoneus. " *AJP* 90: 65 – 72.

Calhoun, George M. 1915. "Perjury before Athenian Arbitrators. " *CP* 10: 1 – 7.

——. 1919a. "*Paragraphe* and Arbitration. " CP 14: 20 – 28.

——. 1919b. "Oral and Written Pleading in Athenian Courts. " *TAPA* 50: 17793.

——. 1927. *The Growth of Criminal Law in Ancient Greece.* Berkeley: University of California Press.

——. 1934. "A Problem of Authenticity (Demosthenes 29} . " *TAPA* 65: 80102.

Cameron, A. , and A. Kuhrt, eds. 1983. *Images of Women in Antiquity.* London: Croom Helm.

Camp, John M. 1986. *The Athenian Agora: Excavations in the Heart of Classical Athens.* London: Thames and Hudson.

Campbell, J. K. 1964. *Honour, Family, and Patronage: A Study of Institutions and Moral Values in a Greek Mountain Community.* Oxford: Oxford University Press.

Cantarella, Eva. 1984. "Per una preistoria del castigo. " In *Du châtiment dans la cité:*

Supplices corporels et peine de mort dans le monde antique, 37 – 73. Rome: École française de Rome (Palais Farnèse) .

Carey, C. 1988. "A Note on Torture in Athenian Homicide Cases. " *Historia* 37: 241 –45.

——. 1991. "Apollodorus' Mother: The Wives of Enfranchised Aliens in Athens. " *CQ* 41: 84 – 89.

Carlton, Eric. 1977. *Ideology and Social Order.* London: Routledge and Kegan Paul.

Carrière – Hervagault, M. P. 1972. "Esclaves et affranchis chez les orateurs at – tiques: Documents et étude. " In *Actes du colloque 1971 sur l'esclavage*, 45 – 79. Annales littéraires de l'université de Besançon 140. Paris: Les Belles Lettres.

Carter, L. B. 1986. *The Quiet Athenian.* Oxford: Clarendon Press.

Cartledge, Paul. 1985. "Rebels and Sambos in Classical Greece: A Comparative View. " In *Crux: Essays in Greek History Presented to G. E. M. de Ste. Croix*, edited by Paul Cartledge and F. D. Harvey, 16 –46.

Cartledge, Paul, andF. D. Harvey, eds. 1985. *Crux: Essays in Greek History Presented to G. E. M. de Ste. Croix.* London: Duckworth.

Cartledge, Paul, Paul Millett, and Stephen Todd, eds. 1990. Nomos: Essays in *Athenian Law, Politics and Society.* Cambridge: Cambridge University Press.

Casey, James. 1983. "Household Disputes and the Law in Early Modern Andalusia. " In*Disputes and Settlements: Law and Human Relations in the West*, edited by J. Bossy, 189 – 217.

Casson, Lionel. 1984. "The Athenian Upper Class and New Comedy. " In*Ancient Trade and Society*, 35 – 69. Detroit: Wayne State University Press.

Castan, Nicole. 1983. "The Arbitration of Disputes under the*Ancien Regime.* " In *Disputes and Settlements: Law and Human Relations in the West*, edited by J. Bossy, 219 – 60.

Christensen, Kerry A. 1984. "TheTheseion: A Slave Refuge at Athens. " *AJAH* 9: 23 – 32.

Clark, Mari. 1983. "Variations on Themes of Male and Female: Reflections on Gender Bias in Fieldwork in Rural Greece. " *Women's Studies* 10: 117 – 33.

Clark, StephenR. L. 1982. "Aristotle's Woman. " *History of Political Thought* 3: 177 –91.

Cohen, David. 1983. *Theft in Athenian Law.* Munich: C. H. Beck.

Cohen, David. 1984. "The Athenian Law of Adultery. " *RIDA* 31: 147 – 65.

——. 1985. "A Note on Aristophanes and the Punishment of Adultery in Athenian Law. "

ZSR 115: 385 – 87.

——. 1989. "Seclusion, Separation, and the Status of Women in Classical Athens." *G&R* 36: 3 – 15.

——. 1990. "The Social Context of Adultery at Athens." In*Homos*: *Essays in Athenian Law, Politics and Society*, edited by Paul Cartledge, Paul Millett, and Stephen Todd, 147 – 65.

——. 1991a. *Law, Sexuality, and Society*: *The Enforcement of Morals in Classical Athens.* Cambridge: Cambridge University Press.

——. 1991b. "Sexuality, Violence, and the Athenian Law of *Hubris.*" *G&R* 38: 171 – 88.

Cohen, Edward E. 1973. *Ancient Athenian Maritime Courts.* Princeton: Princeton University Press.

Cole, Susan Guettel. 1984. "Greek Sanctions against Sexual Assault." CP 79: 97 – 113.

Coleman, K. M. 1990. "Fatal Charades: Roman Executions Staged as Mythological Enactments."] *RS* 80: 44 – 73.

Connor, W. Robert. 1971. *The New Politicians of Fifth – Century Athens.* Princeton: Princeton University Press.

Conrad, Robert Edgar. 1983. *Children of God's Fire*: *A Documentary History of Black Slavery in Brazil.* Princeton: Princeton University Press.

Cox, Cheryl Anne. 1988a. "Sibling Relationships in Classical Athens: Brother – Sister Ties." *Journal of Family History* 13: 377 – 95.

——. 1988b. "Sisters, Daughters and the Deme of Marriage: A Note." *JHS* 108: 185 – 88.

——. 1989. "Incest, Inheritance and the Political Forum in Fifth – Century Athens." *CJ* 85: 34 – 46.

Critchley, T. A. 1972. *A History of Police in England and Wales.* 2d ed. Montclair, N. J.: Patterson Smith.

Crook, J. A. 1986. "Women in Roman Succession." In *The Family in Ancient Rome*: *New Perspectives*, edited by Beryl Rawson, 58 – 82. Ithaca: Cornell University Press.

Crosby, Margaret. 1941. "Greek Inscriptions." *Hesperia* 10: 14 – 27.

Daube, D. 1952. "Slave – catching." *Judicial Review* 64: 12 – 28.

Davies, J. K. 1971. *Athenian Propertied Families* 600 – 300 *B. C.* Oxford: Clarendon

Press.

——. 1977. "Athenian Citizenship: The Descent Group and the Alternatives. " *CJ* 73:
105 – 21.

——. 1981. *Wealth and the Power of Wealth in Classical Athens*. New York: Arno Press.

Davis, J. 1973. *Land and Family in Pisticci*. London School of Economics Monographs on
Social Anthropology 48. London: Athlone Press.

——. 1977. *People of the Mediterranean; An Essay in Comparative Social Anthropology*.
London: Routledge and Kegan Paul.

Dawe, Alan. 1970. "The Two Sociologies. " *British Journal of Sociology* 21: 20718.

de Ste. Croix, G. E. M. 1970. "Some Observations on the Property Rights of Athenian
Women. " *CR* 20: 273 – 78.

——. 1981. *The Class Struggle in the Ancient Greek World from the Archaic Age to the Arab
Conquests*. Ithaca: Cornell University Press.

Dixon, Suzanne. 1984. "Family Finances: Tullia and Terentia. " *Antichthon* 18: 78 – 101.

——. 1985. "The Marriage Alliance in the Roman Elite. " *Journal of Family History* 10:
353 – 78.

Dodds, E. R. 1951. *The Greeks and the Irrational*. Berkeley: University of California Press.

Doggett, M. E. 1987. "Coverture: The Fiction of Marital Unity and the Status of Wives. "
LL. M. thesis, York University, Toronto.

Dorjahn, Alfred P. 1952. "On Slave Evidence in Greek Law. " *CJ* 47: 188.

——. 1971. "On Slave – Evidence in Athenian Courts. " *Classical Bulletin* 47: 45 – 46.

Dover, K. J. 1968. *Lysias and the "Corpus Lysiacum."* Berkeley: University of California
Press.

——1972. *Aristophanic Comedy*. Berkeley: University of California Press.

——. 1974. *Greek Popular Morality in the Time of Plato and Aristotle*. Oxford: Basil Black-
well.

——. 1978. *Greek Homosexuality*. Cambridge, Mass. : Harvard University Press.

——. 1989. "Anecdotes, Gossip and Scandal. " In *The Greeks and Their Legacy; Collect-
ed Papers*. Vol. 2. *Prose Literature, History, Society, Transmission, Influence*, 45 –
52. Oxford: Basil Blackwell.

Dubisch, Jill. 1986. "Culture Enters through the Kitchen: Women, Food, and Social
Boundaries in Rural Greece. " In *Gender and Power in Rural Greece*, edited by Jill Dubi-

sch, 195 – 214. Princeton: Princeton University Press.

duBois, Page. 1991. *Torture and Truth*. New York: Routledge.

duBoulay, Juliet. 1974. *Portrait of a Greek Mountain Village*. Oxford: Clarendon Press.

——. 1976. "Lies, Mockery and Family Integrity." In *Mediterranean Family Structures*, edited by J. G. Peristiany, 389 – 406.

Duncan – Jones, Richard. 1974. *The Economy of the Roman Empire: Quantitative Studies*. Cambridge: Cambridge University Press.

Eagleton, Terry. 1991. *Ideology: An Introduction*. London: Verso.

Ehrenberg, Victor. 1962. *The People of Aristophanes: A Sociology of Old Attic Comedy*. New York: Schocken Books.

Elias, Norbert. 1974. "Towards a Theory of Communities." In *The Sociology of Community: A Selection of Readings*, edited by C. Bell and H. Newby, ix – xli. London: Cass.

——. 1978. *The Civilizing Process: The History of Manners*. Translated by Edmund Japhcott. New York: Urizen Books.

Erler, Mary, and Maryanne Kowaleski. 1988. "Introduction." In *Women and Power in the Middle Ages*, edited by Mary Erler and Maryanne Kowaleski, 1 – 17. Athens: University of Georgia Press.

Étienne, Roland. 1975. "Collection Dolly Goulandris II. Stèle funéraire attique." *BCH* 99: 379 – 84.

Fantham, Elaine. 1975. "Sex, Status, and Survival in Hellenistic Athens: A Study of Women in New Comedy." *Phoenix* 29: 44 – 74.

Ferguson, William S. 1938. "The Salaminioi of Heptaphylai and Sounion." *Hesperia* 7: 1 – 74.

Fine, J. V. A. 1951. *Horoi: Studies in Mortgage, Real Security and Land Tenure in Ancient Athens. Hesperia*, Supplement 9.

Finley, M. 1. 1952. *Studies in Land and Credit in Ancient Athens, 500 – 200 B. C.: The Horos – Inscriptions*. New Brunswick, N. J.: Rutgers University Press.

——. 1973. *Democracy Ancient and Modem*. New Brunswick, N. J.: Rutgers University Press.

——. 1975. "The Alienability of Land in Ancient Greece." In *The Use and Abuse of History*, 153 – 60. New York: Viking Press.

——. 1980. *Ancient Slavery and Modem Ideology*. New York: Viking Press.

——. 1983. *Politics in the Ancient World*. Cambridge: Cambridge University Press.

——. 1986. *Ancient History; Evidence and Models*. New York: Viking Press.

Finley, M. I. , and H. W. Pleket. 1976. *The Olympic Games: The First Thousand Years*. London: Chatto and Windus.

Fisher, N. R. E. , ed. 1976. *Social Values in Classical Athens*. London: Dent and Hakkert.

——. 1990. "The Law of *Hybris* in Athens. " In *Nomos: Essays in Athenian Law, Politics and Society*, edited by Paul Cartledge, Paul Millett, and Stephen Todd, 123 – 38.

Foucault, Michel. 1979. *Discipline and Punish: The Birth of the Prison*. Translated by A. Sheridan. New York: Vintage Books.

——. 1986. *The History of Sexuality*. Vol. 2. *The Use of Pleasure*. Translated by R. Hurley. New York: Vintage Books.

Fox – Genovese, Elizabeth. 1988. *Within the Plantation Household: Black and White Women of the Old South*. Chapel Hill: University of North Carolina Press.

Foxhall, Lin. 1989. "Household, Gender and Property in Classical Athens. " *CQ* 39: 22 – 44.

Gabrielsen, V. 1987. "The *Antidosis* Procedure in Classical Athens. " *C&M* 38: 738.

Gagarin, Michael. 1989. *The Murder of Herodes: A Study of Antiphon* 5. Studien zur klassischen Philologie 45. Frankfurt am Main: Peter Lang.

Gallant, T. W. 1991. *Risk and Survival in Ancient Greece: Reconstructing the Rural Domestic Economy*. Stanford: Stanford University Press.

Garlan, Yvon. 1988. *Slavery in Ancient Greece*. Translated by J, Lloyd. Ithaca: Cornell University Press.

——. 1989. "À propos des esclaves dans l'*Économique* de Xénophon. " In *Mélanges Pierre Lévêque*, edited by M. – M. Mactoux and E. Geny, 2: 237 – 43. Annales littéraires de l'université de Besançon 377. Paris: Les Belles Lettres.

Garland, Robert. 1985. *The Greek Way of Death*. Ithaca: Cornell University Press.

——. 1990. *The Greek Way of Life from Conception to Old Age*. Ithaca: Cornell University Press.

Garnsey, Peter. 1970. *Social Status and Legal Privilege in the Roman Empire*. Oxford: Oxford University Press.

——. 1988. *Famine and Food Supply in the Graeco – Roman World: Responses to Risk and Crisis*. Cambridge: Cambridge University Press.

Gauthier, Philippe. 1972. *Symbola*: *Les étrangers et la justice dans les cités grecques.* Annales de l'est 42. Nancy: University of Nancy II Press.

——. 1976. *Un commentaire historique des Poroi de Xénophon.* Geneva: Librairie Droz.

Genovese, Eugene D. 1976. *Roll*, *Jordan*, *Roll*: *The World the Slaves Made.* New York: Vintage Books.

Gernet, Louis. 1918. "Notes sur les parents de Démosthène." *REG* 31: 185 – 96.

——. 1921. "Sur l'épiclérat." *REG* 34: 337 – 79.

——. 1924. "Sur l'exécution capitale: À propos d'un ouvrage récent." *REG* 37: 261 – 293. [Gernet, 1976: 302 – 29]

——. , ed. 1954. *Démosthène*: *Plaidoyers Civils.* Vol. 1. Paris: Les Belles Lettres.

——. 1955. *Droit et société dans la Grèce ancienne.* Paris: Recueil Sirey.

——. ed. 1957. *Démosthène*: *Plaidoyers civils.* Vol. 2. Paris: Les Belles Lettres.

——. ed. 1965. *Antiphon*: *Discours.* Paris: Les Belles Lettres.

——. 1968. "Introduction." In *Platon*: *Oeuvres complètes*, vol. 11, pt. 1, *Les Lois*, edited by Édouard des Places, xciv – ccvi. Paris: Les Belles Lettres.

——. 1976. *Anthropologie de la Grèce antique.* Paris: Maspero.

——. 1984. "Le droit pénal de la Grèce ancienne." In *Du châtiment dans la cité*: *Supplices corporels et peine de mort dans le monde antique*, 9 – 35. Rome: École française de Rome (Palais Farnèse).

Gernet, Louis, and M. Bizos, eds. 1967. *Lysias*: *Discours.* 2 vols. Paris: Les Belles Lettres.

Giddens, Anthony. 1979. *Central Problems in Social Theory*: *Action*, *Structure and Contradiction in Social Analysis.* London: Macmillan Education.

Gilmore, D. D. 1987a. "Introduction: The Shame of Dishonor." In *Honor and Shame and the Unity of the Mediterranean*, edited by D. D. Gilmore, 2 – 21. Washington, D. C.: American Anthropological Association.

——. 1987b. *Aggression and Community*: *Paradoxes and Andalusian Culture.* New Haven. – Yale University Press.

Gilsenan, M. 1976. "Lying, Honor, and Contradiction." In *Transaction and Meaning*: *Directions in the Anthropology of Exchange and Symbolic Behavior*, edited by B. Kapferer, 191 – 291. Philadelphia: Institute for the Study of Human Issues.

Glotz, Gustave. 1904. *La solidarité de la famille dans le droit criminel en Grèce.* Paris:

Fontemoing.

——. 1908. "Les esclaves at la peine du fouet en droit grec." *Académie des inscriptions et belles lettres, comptes rendus*: 571 – $7.

Gluckman, Max. 1963. "Gossip and Scandal." *Current Anthropology* 4: 307 – 16.

Golden, Mark. 1979. "Demosthenes and the Age of Majority at Athens." *Phoenix* 33: 25 – 38.

——. 1985a. "*Pais*, 'Child' and 'Slave.'" *L'Antiquité classique* 54: 91 – 104.

——. 1985b. "'Donatus' and Athenian Phratries." *CQ* 35: 9 – 13.

——. 1988. "The Effects of Slavery on Citizen Households and Children: Aeschylus, Aristophanes and Athens." *Historical Reflections/Réflexions historiques* 15: 455 – 75.

——. 1990. *Children and Childhood in Classical Athens*. Baltimore: Johns Hopkins University Press.

——. 1992. "Continuity, Change and the Study of Ancient Childhood." *EMC/ CV* 11: 7 – 18.

Gomme, A. W. 1933. *The Population of Athens in the fifth and fourth Centuries B. C.* Oxford: Basil Blackwell.

Gomme, A. W., and F. H. Sandbach. 1973. *Menander: A Commentary*. Oxford: Oxford University Press.

Goody, Jack. 1976. *Production and Reproduction; A Comparative Study of the Domestic Domain*. Cambridge: Cambridge University Press.

Gould, John. 1980. "Law, Custom and Myth: Aspects of the Social Position of Women in Classical Athens." *JHS* 100: 38 – 59.

Gouldner, Alvin W. 1965. *Enter Plato: Classical Greece and the Origins of Social Theory*. New York: Basic Books.

Grace, E. 1973. "Status Distinctions in the Draconian Law." *Eirene* 11: 5 – 30.

Graham, J. W. 1974. "Houses of Classical Athens." *Phoenix* 28: 45 – 54.

Guiraud, P. 1893. *La propriété foncière en Grèce jusqu'à la conquête romaine*. Paris: Hachette.

Gulliver, P. H. 1963. *Social Control in an African Society: A Study of the Arusha: Agricultural Masai of Northern Tanganyika*. Boston: Boston University Press.

——. 1969. "Case Studies of Law in Non – Western Societies: Introduction." In *Law in Culture and Society*, edited by L. Nader, 11 – 23. Chicago: Aldine.

Gutman, Hubert, and Richard Sutch. 1976. "Sambo Makes Good, or Were Slaves Imbued with the Protestant Work Ethic?" In *Reckoning with Slavery: A Critical Study of the Quantitative History of American Negro Slavery*, edited by P. A. David, H. Gutman, R, Sutch, P. Temin, and G. Wright, 55 – 93. New York: Oxford University Press.

Hallen, Judith P. 1984. *Fathers and Daughters in Roman Society: Women and the Elite Family*. Princeton: Princeton University Press.

Halperin, David M. 1990. *One Hundred Years of Homosexuality and Other Essays on Greek Love*. New York: Routledge.

Hansen, Mogens Herman. 1975. *Eisangelia: The Sovereignty of the People's Court in Athens in the Fourth Century* B. C. *and the Impeachment of Generals and Politicians*. Odense University Classical Studies 6. Odense: University Press.

——. 1976. *Apagoge, Endeixis and Ephegesis against Kakourgoi, Atimoi and Pheugontes: A Study in the Athenian Administration of Justice in the Fourth Century B. C.* Odense University Classical Studies 8. Odense: University Press.

——. 1985. *Democracy and Demography: The Number of Athenian Citizens in the Fourth Century B. C.* Herning: Systime.

——. 1989. "On the Importance of Institutions in an Analysis of Athenian Democracy. " *C&M* 40: 107 – 13.

——. 1991. *The Athenian Democracy in the Age of Demosthenes: Structure, Principles and Ideology*. Translated by J. A. Crook. Oxford: Basil Blackwell.

Harding, Christopher, and Richard W. Ireland. 1989. *Punishment: Rhetoric, Rule, and Practice*. London: Routledge.

Harding, Phillip. 1987. "Rhetoric and Politics in Fourth – Century Athens. " *Phoenix* 41: 25 – 39.

——. 1991. "All Pigs Are Animals, But Are All Animals Pigs?" *AHB* 5: 145 – 48.

Harding, Susann. 1975. "Women and Words in a Spanish Village. " In *Toward an Anthropology of Women*, edited by Rayna R. Reiter, 283 – 308. New York: Monthly Review Press.

Harrell, Hansen C. 1936. *Public Arbitration in Athenian Law*. Chicago: University of Chicago Libraries.

Harris, Edward M. 1990. "Did the Athenians Regard Seduction as a Worse Crime Than Rape?" CQ 40: 370 – 77.

Harris, William V. 1989. *Ancient Literacy*. Cambridge, Mass.: Harvard University Press.

Harrison, A. R. W. 1968, 71. *The Law of Athens*. 2 vols. Oxford: Clarendon Press.

Harvey, F. D. 1985. "*Dona Ferentes*: Some Aspects of Bribery in Greek Politics." In *Crux*: *Essays in Greek History Presented to G. E. M. de Ste. Croix*, edited by Paul Cartledge and F. D. Harvey, 76 – 117.

——. 1990. "The Sykophant and Sykophancy: Vexatious Redefinition?" In Nomos: *Essays in Athenian Law, Politics and Society*, edited by Paul Cartledge, Paul Millett, and Stephen Todd, 103 – 21.

Haussoullier, B. 1884. *La vie municipale en Afrique*: *Essai sur l'organisation des dèmes au quatrième siècle*. Paris: Thorin.

Hay, Douglas. 1989. "Prosecution and Power: Malicious Prosecution in the English Courts, 1750 – 1850." In *Policing and Prosecution in Britain* 1750 – 1850, edited by Douglas Hay and Francis Snyder, 343 – 95.

Hay, Douglas, and Francis Snyder. 1989. "Using the Criminal Law, 1750 – 1850: Policing, Private Prosecution, and the State." In*Policing and Prosecution in Britain* 1750 – 1850, edited by Douglas Hay and Francis Snyder, 3 – 52. Oxford: Clarendon Press.

Headlam, J. W. 1893. "On the *proklesis eis basanon* in Attic Law." *CR* 7: 1 – 5.

——. 1894. "Slave Torture in Athens." CR 8: 136 – 37.

Headlam, W., and A. W. Knox. 1922. *Herodas*: *The Mimes and Fragments*. Cambridge: Cambridge University Press.

Henderson, Jeffrey. 1987. "Older Women in Attic Old Comedy." *TAPA* 117: 105 – 29.

Henry, M. M. 1985. *Menander's Courtesans and the Greek Comic Tradition*, Studien zur klassischen Philologie 20. Frankfurt am Main: Peter Lang.

Heppenstall, M. A. 1971. "Reputation, Criticism and Information in an Austrian Village." In *Gifts and Poison*: *The Politics of Reputation*, edited by F. G. Bailey, 139 – 66.

Herfct, P. 1922. *Le travail de la femme dans la Grèce ancienne*. Utrecht: Oost – hoek.

Hervagault, M. – P., and M. – M. Mactoux. 1974. "Esclaves et société d'après Démosthène." In*Actes du colloque* 1972 *sur l'esclavage*, 57 – 103. Annales littéraires de l'université de Besançon 142. Paris: Les Belles Lettres.

Herzfeld, M. 1985. *The Poetics of Manhood*: *Contest and Identity in a Cretan Mountain Village*. Princeton: Princeton University Press.

——. 1986. "Within and Without: The Category of 'Female' in the Ethnography of Modem Greece." In *Gender and Power in Rural Greece*, edited by Jill Dubisch, 215 – 33. Princeton: Princeton University Press.

Hirschon, Renée. 1984. "Introduction: Property, Power and Gender Relations." In *Women and Property—Women as Property*, edited by Renée Hirschon, 122. London: Croom Helm.

Hopkins, Keith. 1978. *Conquerors and Slaves: Sociological Studies in Roman History*. Vol. 1. Cambridge: Cambridge University Press.

Horn, Pamela. 1975. *The Rise and Fall of the Victorian Servant*. Dublin: Gill and Macmillan.

Huggett, Frank E. 1977. *Life below Stairs: Domestic Servants in England from Victorian Times*. London: John Murray.

Humphreys, S. C. 1978. *Anthropology and the Greeks*. London: Routledge and Kegan Paul.

——. 1983a. *The Family, Women and Death: Comparative Studies*. London: Routledge and Kegan Paul.

——. 1983b. "The Evolution of Legal Process in Ancient Attica." In *Tria Corda: Scritti in onore di Amaldo Momigliano*, edited by E. Gabba, 229 – 56. Como: Editioni New Press.

——. 1985. "Social Relations on Stage: Witnesses in Classical Athens." *History and Anthropology* 1: 313 – 69.

——. 1986. "Kinship Patterns in the Athenian Courts." *GRBS* 27: 57 – 91.

——. 1989. "Family Quarrels." *JHS* 109: 182 – 85.

Hunter, Virginia. 1988. "Thucydides and the Sociology of the Crowd." *CJ* 84: 17 – 30.

——. 1989a. "The Athenian Widow and Her Kin." *Journal of Family History* 14: 291 – 311.

——. 1989b. "Women's Authority in Classical Athens: The Example of Kleoboule and Her Son (Dem. 27 – 29)." *EMC/CV* 8: 39 – 48.

——. 1990. "Gossip and the Politics of Reputation in Classical Athens." *Phoenix* 44: 299 – 325.

——. 1993. "Agnatic Kinship in Athenian Law and Athenian Family Practice: Its Implications for Women." In *Law, Politics and Society in the Ancient Mediterranean World*, edited by B. Halpem and D. W. Hobson, 100 – 121. Sheffield: Sheffield Academic Press.

Ignatieff, Michael. 1981. "State, Civil Society, and Total Institutions: A Critique of Recent Social Histories of Punishment. " *Crime and Justice*: *An Annual Review of Research* 3: 153 – 92.

Jacob, Oscar. 1928. *Les esclaves publics à Athènes*. Bibliothèque de la Faculté de Philosophie et Lettres de l'Université de Liège 35. Liège: H. Vaillant – Carmanne.

Jameson, Michael H. 1977 – 78. "Agriculture and Slavery in Classical Athens. " *CJ* 73: 122 – 45.

——. 1990a. "Domestic Space in the Greek City – State. " In *Domestic Architecture and the Use of Space*: *An Interdisciplinary*, *Cross – Cultural Approach*, edited by S. Kent, 92 – 113. Cambridge: Cambridge University Press.

——. 1990b. "Private Space and the Greek City. " In *The Greek City from Homer to Alexander*, edited by O. Murray and S. Price, 171 – 95. Oxford: Clarendon Press.

Jones, A. H. M. 1957. *Athenian Democracy*. Oxford: Basil Blackwell.

Jones, C. P. 1987. "*Stigma*: Tattooing and Branding in Graeco – Roman Antiquity. " *JRS* 77: 139 – 55.

Jones, J. E. 1975. "Town and Country Houses of Attica in Classical Times. " In *Thorikos and the Laurion in Archaic and Classical Times*, edited by H. Mus – sche, P. Spitaels, and F. Goemaere – De Poerck, 63 – 140. Miscellanea Graeca 1. Ghent: Belgian Archaeological Mission in Greece.

Jones, J. E. , A. J. Graham, and L. H. Sackett. 1973. *An Attic Country House below the Cave of Pan at Vari*. London: Thames and Hudson.

Jones, Nicholas F. 1990. "The Organization of the Kretan City in Plato's*Laws*" *CW* 83: 473 – 92.

Jordan, B. 1975. *The Athenian Navy in the Classical Period*: *A Study of Athenian Naval Administration and Military Organization in the Fifth and Fourth Centuries B. C.* University of California Publications in Classical Studies 13. Berkeley: University of California Press.

Just, Roger. 1989. *Women in Athenian Law and Life*. London: Routledge.

Karnezis, John E. 1972. *The Epikleros* (*Heiress*): *A Contribution to the Interpretation of the Attic Orators and to the Study of the Private Life of Classical Athens*. Athens: n. p.

——. 1976. *Solonian Guardianship Laws of Classical Athens and the Senatus Consultum* (*Dig.* 23, 2, 59): *A Contribution to the Interpretation of the Attic Orators and to die Comparative Study of the Private Life of Classical Athens and Rome*. Athens: n. p.

Kenna, Margaret E. 1976. "The Idiom of Family." In*Mediterranean Family Structures*, edited by J. G. Peristiany, 347 – 62.

Keuls, Eva C. 1985. *The Reign of the Phallus*: *Sexual Politics in Ancient Athens*. New York: Harper and Row.

Konstan, David. 1987. "Between Courtesan and Wife: Menander's*Perikeiro – mene.*" *Phoenix* 41: 122 – 39.

Kränzlein, Arnold. 1963. *Eigentum und Besitz im griechischen Recht des fünften und vierten Jahrhunderts v. Chr*, Berlin: Duncker 8c Humblot.

Krentz, P. 1982. *The Thirty at Athens*. Ithaca: Cornell University Press.

Kuenen – Janssens, L. J. T. 1941. "Some Notes upon the Competence of Athenian Women to Conduct a Transaction." *Mnemosyne* 9: 199 – 214.

Lacey, W. K. 1968. *The Family in Classical Greece*. London: Thames and Hudson.

Lane Fox, Robin. 1985. "Aspects of Inheritance in the Greek World." In*Crux*: *Essays in Greek History Presented to G. E. M. de Ste. Croix*, edited by Paul Cartledge and F, D. Harvey, 208 – 32.

Langbein, John H. 1977. *Torture and the Law of Proof*: *Europe and England in the Ancien Regime*. Chicago: University of Chicago Press.

Larrain, Jorge. 1979. *The Concept of Ideology*. Athens: University of Georgia Press.

Laslett, Peter. 1956. "The Face to Face Society." In*Philosophy*, *Politics and Society*, edited by Peter Laslett, 157 – 84. Oxford: Basil Blackwell.

——. ed. 1972. *Household and Family in Past Time*. Cambridge: Cambridge University Press.

Lateiner, Donald. 1982. "The Man Who Does Not Meddle in Politics': A *Topos* in Lysias." *CW* 76: 1 – 12.

Latte, K. 1968. "Beiträge zum griechischen Strafrecht." In *Kleine Schriften*, 25293. Munich: C. H. Beck.

Lavency, M. 1964. *Aspects de la logographie judiciaire attique*. Louvain: University Press.

Leduc, Claudine. 1981. "Le discours d'Aristophane et de Ménandre sur la sexualité des maîtres et des esclaves." *Index* 10: 271 – 87.

Lévy, E. 1974. "Les esclaves chez Aristophane." In*Actes du colloque 1972 sur l'esclavage*, 29 – 46. Annales littéraires de l'université de Besançon 142. Paris: Les Belles Lettres.

Lewis, D. M. 1955. "Noteson Attic Inscriptions (II) ." *BSA* 50: 1 – 36.

Lintott, A. W. 1968. *Violence in Republican Rome.* Oxford: Clarendon Press.

——. 1982. *Violence, Civil Strife and Revolution in the Classical City* 750 – 330 B. C. London: Croom Helm.

Lipsius, J. H. 1905. *Das attische Recht und Rechtsverfahren mit Benutzung des attischen Processes.* Vol. 1. Leipzig: O. R. Reisland.

Lissarrague, François. 1990. *The Aesthetics of the Greek Banquet: Images of Wine and Ritual.* Translated by A. Szegedy – Maszak. Princeton: Princeton University Press.

Lloyd, A. , and M. C. Fallers. 1976. "Sex Roles in Edremit. " In *Mediterranean Family Structures*, edited by J. G. Peristiany, 243 – 60.

Lofberg, John Oscar. 1917. *Sycophancy in Athens.* Chicago: University of Chicago Libraries.

Loraux, Nicole. 1986. *The Invention of Athens: The Funeral Oration in the Classical City.* Translated by Alan Sheridan. Cambridge, Mass. : Harvard University Press.

Mac Cary, W. Thomas. 1969. "Menander's Slaves: Their Names, Roles, and Masks. " TAPA 100: 277 – 94.

Mac Dowell, Douglas M. , ed. 1962. *Andokides; On the Mysteries.* Oxford: Clarendon Press.

——. 1963. *Athenian Homicide Law in the Age of the Orators.* Manchester: Manchester University Press.

——. 1971a. "The Chronology of Athenian Speeches and Legal Innovations in 401 – 398 B. C. " *RIDA* 18: 267 – 73.

——. ed. 1971b. *Aristophanes: Wasps.* Oxford: Clarendon Press.

——. 1976. "Bastards as Athenian Citizens. " *CQ* 26: 88 – 91.

——. 1978. *The Law in Classical Athens.* Ithaca: Cornell University Press.

——. 1982. "Love versus the Law: An Essay on Menander's *Aspis.* " *G&R* 29: 42 – 52.

——. 1986. *Spartan Law.* Edinburgh: Scottish Academic Press.

——. 1989. "The *Oikos* in Athenian Law. " *CQ* 39: 10 – 21.

——. , ed. 1990. *Demosthenes, Against Meidias (Oration 21) .* Oxford: Clarendon Press.

Mann, Michael. 1986. A*History of Power from the Beginning to A. D.* 1760. Vol. 1. *The Sources of Social Power.* Cambridge: Cambridge University Press.

Manville, P. B. 1990. *The Origins of Citizenship in Ancient Athens.* Princeton: Princeton University Press.

Markle, M. M., ID. 1985. "Jury Pay and Assembly Pay at Athens." In*Crux: Essays in Greek History Presented to G. E. M. de Ste. Croix*, edited by Paul Cartledge and F. D. Harvey, 265 – 97.

McCIees, Helen. 1920, *A Study of Women in Attic Inscriptions.* New York: Columbia University Press.

Millett, Paul. 1990. "Sale, Credit and Exchange in Athenian Law and Society." In*Nomos: Essays in Athenian Law, Politics and Society*, edited by Paul Cartledge, Paul Millett, and Stephen Todd, 167 – 94.

Mirhady, David. 1990. "Aristotle on the Rhetoric of Law." *GRBS* 31: 393 – 410.

——. 1991a. "The Oath – Challenge in Athens." *CQ* 41: 78 – 83.

——. 1991b. "Non – Technical *Pisteis* in Aristotle and Anaximenes." *AJP* 112: 5 – 28.

Modrzejewski, J. 1983. "La structurejuridique du mariage grec." *Symposion* 1979: 39 – 71.

Moore, Barrington, Jr. 1984. *Privacy: Studies in Social and Cultural History* Armonk, N. Y. : M. E. Sharpe.

Morgan, Gareth. 1982. "Euphiletos' House: Lysias I. " *TAPA* 112: 115 – 23.

Moritz, L. A. 1958. *Grain – mills and Flour in Classical Antiquity.* Oxford: Clarendon Press.

Morrow, Glenn R. 1939. *Plato's Law of Slavery in Its Relation to Greek Law.* Urbana; University of Illinois Press.

——. 1960. *Plato's Cretan City: A Historical Interpretation of the Laws.* Princeton: Princeton University Press.

Mossé, Claude. 1989. "La société athénienne à la fin du IVe siècle: Le témoinage du théâtre de Ménandre." In *Mélanges Pierre Lévêque*, edited by M. – M. Mac – toux and E. Geny, 3: 255 – 67. Annales littéraires de l'université de Besançon: 404. Paris: Les Belles Lettres.

Murnaghan, Sheila. 1988. "How a Woman Can Be More Like a Man: The Dialogue between Ischomachus and His Wife in Xenophon's *Oeconomicus.* " *Helios* 15: 9 – 22.

Nader, Laura, and Harry F. Todd, eds. 1978. *The Disputing Process—Law in Ten Societies.* New York: Columbia University Press.

Nippel, Wilfried. 1984. "Policing Rome." *JRS* 74: 20 – 29.

——. 1988. *Aufruhr und ' Polizei' in der römischen Republik.* Stuttgart: Klett – Cotta.

Ober, Josiah. 1985. *Fortress Attica: Defense of the Athenian Land Frontier* 404322 *B. C.* Leiden: E. J. Brill.

——. 1989a. "Defense of the Athenian Land Frontier 404 – 322 B. C. : A Reply." *Phoenix* 43: 294 – 301.

——. 1989b. *Mass and Elite in Democratic Athens: Rhetoric, Ideology, and the Power of the People.* Princeton: Princeton University Press.

——. 1989c. "The Nature of Athenian Democracy." *CP* 84: 322 – 34.

——. 1991. "The Athenians and Their Democracy." *EMC/CV* 10: 81 – 96.

Osborne, M. J. 1981 – 82. *Naturalization in Athens.* Vols. 1 and 2. Brussels: Paleis der Academiën.

Osborne, Robin. 1985a. *Demos: The Discovery of Classical Attika.* Cambridge: Cambridge University Press.

——. 1985b. "Law in Action in Classical Athens." *JHS* 105: 40 – 58.

——. 1987. *Classical Landscape with Figures: The Ancient Creek City and Its Countryside.* Dobbs Ferry, N. Y. : Sheridan House.

——. 1990. "Vexatious Litigation in Classical Athens: Sykophancy and the Sykophant." In *Nomos: Essays in Athenian Law, Politics and Society*, edited by Paul Cartledge, Paul Millett, and Stephen Todd, 83 – 102.

Paine, Robert. 1967. "What Is Gossip About? An Alternative Hypothesis." *Man* 2: 278 – 85.

Paoli, Ugo Enrico. 1957. "Les pouvoirs du magistrat de police dans le droit at – tique." *RIDA* 4: 151 – 64.

Parke, H. W. 1977. *Festivals of the Athenians.* London: Thames and Hudson.

Patterson, Cynthia. 1981. *Pericles' Citizenship Law of* 451 – 50 *B. C.* New York: Amo Press.

——. 1990. "Those Athenian Bastards." *Classical Antiquity* 9: 40 – 73.

——. 1991. "Marriage and the Married Woman in Athenian Law." In *Women's History and Ancient History*, edited by Sarah B. Pomeroy, 48 – 72. Chapel Hill: University of North Carolina Press.

Patterson, Orlando. 1982. *Slavery and Social Death: A Comparative Study.* Cambridge,

Mass. ：Harvard University Press.

Pecirka，Jan. 1973. "Homestead Farms in Classical and Hellenistic Hellas. " In*Problèmes de la terre en Grèce ancienne*，edited by M. I. Finley，113 – 47. The Hague：Mouton.

Pélékidis，Chrysis. 1962. *Histoire de l'éphébie attique des origines à 31 avant Jésus – Christ.* Paris：Éditions E. De Boccard.

Peristiany，J. G. ，ed. 1976. *Mediterranean Family Structures.* Cambridge：Cambridge University Press.

Perotti，E. 1974. "Les esclaves*chôris oikountes.* " In *Actes du colloque 1972 sur l'esclavage*，47 – 56. Annales littéraires de l'université de Besançon 142. Paris：Les Belles Lettres.

——. 1976. "Contribution a l'étude d'une autre catégorie d'esclaves attiques：

Les*andrapoda misthophorounta.* " In *Actes du colloque 1973 sur l'esclavage*，181 – 91. Annales littéraires de l'université de Besançon 182. Paris：Les Belles Lettres.

Pesando，Fabrizio. 1987. *Oikos e Ktesis：La Casa Greca in Eta Classica.* Perugia：Edizioni Quasar.

Peters，Edward. 1985. *Torture.* Oxford：Basil Blackwell.

Philips，David. 1980，"A New Engineof Power and Authority：The Institutionalization of Law – Enforcement in England 1780 – 1830. " In *Crime and the Law：The Social History of Crime in Western Europe since* 1500，edited by V. A. C.

Gatreil，Bruce Lenman，and Geoffrey Parker，155 – 89. London：Europa Publications.

Piérart，Marcel. 1974. *Platon et la cité grecque：Théorie et réalité dans la constitution des "Lois. "* Brussels：Palais des *Académies.*

Plassart，A. 1913. "Les archers d'Athènes. " *REG* 26：151 – 213.

Plescia，Joseph. 1970. *The Oath and Perjury in Ancient Greece.* Tallahassee：Florida State University Press.

Pomeroy，Sarah B. 1975. *Goddesses，Whores，Wives，and Slaves：Women in Classical Antiquity.* New York：Schocken Books.

——. 1976. "The Relationship of the Married Woman to Her Blood Relatives in Rome. " *Ancient Society* 7：215 – 27.

Posner，Ernst. 1972. *Archives in the Ancient World.* Cambridge，Mass. ：Harvard University Press.

Reilly，Joan. 1989. "Many Brides：'Mistress and Maid' on Athenian Lekythoi. " *Hesperia* 58：411 – 44.

Reinmuth, O. W. 1971. *The Ephebic Inscriptions of the Fourth Century B. C.* Leiden: E. J. Brill.

Rezak, Brigitte B. 1988. "Women, Seals, and Power in Medieval France, 11501350." In *Women and Power in the Middle Ages*, edited by M. Erler and M. Kowaleski, 61 – 82. Athens: University of Georgia.

Rhodes, P. J. 1972. *The Athenian Boule.* Oxford: Clarendon Press.

——. 1978. "Bastards as Athenian Citizens." CQ 28: 89 – 92.

——. 1979. "*Eisangelia* in Athens." *JHS* 99: 103 – 14.

——. 1981. *A Commentary on the Aristotelian Athenaion Politeia.* Oxford: Clarendon Press.

——. 1984. *Aristotle: The Athenian Constitution.* Translated with introduction and notes. Harmondsworth: Penguin Books.

——. 1986. "Political Activity in Classical Athens." *JHS* 106: 132 – 44.

Robert, L. 1955. *Hellenica, recueil d'épigraphie, de numismatique et d'antiquités grecques.* Vol, 10. Paris: Adrien – Maisonneuve.

Roberts, Jennifer Tolbert. 1982. *Accountability in Athenian Government.* Madison: University of Wisconsin Press.

Roberts, Simon. 1983. "The Study of Dispute: Anthropological Perspectives." In *Disputes and Settlements: Law and Human Relations in the West*, edited by J. Bossy, 1 – 24.

Roy, J. 1991. "Traditional Jokes about the Punishment of Adulterers in Ancient Greek Literature." *Liverpool Classical Monthly* 16: 73 – 76.

Rudhardt, Jean. 1962. "La reconnaissancede la paternité: Sa nature et sa portée dans la société athénienne." *MH* 19: 39 – 64.

Runciman, W. G. 1982. "Origins of States: The Case of Archaic Greece." *Comparative Studies in Society and History* 24: 351 – 77.

Ruschenbusch, E. 1984. "Die Diaiteteninschriftvom Jahre 371 v. Chr." *ZPE* 54: 247 – 52.

Sailer, Richard. 1991. "Corporal Punishment, Authority, and Obedience in the Roman Household." In *Marriage, Divorce, and Children in Ancient Rome*, edited by Beryl Rawson, 144 – 65. Oxford: Clarendon Press.

Sargent, Rachel L. 1924. *The Size of the Slave Population at Athens during the Fifth and Fourth Centuries before Christ.* Urbana: University of Illinois.

Saunders, Trevor J. 1991. *Plato's Penal Code: Tradition, Controversy, and Reform in*

Greek Penology. Oxford: Clarendon Press.

Schaps, David M. 1977. "The Woman Least Mentioned: Etiquette and Women's Names." CQ 27: 323 – 30.

——. 1979. *Economic Rights of Women in Ancient Greece.* Edinburgh: University Press.

Sealey, Raphael. 1984. "On Lawful Concubinage in Athens." *Classical Antiquity* 3: 111 – 33.

——. 1990. *Women and Law in Classical Greece.* Chapel Hill: University of North Carolina Press.

Shear, T. Leslie. 1939. "The Campaign of 1938." *Hesperia* 8: 201 – 46.

Shubert, Adrian. 1981. "Private Initiative in Law Enforcement: Associations for thf Prosecution of Felons, 1744 – 1856." In*Policing and Punishment in the Nineteenth Century*, edited by V. Bailey, 25 – 41. London: Croom Helm.

Sinclair, R. K. 1988. *Democracy and Participation in Athens.* Cambridge: Cambridge University Press.

Small, David B. 1991. "Initial Study of the Structure of Women's Seclusion in the Archaeological Past." In*The Archaeology of Gender*, edited by D. Walde and N. D. Willows, 336 – 42. Calgary: University of Calgary Archaeological Association.

Sommerstein, Alan H. 1987a. "Preverbs and Dowries." CQ 37: 235—40.

——. ed. 1987b. *Aristophanes: Birds.* Warminster: Aris and Phillips.

Spacks, Patricia M. 1985. *Gossip.* New York: Alfred A. Knopf.

Starr, C. G. 1978. "An Evening with the Flute – Girls." *Parola del Passato* 33: 40110.

Stein, Peter. 1984. *Legal Institutions: The Development of Dispute Settlement.* London: Butterworths.

Steinwenter, Artur. 1925. *Die Streitbeendigung durch Urteil, Schiedsspruch und Vergleich nach griechischem Rechte.* Munich: C. H. Beck.

Storch, Robert D. 1989. "Policing Rural Southern England before the Police: Opinion and Practice, 1830 – 1856." In *Policing and Prosecution in Britain 17S0 – 1850*, edited by Douglas Hay and Francis Snyder, 211 – 66.

Strauss, Barry S. 1987. *Athens after the Peloponnesian War: Class, Faction and Policy* 403 – 386 *B. C.* Ithaca: Cornell University Press.

Stroud, Ronald S. 1974. "An Athenian Law on Silver Coinage." *Hesperia* 43: 157 – 88.

Tentori, Tullio. 1976. "Social Classes and Family in a Southern Italian Town: Matera."

In *Mediterranean Family Structures*, edited by J. G. Peristiany, 27385.

Terry, W. Clinton, and Karelisa V. Hartigan. 1982. "Police Authority and Re – form in Augustan Rome and Nineteenth – Century England." *Law and Human Behavior* 6: 295 – 311.

Thomas, Keith. 1989. "Behind Closed Doors." *NYRB* 36, no. 17: 15 – 19.

Thomas, Rosalind. 1989. *Oral Tradition and Written Record in Classical Athens*. Cambridge: Cambridge University Press.

Thompson, C. V. 1894. "Slave Torture in Athens." *CR* 8: 136.

Thompson, Wesley E. 1976. *De Hagniae Hereditate: An Athenian Inheritance Case*. Mnemosyne Supplement 44. Leiden: E. J. Brill.

——. 1981. "Athenian Attitudes toward Wills." *Prudentia* 13: 13 – 23.

Thonissen, J. – J. 1875. *Le droit pénal de la république athénienne*. Brussels: Bruylant – Christophe.

Thür, G. 1977. *Beweisführung vor den Schwurgerichtshöfen Athens: Die Pro – klesis zur Basanos*. Vienna: österreichische Akademie der Wissenschaften.

Tod, Marcus N. 1913. *International Arbitration amongst the Greeks*. Oxford: Clarendon Press.

Todd, Stephen. 1990a. "The Purpose of Evidence in Athenian Courts." In *Nomos: Essays in Athenian Law, Politics and Society*, edited by Paul Cartledge, : Paul Millett, and Stephen Todd, 19 – 39.

——. 1990b. "The Use and Abuse of the Attic Orators." *G & R* 37: 15978.

Todd, Stephen, and Paul Millett. 1990. "Law, Society and Athens." In *Nomos: Essays in Athenian Law, Politics and Society*, edited by Paul Cartledge, Paul Millett, and Stephen Todd, 1 – 18.

Traill, John S. 1969. "The Bouleutic List of 281/0 B. C." *Hesperia* 38: 459 – 94.

Treggiari, Susan. 1991. *Roman Marriage: Iusti Coniuges from the Time of Cicero to the Time of Ulpian*. Oxford: Clarendon Press.

Treston, Hubert Joseph. 1923. *Poine: A Study in Ancient Greek Blood – Vengeance*. London: Longmans, Green.

Turasiewicz, R. 1963. *De servis testibus in Atheniensium iudiciis saec. V et IVa. Chr. N. per tormenta cruciatis*. Warsaw: Polska Akademia Nauk.

Turner, E. G. 1981. "New Literary Texts." *Oxyrhynchus Papyri* 48: 1 – 19.

Usher, S. 1976. "Lysias and His Clients." *GRBS* 17: 31 –40.

van Bremen, Riet. 1983. "Women and Wealth." In *Images of Women in Antiquity*, edited by A. Cameron and A. Kuhrt, 223 –42.

Veyne, Paul. 1987. "The Roman Empire." In*A History of Private Life I: From Pagan Rome to Byzantium*, edited by P. Veyne, translated by Arthur Goldhammer, 5 – 234. Cambridge, Mass. ; Harvard University Press.

Vidal – Naquet, Pierre. 1981. "The Black Hunter and the Origin of the Athenian *Ephebeia.*" In *Myth, Religion and Society: Structuralist* Essays *by* M. *Detienne*, *L. Gemet, J. – P. Vemant and P. Vidal – Naquet*, edited by R. L. Gordon, 147 – 62. Cambridge: Cambridge University Press.

Vogt, Joseph. 1974. *Ancient Slavery and the Ideal of Man.* Translated by T. Wiedemann. Oxford: Basil Blackwell.

Vos, Maria Frederika. 1963. *Scythian Archers in Archaic Attic Vase – Painting.* Groningen: B. Wolters.

Walbank, Michael B. 1982. "The Confiscation and Sale by the Poletai in 402/1 B. C. of the Property of the Thirty Tyrants." *Hesperia* 51: 74 –98.

Walker, Susan. 1983. "Women and Housing in Classical Greece: The Archaeological Evidence." In*Images of Women in Antiquity*, edited by A. Cameron and A. Kuhrt, 81 –91.

Waszynski, S. 1899. "Über die rechtliche Stellung der Staatssclaven in Athen." *Hermes* 34: 553 –67.

Watson, Alan. 1971. *RomanPrivate Law around* 200 *B. C.* Edinburgh: University Press.

——. 1987. *Roman Slave Law.* Baltimore: Johns Hopkins University Press.

Webster, T. B. L. 1974. *An Introduction to Menander.* Manchester: Manchester University Press.

Wernicke, K. 1891. "DiePolizeiwache auf der Burg von Athen." *Hermes* 26: 5175.

Westermann, William Linn. 1946. "Two Studies in Athenian Manumission." *Journal of Near Eastern Studies* 5: 92 –104.

Whitehead, David. 1977. *The Ideology of the Athenian Metic. Proceedings of the Cambridge Philological Society*, Supplementary vol. 4. Cambridge: Cambridge University Press.

——. 1983. "Competitive Ouday and Community Profit: *Philotimia* in Democratic Athens." *C&M* 34: 55 –74.

——. 1986a. *The Demes of Attica 508/7—ca. 250 B. C: A Political and Social Study.* Princeton: Princeton University Press.

——. 1986b. "Women and Naturalisation in Fourth – Century Athens: The Case of Archippe." CQ 36: 109 – 14.

Wiedemann, Thomas. 1981. *Greek and Roman Slavery*. Baltimore: Johns Hopkins University Press.

Wiles, David. 1991. *The Masks of Menander: Sign and Meaning in Greek and Roman Performances*. Cambridge: Cambridge University Press.

Williams, Dyfri. 1983. "Women on Athenian Vases: Problems of Interpretation." In *Images of Women in Antiquity*, edited by A. Cameron and A. Kuhrt, 92106.

Winkler, John J. 1990. *The Constraints of Desire: The Anthropology of Sex and Gender in Ancient Greece*. New York: Routledge.

Wiseman, T. P. 1985. *Catullus and His World: A Reappraisal*. Cambridge: Cambridge University Press.

Wolff, Hans Julius. 1944. "Marriage Law and Family Organization in Ancient Athens: A Study of the Interrelation of Public and Private Law in the Greek City." *Traditio* 2: 43 – 95.

——. 1946. "The Origin of Judicial Litigation among the Greeks." *Traditio* 4: 31 – 87.

Wood, EllenMeiksins. 1988. *Peasant – Citizen and Slave: The Foundations of Athenian Democracy*. London: Verso.

Woodward, A. M. 1955. "Notes on Some Attic Decrees." *BSA* 50: 271 – 74.

Wrightson, Keith. 1980. "Two Concepts of Order: Justices, Constables and Jurymen in Seventeenth – Century England." In *An Ungovernable People: The English and Their Law in the Seventeenth and Eighteenth Centuries*, edited by John Brewer and John Styles, 21 – 46. New Brunswick, N. J. : Rutgers University Press.

Wycherley, R. E, 1957. *The Athenian Agora*. Vol. 3. *Literary and Epigraphical Testimonia*. Princeton: Princeton University Press.

——. 1978. *The Stones of Athens*. Princeton: Princeton University Press.

Wyse, William. 1904. *The Speeches of Isaeus*. Cambridge: Cambridge University Press.

原书总索引

232n. 37，234n. 52；公共秩序，147；公共奴隶，147，186，同样可见逮捕

布迪厄，8，10，34，39

布里奥，216n. 23

烙印，170，238n. 16，也可见纹身

贿赂，105，178，222n. 15，234n. 53

官僚主义，在雅典缺乏，124，142，188

布沙拉，174－75，212n. 6

旁观者，101，121，124，134，138，187，226nn. 5－6，232n. 41；在法庭内外，232n. 41；干涉，138；术语，226n. 5，227n. 14，232nn. 41－42，也可见路人

坎普，229n. 23

坎贝尔，116，203n. 60

康特瑞拉，242n. 47

死刑，173，234n. 52，也可见死刑

卡雷，176，197n. 25

卡特，223n. 27

卡特利奇，8，230n. 31

卡斯坦，61

中央权威，4，67，186，188，191n. 3，也可见国家

铁链，用于139，162，165，177，179，238n. 21，240n. 32

挑战，47，63－64，67，212n. 6，218n. 40；向《论财产交换》，132；向宣誓，42，47，63－65，90，93，209n. 31，218n. 39，230n. 30；向拷问，47－48，54，64－65，71－72，74，90－94，130，132－34，209n. 31，219n. 42，230n. 30，236n. 3；审判地，133

感恩，111，117，223n. 28

分居的奴隶，182－83，243n. 52

公民社会，5，67，182，188，191n. 4，192n. 7；定义，191n. 4

克里欧布勒，27，30－33，36，41－42，46，53，112，199nn. 36－37，201n. 43，204n. 4，221n. 13

14，201n. 40，224n. 39

多兹，116

入职审查，106 - 108，117，125 - 26，222n. 17，222n. 22，223n. 26；谣言，107 - 108；审查程序，106 - 107，222n. 23，223n. 25；演说人，104 - 105，见监督

dokimastes，156 - 57，见奴隶

多佛，7，233n. 46

嫁妆，10，13，15 - 18，20 - 22，25，27 - 28，30 - 33，39 - 42，46，49，52，68，95，107，109，194n. 4，195n. 10，197n. 24，198n. 32，199n. 33，199n. 37，200n. 39，201n. 40，202n. 47，203n. 61；评估，17，195n. 9；作为一种遗产形式，18 - 19，40；权力，39；真正的财产，26

逃跑的奴隶，230n. 31，见奴隶（逃跑）

杜布瓦，176，211n. 3

杜布雷，96，99

瓮的曾用名，209n. 29

爱伦伯格，35，213n. 13，218n. 41

告发，125，210n. 2，228n. 18，234n. 52；涉及的犯罪，144；kakoseos，46，69，125，223n. 30

eisangeltic law，234n. 53

驱逐诉讼，142，也见 dike exoules

"十一人"，3，135 - 37，146，150，177，186，231n. 35，232n. 37，232n. 40，235n. 58，"十一人" 242n. 48；作用，144 - 45；公共秩序，145；公共奴隶，146 - 48，235n. 62

埃利亚斯，192n. 7

精英，51 - 52，57，110 - 11，117 - 18，189，223n. 28

明证，125，136，232n. 36

男青年，6，151 - 53，209n. 28，236n. 66；警务，153，235n. 58，244n. 3

有关成年人的碑文，151 - 53，209n. 28，236n. 67

起诉者带领有关官员到犯罪现场，136 - 37，145，232n. 37

夏普斯，20－21，26，197n.24，198n.33

审查，104－108，117，223n.25，见入职审查

西利，201n.39，224n.38

自救、自救行为，4，67，120－24，134－39，143，145，147，149－51，153，162，177，187－88，192n.7，198n.28，210nn.34－35，226n.1，227n.11，233n.48，244nn.4和8；定义122，124，见私人保卫的创始

自我管理，4，62，67，156，186－89，191n.4，192n.6

耻辱，103－104，115－16，127，150，180－81，183，见荣誉和耻辱

舍尔，152

诋毁、诽谤，101，105，108，112－13，221nn.13－14；定义，219n.3；法律反对的诽谤，101，142，221n.13；；政治诋毁，105－106，224n.37；其术语，102，见谣言

奴隶制度、奴役，6，8，192n.9；雅典式奴隶制度，239n.30；从奴隶制度中解救出来，121－22，124，135，187，226n.8，231n.32；被卖作奴隶，92，228n.19

奴隶，9－10，13，22，24，36，47－48，52－54，64，111，115，118，121，123，134，150－51，176，181－82，189，197n.22，199n.35，202n.49，212n.8，220n.8，241n.40；对奴隶主的建议，163，169，238n.18；农业，34，170，239n.28；美国奴隶，82－83，158－59，168－69；巴西奴隶，158，163－64，169；对奴隶的控制，181－82，187，238n.24；作为一种社会控制方式，71，89；生财奴隶，75，213n.13；工业奴隶，199n.36，212n.10；伊斯克玛古斯的奴隶，80，163，214n.17；奴隶的见闻，72－75，81，85，87－89，91－92，94－95，100，221n.11；奴隶的犯罪、过错，83，139，157，168－72，238n.17，239n.25；奴隶和隐私，215n.19；奴隶的惩罚，82，139，155－56，162，164－73，211n.4，216n.23，217n.29，238n.15，238－39n.24，239n.29；奴隶的避难，230n.31；金融诉讼中奴隶的权利，217n.33；奴隶逃跑，99，121－22，134－35，147，153，158，163，